正法四柱

원각(圓覺) 김구현(金糒鉉)

충북 제천 출생
중국 국립산동대학교 주역연구중심주역학과 졸업
국제청년역경학회 이사 역임
한국역리사자격검정관리협회 학술연구위원 역임
원각역리연구원 원장

저서에 『정법사주』, 『명리용어와 시결음미』,
『사주 감정요결』이 있다.

전 화 031-404-3852
휴대폰 010-6581-4709

정법사주

1판 1쇄 발행일 ｜ 2003년 1월 16일
1판 3쇄 발행일 ｜ 2017년 6월 6일

발행처 ｜ 삼한출판사
발행인 ｜ 김충호
지은이 ｜ 김구현

신고년월일 ｜ 1975년 10월 18일
신고번호 ｜ 제305-1975-000001호

411-776 경기도 고양시 일산서구 고양대로 724-17호
　　　　(304동 2001호)

대표전화 (031) 921-0441
팩시밀리 (031) 925-2647

값 36,000원
ISBN 978-89-7460-085-3　03180

신비한 동양철학 · 49

正法四柱

圓覺 金糒鉉 著

삼한

■ 머리말

 이 책은 사주추명학(四住推命學)을 연구하고자 하는 분들에게 심오한 주역(周易)의 이해를 돕고자 하는 의도에서 시작되었다. 음양오행(陰陽五行)의 상생상극(相生相剋)에서부터 육친법(六親法)과 신살법(神殺法)을 기초로 하여, 격국(格局)과 용신(用神) 그리고 유년판단법(流年判斷法)을 활용하여 운명판단에 첩경이 될 수 있도록 했고, 추리응용과 운명감정의 실제 예를 하나 하나 들어가면서 독학과 강의용 겸용으로 엮었다.

 독자들은 이 책을 숙지하여 자신의 분수를 알고, 그 분수를 지키면서 살아간다면 최소한의 재앙과 화액은 면할 수 있지 않을까 하는 생각에 서둘러 발간하니 많은 연구와 개발이 있기를 바란다. 그리고 양식있는 역리학도(易理學道)로서 역학(易學)의 기본정신을 잊지 말고, 고뇌에 찬 중생을 한 사람이라도 더 선도하는 등불이 되기 바란다.

김구현

부록편

1부. 기초편

1장. 하도(河圖)와 낙서(洛書)

1. 하도(河圖)

주역(周易)이라는 고전(古典)이 만들어진 시기는 태고로 거슬러 올라간다. 태고의 수렵시대에 복희(伏羲)라는 제왕이 어진 정치를 하였다. 그 시대 황하(黃河)에서 용마(龍馬)가 출현하였는데, 그 용마(龍馬)의 등에 아름다운 섬박이 그림무늬가 있었고, 낙수(洛水)에서 신귀(神龜:거북)가 나오는데 그 등에 글자무늬가 있었다고 한다. 이것을 성인이 본받았다고 계사전(繫辭傳)은 기록하고 있다.

- 하늘은 하나(天一)요, 땅은 둘(地二)이다.
- 하늘은 셋(天三)이요, 땅은 넷(地四)이다.
- 하늘은 다섯(天五)이요, 땅은 여섯(地六)이다.
- 하늘은 일곱(天七)이요, 땅은 여덟(地八)이다.
- 하늘은 아홉(天九)이요, 땅은 열(地十)이다.

하늘의 수가 다섯이고 땅의 수가 다섯이니, 다섯 자리가 서로 어울린다. 각각 합치면 하늘의 수가 스물다섯이고 땅의 수가 서른이니, 하늘과 땅의 수를 모두 합치면 쉰다섯이 된다. 이를 천지본체수(天地本體數)라 한다.

天數, 陽	1	3	5	7	9	25
地數, 陰	2	4	6	8	10	30
天地陽陰數	天地本體數					55

계사전(繫辭傳)에서는 이 천지수(天地數)가 변화를 일으키고, 귀신을 통하는 원리라 했다. 이것이 용마하도(龍馬河圖)의 수리이다.

河圖의 數理

앞의 그림 〈河圖의 數理〉를 보면 1에서 10까지가 점선으로 표시되어 있다. 5와 10은 중앙, 3과 8은 왼쪽, 4와 9는 오른쪽, 2와 7은 앞쪽, 1과 6은 뒷쪽으로 배열해 있다. 위의 하도(河圖)에 나타난 수는 천지개벽 이전 체계의 진리를 상징하고, 역학(易學)에서는 수(數)의 원소(元素)라고 한다.

- 1과 6은 물(水)로 북방(北方)의 겨울을 상징한다.
- 3과 8은 나무(木)로 동방(東方)의 봄을 상징한다.
- 2와 7은 불(火)로 남방(南方)의 여름을 상징한다.
- 5와 10은 흙(土)으로 중앙에 속하며 사계를 상징한다.
- 4와 9는 쇠(金)로 서방(西方)의 가을을 상징한다.

하도(河圖)의 수리에 따라 음양오행(陰陽五行)과 방위(方位)와 간지(干支)를 배열하면 다음과 같다.
- 천수(天數) 1은 북(北)에 자리하여 임자수(壬子水)가 되고,
  지수(地數) 6은 북(北)에 자리하여 계해수(癸亥水)가 된다.
- 천수(天數) 3은 동(東)에 자리하여 갑인목(甲寅木)이 되고,
  지수(地數) 8은 동(東)에 자리하여 을묘목(乙卯木)이 된다.
- 천수(天數) 5는 중앙에 자리하여 무진술토(戊辰戌土)가 되고,
  지수(地數) 10은 중앙에 자리하여 기축미토(己丑未土)가 된다.
- 천수(天數) 7은 남(南)에 자리하여 병오화(丙午火)가 되고,
  지수(地數) 2는 남(南)에 자리하여 정사화(丁巳火)가 된다.
- 천수(天數) 9는 서(西)에 자리하여 경신금(庚申金)이 되고,
  지수(地數) 4는 서(西)에 자리하여 신유금(辛酉金)이 된다.

生數成數	天地生數					天地成數				
數理	1	2	3	4	5	6	7	8	9	10
天地	天	地	天	地	天	地	天	地	天	地
陰陽	陽	陰	陽	陰	陽	陰	陽	陰	陽	陰
方位	北	南	東	西	中央	北	南	東	西	中央
五行	水	火	木	金	土	水	火	木	金	土
干支	壬子	丁巳	甲寅	辛酉	戊辰戌	癸亥	丙午	乙卯	庚申	己丑未

※ 성수(成數)의 생성과정

先天生數	1	2	3	4	5	生數＋五行數 =成數
五 行 數	5	5	5	5	5	
後天成數	6	7	8	9	10	

여기서 확인된 수의 논리는 음양(陰陽)의 2진법과 오행(五行)의 5진법, 그리고 하도(河圖)의 10진법이다. 이것은 수의 연속성과 반복성, 그리고 무한의 변화를 나타내는 것이다. 따라서 음양(陰陽)의 수(數)는 서로 발전하는 근거가 되고, 서로 이어가는 계통이 되고, 서로 더불어 짝이 되고, 서로 차례가 되는 순서가 되고, 서로 경쟁하는 힘이 되고, 서로 변화하는 바탕이 된다.

하도(河圖)에서 운행하는 묘법이 왼쪽으로 돌아 하늘에 두루하니, 그 변화가 무궁하여 복희(伏羲)씨가 팔괘(八卦)를 그렸고, 이어서 황제(黃帝)씨가 받아 육십갑자(六十甲子)를 짓고, 다시 성인이 본받아 지금에 전하고 있는 것이다. 이것을 용마하도(龍馬河圖)·하도선천정위도(河圖先天定位圖)·오행상생도(五行相生圖)라 한다.

2. 신귀낙서(神龜洛書)

천지의 원리는 도(道)요, 우주를 창조하며 진화시키는 원질은 기 (氣)요, 사물의 형상과 운세는 상(象)이요, 물질의 구조는 숫자이다. 따라서 형상의 실체는 곧 기수(氣數)이니, 도(道)가 기(氣)에 간직 되어 있고, 상(象)이 숫자에서 이루어진다. 이와 같은 법칙을 갖춘 것이 바로 신귀낙서(神龜洛書)의 기수(氣數)이다.

洛書의 數理

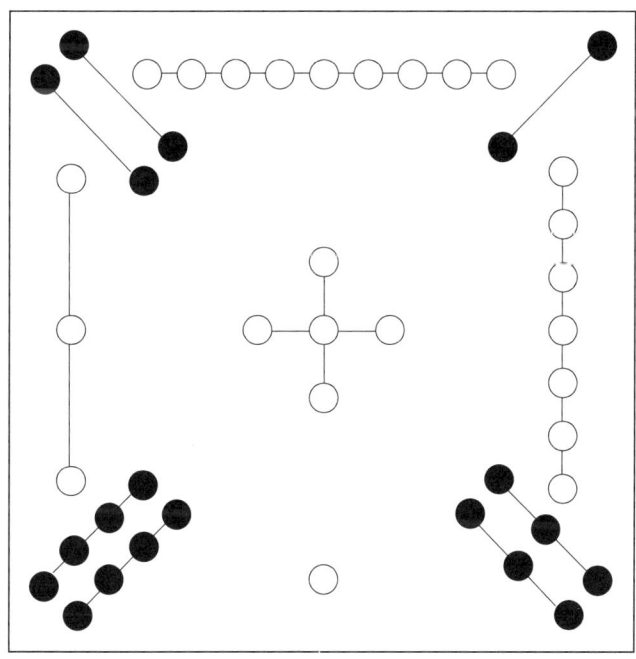

- 9를 앞으로 하고, 1을 뒤로 한다.
- 3을 왼쪽으로 하고, 7을 오른쪽으로 한다.
- 2와 4를 양 어깨로 한다.
- 6과 8을 양 발로 하여 5를 가운데로 한다.

　낙서(洛書)에서 보이는 숫자는 천지개벽 후의 현상세계의 논리를 상징하고, 역학(易學)에서는 후천기수(後天氣數)라고 한다. 후천기수(後天氣數)는 질량이 있는 차등수(差等數)로 대소, 다소, 장단, 경중, 강약의 개념을 내포하고 있으니 기수(氣數)라고 한다.

　1에서 9까지 발전하여 10의 극단처(極端處)에 이르지 않는 논리로, 10은 0을 뜻하며 무(無)를 상징한다. 중앙의 5가 정방(正方)의 1·3·9·7과 간방(間方)의 2·4·8·6을 직접 조절하면서 1과 6의 북방(北方), 3과 8의 동방(東方), 4와 9의 남방(南方), 2와 7의 서방(西方)을 독립하여 주재한다. 무릇 홍범구주(洪範九疇)의 원칙이다.

대체로 하도(河圖)는 오행(五行)이 상생(相生)하는 원리요, 낙서(洛書)는 오행(五行)이 상극(相剋)하는 원리이니, 모두가 자연이 발전하는 법칙이다.

　하도(河圖)에서 1·2·3·4·5는 오행(五行)을 탄생시키는 생수(生數)이고, 6·7·8·9·10은 오행(五行)을 완성하는 성수(成數)이다. 그리고 1·3·5·7·9는 홀수로 양수(陽數)이니 천수(天數)가 되고, 2·4·6·8·10은 짝수로 음수(陰數)이니 지수(地數)가 된다. 그래서 천지(天地)인 음양(陰陽)이 짝이 되어 물(物)을 생산한다.

- 하늘(陽天)이 1로 물(水)을 낳으면

  땅(陰地)이 6으로 물(水)을 완성한다.

- 땅(陰地)이 2로 불(火)을 내면

  하늘(陽天)이 7로 불(火)을 완성한다.

- 하늘(陽天)이 3으로 나무(木)를 내면

  땅(陰地)이 8로 나무(木)를 완성한다.

- 땅(陰地)이 4로 쇠(金)를 내면

  하늘(陽天)이 9로 쇠(金)를 완성한다.

- 하늘(陽天)이 5로 흙(土)을 내면

  땅(陰地)이 10으로 흙(土)을 완성한다.

先天生數	1陽	2陰	3陽	4陰	5陽	五行의
後天成數	6陰	7陽	8陰	9陽	10陰	成數 순서는
五　行	水	火	木	金	土	水火木金土.

하도(河圖)는 전체적으로 운행하는 체계가 오행상생(五行相生)의 고리로 연결되어 있다.

- 수생목(水生木) : 물은 나무를 살린다.
- 목생화(木生火) : 나무는 불을 살린다.
- 화생토(火生土) : 불은 흙을 살린다.
- 토생금(土生金) : 흙은 쇠를 살린다.
- 금생수(金生水) : 쇠는 다시 물을 살린다.

낙서에(洛書)에서도 생수(生數)와 성수(成數), 천수(天數)와 지수

(地數)의 의미는 같고, 음양오행(陰陽五行)의 생성체계도 같다. 그러나 전체적인 운행체계는 오행(五行)이 상극(相剋)하는 고리로 연결되어 있다.

- 1 · 6의 물은 5 · 10의 흙이 막는다.
- 5 · 0의 흙은 3 · 8의 나무가 소통시킨다.
- 3 · 8의 나무는 4 · 9의 쇠가 자른다.
- 4 · 9의 쇠는 2 · 7의 불이 녹인다.
- 2 · 7의 불은 다시 1 · 6의 물이 끈다.

- 토극수(土剋水) : 흙은 물을 이긴다.
- 수극화(水剋火) : 물은 불을 이긴다.
- 화극금(火剋金) : 불은 쇠를 이긴다.
- 금극목(金剋木) : 쇠는 나무를 이긴다.
- 목극토(木剋土) : 나무는 흙을 이긴다.

도표로 나타내면 다음과 같으며 여기에 지지(地支)를 배속한다.

後天成數	1, 6	2, 7	4, 9	3, 8	5, 10
地　支	子	午	酉	卯	丑 未
相　剋	水　剋　火　剋　金　剋　木　剋　土				

천간(天干)과 지지(地支)를 배속할 때는 반드시 1에다 갑(甲)과 자(子)를 기점으로 해야 한다. 하도(河圖)와 낙서(洛書)를 기초로 음양오행(陰陽五行)의 운행고리를 살펴보면 다음과 같은 4가지 조

건이 있다는 것을 알 수 있다.

- 오행(五行)의 생성순서 : 水 → 火 → 木 → 金 → 土 …… 水
- 오행(五行)의 운행순서 : 木 → 火 → 土 → 金 → 水 …… 木
- 오행(五行)의 상극순서 : 水 → 火 → 金 → 木 → 土 …… 水
- 오행(五行)의 발전순서 : 土 → 木 → 金 → 火 → 水 …… 土

이상의 4가지 조건을 살펴보면, 만물은 모두 유기적인 구조 속에서 복합적인 관계로 존재하고, 서로 통하는 직접적인 관계가 있음을 확인할 수 있다.

3. 복희팔괘(伏羲八卦)

계사전(繫辭傳)에서는 「역(易)에 태극(太極)이 있으니, 이것이 양의(兩儀)를 낳고, 양의(兩儀)가 사상(四象)을 낳고, 사상(四象)이 팔괘(八卦)를 낳는다」고 했다. 다음에 나오는 복희팔괘도(伏羲八卦圖)를 참고로 많이 연구하기 바란다.

태극(太極)은 동정(動靜)하는 원리를 갖고 있다. 기(氣)가 동정(動靜)하여 음양(陰陽)이 갈리고, 음양(陰陽)이 교류하여 강유(剛柔)의 질이 나뉘어지고, 음양(陰陽)의 기(氣)와 강유(剛柔)의 질이 교역하여 팔괘(八卦)가 나온다. 모두 하나가 나뉘어 둘이 되고, 둘이 나뉘어 넷이 되고, 넷이 나누어 여덟이 되었다. 천지개벽이 있기 이전에

伏羲八掛圖

八卦順	1	2	3	4	5	6	7	8
八卦體	☰	☱	☲	☳	☴	☵	☶	☷
八卦名	乾	兌	離	震	巽	坎	艮	坤
四　象	太　陽		少　陰		少　陽		太　陰	
兩　依	陽				陰			
太　極								

　이미 이같은 태극(太極)의 절대성원리와 음양(陰陽)의 상대성원리
가 갖추어진 것이다. 설괘전(設卦傳)에서는 「역(易)은 숫자를 미리
셈하는 것」이라고 했다. 이것은 현상에 변역(變易)이 나타나기 이
전에 이미 변역(變易)의 운행도수가 모두 갖추어진 것이다.

　팔괘(八卦)의 실체가 이루어지면 그 명칭과 순서와 형상과 덕성
(德性)이 있는데 다음과 같다.

- 일건천(一乾天) : 건(乾)은 1이니 천(天)이며 건(健)이다.
- 이태택(二兌澤) : 태(兌)는 2이니 택(澤)이요 열(悅)이다.
- 삼이화(三離火) : 리(離)는 3이니 화(火)이며 려(麗)이다.
- 사진뢰(四震雷) : 진(震)은 4이니 뢰(雷)이며 동(東)이다.
- 오손풍(五巽風) : 손(巽)은 5이니 풍(風)이요 인(人)이다.
- 육감수(六坎水) : 감(坎)은 6이니 수(水)요 함(陷)이다.
- 칠간산(七艮山) : 간(艮)은 7이니 산(山)이요 지(止)이다.
- 팔곤지(八坤地) : 곤(坤)은 8이니 지(地)요 순(順)이다.

팔괘(八卦)의 체(體)는 복희(伏羲) 팔괘도(八卦圖)를 참고로, 다음과 같이 암기해두면 역학(易學) 공부에 많은 도움이 될 것이다.

건삼련(乾三連), 태상절(兌上絶), 이허중(離虛中), 진하련(震下連), 손하절(巽下絶), 감중련(坎中連), 간상련(艮上連), 곤삼절(坤三絶).

4. 문왕팔괘(文王八卦)

아래 표는 문왕(文王) 후천팔괘(後天八卦)가 생성하는 차례다. 복희(伏羲) 선천팔괘(先天八卦)는 천지창조의 시초를 논증하는 괘도로, 형이상(形而上)의 본 체계의 구조를 나타내는 원상(原象)이고, 문왕(文王) 후천팔괘(後天八卦)는 생성하는 진화를 실증하는 괘도로, 형이하(形而下)의 현상계의 구조를 나타내는 실상(實像)이다.

따라서 복희(伏羲) 팔괘(八卦)는 선천(先天)의 논리이고, 문왕(文王) 팔괘(八卦)는 후천(後天)의 실상이다. 이 두 가지 도상이 밝혀

文王八掛圖

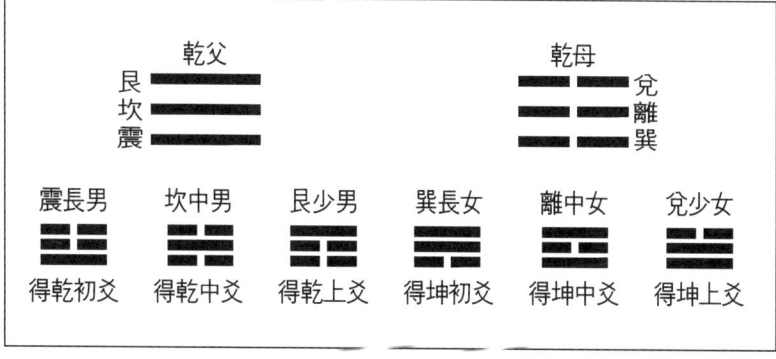

져 형이상(形而上)의 도(道)와 형이하(形而下)의 기(氣)가 모두 밝혀지고, 우주의 자연법칙과 인간의 근본과 도덕이 바로 서고, 천리(天理)와 인사(人事)를 모두 온전히 하는 길이 활짝 열린 것이다.

문왕(文王) 팔괘(八卦)의 생성 차례는 건(乾)의 아버지와 곤(坤)의 어머니가 서로 교감하여 여섯 자녀를 생산한다. 곤모(坤母)가 건부(乾父)의 홀수(-)를 받으면 아들인데, 초효(初爻)를 받으면 진(震)이니 장남이고, 이효(二爻)를 받으면 감(坎)이니 중남이고, 상효(上爻)를 받으면 간(艮)이니 소남이 된다.

곤모(坤母)가 건부(乾父)의 짝수(- -)를 받으면 딸이 된다. 초효(初爻)를 받으면 손(巽)이니 장녀, 이효(二爻)를 받으면 리(離)이니 중녀, 상효(上爻)를 받으면 태(兌)이니 소녀가 된다. 이렇게 음양(陰陽)은 서로 교감으로 감동하니, 낳고 낳으면서 끝없이 번창한다.

5. 육십갑자(六十甲子) 납음오행(納音五行 : 花甲子)

육십갑자(六十甲子) 납음오행(納音五行)의 생성과정을 알려면 먼저 선천수(先天數)를 알아야 한다. 선천수(先天數)의 생성과정은 낙서(洛書)의 후천기수(後天氣數)와 같이, 1에서 9까지만 발전해 10의 극단처(極端處)에 이르지 않는다. 10은 0을 뜻하며 무(無)를 상징하고, 숫자의 체(體)는 10이 되고 용(用)은 9가 되니, 무릇 홍범구주(洪範九疇)의 원칙이다. 따라서 천간(天干)과 지지(地支)를 배속할 때는 모두 1에다 갑(甲)과 자(子)를 기점으로 한다. 갑자(甲子)에서 용(用) 9까지 순행(順行)하면 종점은 임신(壬申)이 된다.

六十甲子 納音五行表

甲子乙丑 海中金	甲戌乙亥 山頭火	甲申乙酉 泉中水	甲午乙未 沙中金	甲辰乙巳 覆燈火	甲寅乙卯 大溪水
丙寅丁卯 爐中火	丙子丁丑 澗下水	丙戌丁亥 屋上土	丙申丁酉 山下火	丙午丁未 天河水	丙辰丁巳 沙中土
戊辰己巳 大林木	戊寅己卯 城頭土	戊子己丑 霹靂火	戊戌己亥 平地木	戊申己酉 大驛土	戊午己未 天上火
庚午辛未 路傍土	庚辰辛巳 白蠟金	庚寅辛卯 松柏木	庚子辛丑 壁上土	庚戌辛亥 叉釧金	庚申辛酉 石榴木
壬申癸亥 劍鋒金	壬午癸未 楊柳木	壬辰癸巳 長流水	壬寅癸卯 金箔金	壬子癸丑 桑柘木	壬戌癸亥 大海水

- 갑자(甲子)에서 임신(壬申)까지는 9번째가 된다.
- 을축(乙丑)에서 임신(壬申)까지는 8번째가 된다.
- 병인(丙寅)에서 임신(壬申)까지는 7번째가 된다.
- 정묘(丁卯)에서 임신(壬申)까지는 6번세가 된다.
- 무진(戊辰)에서 임신(壬申)까지는 5번째가 된다.
- 기사(己巳)에서 임신(壬申)까지는 4번째가 된다.

이상을 근거로 선천수(先天數)가 생성하며 다음과 같은 원리이다.

先天數表

先天數	9	8	7	6	5	4
干 支	甲己子午	乙庚丑未	丙申寅申	丁壬卯酉	戊癸辰戌	巳亥

(1) 갑자(甲子)

갑(甲)에서 간합(干合)하는 기(己)와, 자(子)에서 상충(相沖)하는 오(午)를 9로 하여, 갑기자오(甲己子午)의 선천수(先天數)를 모두 9로 한다(甲子 → 壬子).

(2) 을축(乙丑)

을(乙)과 간합(干合)하는 경(庚)과, 축(丑)과 상충(相沖)하는 미(未)를 8로 하여, 을경축미(乙庚丑未)의 선천수(先天數)를 모두 8로 한다(乙丑 → 壬申).

(3) 병인(丙寅)

병(丙)과 간합(干合)하는 신(辛)과, 인(寅)과 상충(相沖)하는 신(申)을 7로 하여, 병신인신(丙辛寅申)의 선천수(先天數)를 모두 7로 한다. 병인(丙寅)에서 임신(壬申)까지는 7번째이다.

(4) 정묘(丁卯)

정(丁)과 간합(干合)하는 임(壬)·묘(卯)와, 상충(相沖)하는 유(酉)를 6으로 하여, 정임묘유(丁壬卯酉)의 선천수(先天數)를 모두 6으로 한다. 정묘(丁卯)에서 임신(壬申)까지는 6번째이다.

(5) 무진(戊辰)

무(戊)와 간합(干合)하는 계(癸)·진(辰)과, 상충(相沖)하는 술(戌)을 5로 하여, 무계진술(戊癸辰戌)의 선천수(先天數)를 5로 한다. 무진(戊辰)에서 임신(壬申)까지는 5번째이다.

(6) 기사(己巳)

기(己)는 위에서 이미 갑(甲)과 합하여 선천수(先天數) 9가 되었으니 사(巳)만 적용한다. 사(巳)와 상충(相冲)하는 해(亥)와 같이 사해(巳亥)의 선천수(先天數)는 4가 된다. 기사(己巳)에서 임신(壬申)까지는 4번째이다.

다음은 천지생수(天地生數)와 천지성수(天地成數)를 알아야 한다. 천지생수(天地生數)는 1·2·3·4·5이고, 천지성수(天地成數)는 6·7·8·9·10이다.

생수(生數) 15와 성수(成數) 40을 합하면 55가 되는데, 이 수를 천지본체수(天地本體數)라 한다. 천지본체수(天地本體數) 55에서 오행수(五行數) 5를 빼면 50이 되고, 이 50이 대연수(大衍數)의 체(體)가 된다. 다시 대연수(大衍數) 50에서 태극수(太極數) 1을 빼면 49가 남고, 이 49가 대연수(大衍數)의 용(用)이 된다.

先天生數·後天成數表

先天生數	1	2	3	4	5	15	生數+ 五行數 =成數
五 行 數	5	5	5	5	5	5	
後天成數	6	7	8	9	10	40	
天地本體數						55	

(1) 갑자을축(甲子乙丑) 해중금(海中金)

갑자(甲子 : 9·9)·을축(乙丑 : 8·8)의 선천수(先天數)는 합수가 34가 되는데, 대연수(大衍數) 49에서 갑자을축(甲子乙丑)의 선천수

(先天數) 34를 빼면 15가 남는다. 15를 오행수(五行數)인 5로 나누면 남는 수는 없으나 5로 보아야 하고, 5는 오행(五行)으로 토(土)이다. 토(土)는 금(金)을 생(生)하므로 갑자을축(甲子乙丑)의 납음오행(納音五行)은 해중금(海中金)이 되는 것이다.

(2) 병인정묘(丙寅丁卯) 노중화(爐中火)

병인(丙寅 : 7·7)·정묘(丁卯 : 6·6)의 선천수(先天數)는 합수가 26이 되는데, 대연수(大衍數) 49에서 병인정묘(丙寅丁卯)의 선천수(先天數) 26를 빼면 23이 남는다. 23을 오행수(五行數)인 5로 나누면 남는 수 3이고, 3은 오행(五行)으로 목(木)이다. 목(木)은 생화(生火)하므로 병인정묘(丙寅丁卯)의 납음오행(納音五行)은 노중화(爐中火)가 되는 것이다.

(3) 무진기사(戊辰己巳) 대림목(大林木)

무진(戊辰 : 5·5)·기사(己巳 : 9·4)의 선천수(先天數)는 합수가 23이 되는데, 대연수(大衍數) 49에서 무진기사(戊辰己巳)의 선천수(先天數) 23을 빼면 26이 남는다. 26을 오행수(五行數)인 5로 나누면 1이 되고, 1은 오행(五行)으로 수(水)이다. 수(水)는 생목(生木)하므로 무진기사(戊辰己巳)의 납음오행(納音五行)은 대림목(大林木)이 된다. 이처럼 납음오행(納音五行)이 생성한다.

6. 중천수(中天數)

선천수(先天數)가 태호(太昊) 복희(伏羲)시대의 것이라면, 중천수(中天數)와 후천수(後天數)는 주(周)나라 문왕(文王)시대의 것이다. 중천수(中天數)가 생성하는 과정은 중천(中天)의 갑오(甲午)에서 시작된다.

中天數表

中天數	11	10	9	8	7
干 支	甲己辰戌丑未	乙庚申酉	丙辛亥子	丁壬寅卯	戊癸巳午

(1) 갑오(甲午)에서 순행(順行)하면 갑진(甲辰)까지 11번째이다.

갑(甲)과 간합(干合)하는 기(己)와, 합화(合化)된 화오행(化五行) 토(土)에 해당하는 갑기진술축미토(甲己辰戌丑未土)는 모두 중천수(中天數) 11이 된다.

(2) 을미(乙未)에서 순행(順行)하면 갑진(甲辰)까지 10번째이다.

을(乙)과 간합(干合)하는 경(庚)과, 합화(合化)된 화오행(化五行) 금(金)에 해당하는 을경신유금(乙庚申酉金)은 모두 중천수(中天數) 10이 된다.

(3) 병신(丙申)에서 순행(順行)하면 갑진(甲辰)까지 9번째이다.

병(丙)과 간합(干合)하는 신(辛)과, 합화(合化)된 화오행(化五行) 수(水)에 해당하는 병신해자수(丙辛亥子水)는 모두 중천수(中天數) 9가 된다.

(4) 정유(丁酉)에서 순행(順行)하면 갑진(甲辰)까지 8번째이다.

정(丁)과 간합(干合)하는 임(壬)과, 합화(合化)한 화오행(化五行) 목(木)에 해당하는 정임인묘목(丁壬寅卯木)은 모두 중천수(中天數) 8이 된다.

(5) 무술(戊戌)에서 순행(順行)하면 갑진(甲辰)까지 7번째이다.

무(戊)와 간합(干合)하는 계(癸)와, 합화(合化)한 화(火)에 해당하는 무계사오화(戊癸巳午火)는 모두 중천수(中天數) 7이 된다.

先天數	甲己子午9, 乙庚丑未8, 丙辛寅申7, 丁壬卯酉6 戊癸辰戌5, 巳亥4 (伏羲時代)
中天數	甲己辰戌丑未11, 乙庚申酉10, 丙辛亥子9 丁壬寅卯8 戊癸巳午7 (文王時代)
後天數	一六水, 二七火, 三八木, 四九金, 五十土(文王時代)

이상으로 사주의 이해편을 마치고, 오행(五行)과 천간(天干)·지지(地支) 속성을 첨부하니 많이 연구하기 바란다.

五行屬性活用法 · 1

五行	木		火		土		金		水	
陰陽	陽	陰	陽	陰	陽	陰	陽	陰	陽	陰
天干	甲	乙	丙	丁	戊	己	庚	辛	壬	癸
地支	寅	卯	巳	午	辰戌	丑未	申	酉	亥	子
生數	3			2	5			4	1	
成數		8	7			10	9			6
十二獸	虎	兎	蛇	馬	龍犬	牛羊	猿	鷄	豚	鼠
五方	東		南		中央		西		北	
四季	春		夏		四季		秋		冬	
五色	靑		赤		黃		白		黑	
五氣	風		熱		濕		燥		寒	

五行屬性活用法 · 2

五行	木	火	土	金	水
疾病	간장	심장	비장	폐장	신장
	쓸개	소장	위장	호흡기	방광
	신경	눈병	복부	대장	혈액
	얼굴	혈압	당뇨	팔다리	생식기
	두통	편두	피부	근골	자궁
五味	酸	苦	甘	辛	喊
五常	仁	禮	信	義	智
相生	木生火	火生土	土生金	金生水	水生木
相剋	木剋土	火剋金	土剋水	金剋木	水剋火
五官	目	舌	脣	鼻	耳
五意	인정	명랑	후중	냉정	비밀
외 五格	曲直	炎上	稼穡	從革	潤下

五行屬性活用法 · 3

五行	木	火	土	金	水
五行	色	聲	香	味	觸
五聲	角音	徵音	宮音	商音	羽音
五鬼	木鬼	火鬼	土鬼	金鬼	水鬼
五畜	犬	羊	牛	鷄	豚
五事	교육	사업	영농, 종교	군인혁명	법관
五穀	麥	黍	粟	稻	豆
音行	가, 카	나, 다, 라, 타	아, 하	사, 자, 차	마, 바, 파
五音	牙音	舌音	喉音	齒音	脣音
五帝	太昊神	炎帝神	皇帝神	少昊神	顓帝神
五徵	旱	熱	風	雨	寒
五心	喜悅	多辯	蹇滯	急速	陰凶
五體	肩	胸	足	頭	腹

五行屬性活用法 · 4

五行	木	火	土	金	水
四德	元	亨	通德	利	貞
精神	魂	神	意	魄	精
五事	視	言	思	聽	貌
情慾	喜	樂	欲	怒	哀
天時	日奧	日易	風	寒	雨
形體	筋	毛	肉	骨	皮
氣脈	臭	色	形	味	聲
旺節	春	夏	四季	秋	冬
相節	冬	春	夏	四季	秋
休節	夏	四季	秋	冬	春
囚節	四季	秋	冬	春	夏
死節	秋	冬	春	夏	四季

五行屬性活用法 · 5

五行	木	火	土	金	水
五果	李	杏	棗	桃	栗
五氣	風	熱	濕	燥	寒
八卦	震巽	離艮	坤乾	兌	坎
五竅	目	舌	口	鼻	耳
六神	靑龍	朱雀	句陳騰蛇	白虎	玄武
五榮	손·발톱	色	脣	毛	髮
人體	신체의 왼쪽	신체의 윗부분	신체의 중간부분	신체의 오른쪽부분	신체의 아랫부분

　오행속성활용법(五行屬性活用法)은 사주추명학 연구에 많이 활용되니 탐독하기 바란다.

干支의 屬性

干支	形象	解 說	十一神	方數
甲寅	대림木	큰나무, 고목, 목재, 사목	靑帝神 靑龍神	三 · 八 東方木 仁, 酸
乙卯	화초木	작은나무, 화초, 넝쿨, 채소, 꽃		
丙巳	태양火	태양, 밝은불, 허황, 허풍	赤帝神 朱雀神	二 · 七 南方火 禮, 苦
丁午	등촉火	등촉, 촛불, 산소불, 횃불		
戊辰戌	성단土	태산, 제방, 운동장, 건물	黃帝神 句陣神 騰蛇神	五 · 十 中央土 信, 甘
己丑未	전원土	전원, 沃土, 토기, 화분흙		
庚申	검극金	강철, 총칼, 차량, 고철	白帝神 白虎神	四 · 九 西方金 義, 辛
辛酉	주옥金	주옥, 침, 바늘, 면도칼, 鉛		
壬亥	강호水	강호, 대해수, 큰물, 우물	黑帝神 玄武神	一 · 六 北方水 智, 喊
癸子	우로水	작은물, 이슬, 눈물, 진액		

地支의 屬性

地支	象	발병	인체	물체	인물
子	泉水	비뇨기	요도, 자궁, 귀, 고환	음료수, 종자, 소슴, 채소, 생선	임부, 매춘부, 야경, 승려
丑	冬土	위장	맹장, 취장, 수족	증권, 금고, 차고, 인쇄, 이불, 커텐	경리, 죄인, 중개인, 여관업
寅	木根	심장	머리, 담낭, 무릅, 팔	발전기, 피아노, 책, 신문, 목기	법조인, 건망증, 언론, 교육
卯	草根	간장	이마, 수족, 정갱이	섬유, 운동구, 낚시대, 묘목 종이	건축, 야바위, 골프, 당구
辰	濕土	망각증	위장, 피부, 맹장, 가슴	외래품, 특허품, 골동품, 토석, 약	불청객, 범법자, 중개인
巳	地熱	치통	치아, 인후, 편도선	정유장, 담배, 주유소 미용재료	용접, 창녀, 전기
午	火山	정신병	심장, 눈, 혀, 정신	장신구, 화장품, 유원지, 유흥	호색가, 발명, 교육, 서예
未	燥土	허로병	척추, 복부, 수족, 입	어음, 수표, 식품, 포목, 의류	주색, 요리, 토복, 도자기
申	鑛石	대장염	대장, 폐, 근골, 신경	함선, 수도관, 전선, 농기구	선원, 기능인, 행인, 부관
酉	金石	폐결핵	뼈, 월경, 코, 피부	악기, 보석, 현금, 고추, 침, 그릇	접대부, 마취사, 침술사
戌	死土	공포증	항문, 갈비, 두뇌	골기퍼, 계산기, 컴퓨터, 도자기	경비, 경찰, 예술, 교도관
亥	海水	방광염	생식기, 자궁, 흑점	가방, 바다, 소금, 주류, 의류, 생선	술주정, 무게획, 어부

2장. 육십갑자(六十甲子)와 천간지지(天干地支)

우주의 삼라만상은 음양(陰陽)의 상대성원리로 생성되어, 그 기(氣)가 적절한 조화와 배합을 통해 존재하며 유지된다. 육십갑자(六十甲子)의 천간(天干)은 하늘을 상징하며 양(陽)에 해당하고, 지지(地支)는 땅을 상징하며 음(陰)에 해당한다. 그러나 양(陽)에도 음(陰)이 존재하고, 음(陰)에도 양(陽)이 존재한다. 십간(十干)과 십이지(十二支)의 양(陽)과 음(陰)을 수리(數理)로 살펴보면, 홀수는 양(陽)에 해당하고 짝수는 음(陰)에 해당한다.

1. 천간(天干)과 수리(數理)

天干	甲	乙	丙	丁	戊	己	庚	辛	壬	癸
數理	1	2	3	4	5	6	7	8	9	10

홀수인 1·3·5·7·9는 양(陽)이고, 짝수인 2·4·6·8·10은 음(陰)이다. 따라서 갑(甲)·병(丙)·무(戊)·경(庚)·임(壬)은 양천

六十甲子表

甲子旬	甲子	乙丑	丙寅	丁卯	戊辰	己巳	庚午	辛未	壬申	癸酉	空亡戌亥
甲戌旬	甲戌	乙亥	丙子	丁丑	戊寅	己卯	庚辰	辛巳	壬午	癸未	空亡申酉
甲申旬	甲申	乙酉	丙戌	丁亥	戊子	己丑	庚寅	辛卯	壬辰	癸巳	空亡午未
甲午旬	甲午	乙未	丙申	丁酉	戊戌	己亥	庚子	辛丑	壬寅	癸卯	空亡辰巳
甲辰旬	甲辰	乙巳	丙午	丁未	戊申	己酉	庚戌	辛亥	壬子	癸丑	空亡寅卯
甲寅旬	甲寅	乙卯	丙辰	丁巳	戊午	己未	庚申	辛酉	壬戌	癸亥	空亡子丑

간(陽天干 : +)이 되고, 을(乙) · 정(丁) · 기(己) · 신(辛) · 계(癸)는
음천간(陰天干 : —)이 된다.

2. 지지(地支)와 수리(數理)

天干	子	丑	寅	卯	辰	巳	午	未	申	酉	戌	亥
數理	1	2	3	4	5	6	7	8	9	10	11	12

홀수인 1 · 3 · 5 · 7 · 9 · 11은 양(陽)이 되고, 짝수인 2 · 4 · 6 · 8 ·
10 · 12는 음(陰)이 된다. 따라서 자(子) · 인(寅) · 진(辰) · 오(午) ·
신(申) · 술(戌)은 양(陽:+)이 되고, 해(亥) · 유(酉) · 미(未) · 사
(巳) · 묘(卯) · 축(丑)은 음(陰 : —)이 된다.

십간(十干)과 십이지(十二支)가 한 번씩 상교(相交)하면 60이 된
다. 갑(甲)이 자(子)를 만나 갑자(甲子)가 되고, 을(乙)이 축(丑)을
만나 을축(乙丑)이 된다. 순서대로 60번째 계해(癸亥)까지를 육십갑
자(六十甲子)라 하고, 61번째는 다시 갑자(甲子)가 되는데 이것을
회갑 또는 환갑이라고 하는 것이다.

육십갑자(六十甲子)는 중국 은(殷)나라 때부터 날짜를 세는데 쓰
였고, 십이지(十二支)는 달을 세는데 쓰였다고 한다. 십간(十干)과
십이지(十二支)가 상교(相交)하여 육십갑자(六十甲子)가 되는 것이
다. 천간(天干)과 지지(地支)를 분별하여 양(陽)과 음(陰)을 익혀두
어야 역리학(易理學) 전반에 걸쳐 활용할 수 있다.

3. 육십갑자(六十甲子) 장중(掌中) 암기법

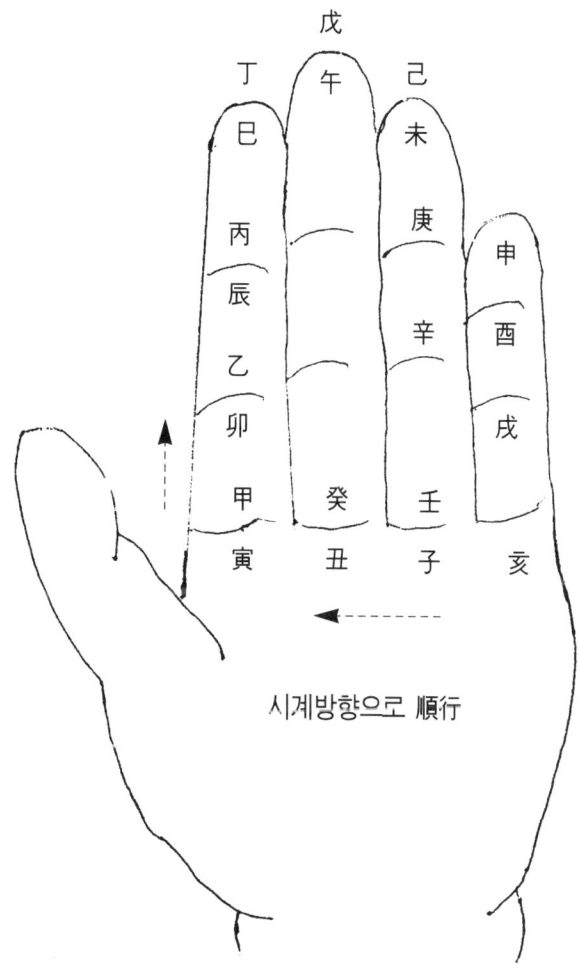

시계방향으로 順行

　　왼손에 십간(十干)과 십이지(十二支)를 입력한 뒤, 손에서 육십갑자(六十甲子)를 돌리는 습관을 길러야 운명의 길흉화복을 쉽게 예지할 수 있다. 위의 그림을 참고하면서 연습하기 바란다.

3장. 사주 구성하는 법

1. 년주(年柱) 세우는 법

년주(年柱)는 태어난 해의 태세(太歲)를 그대로 기록하면 된다. 예를 들어 1935년 을해(乙亥)년에 태어났으면 을해(乙亥)를, 1936년 병자(丙子)년에 태어났으면 병자(丙子)를 기록하면 된다. 그러나 특별한 경우가 있다. 그것은 입춘절(立春節)을 기준으로 하여 1월생이라도 입춘절(立春節)이 드는 시간 전까지는 전년도 태세(太歲)를 쓰고, 12월생이라도 입춘(立春)이 든 시간 이후에 태어났으면 신년도 태세(太歲)를 쓰니 착오없기 바란다.

해가 바뀌는 것은 1월 1일이 아니라 입춘(立春)이 드는 시간을 기준으로 한다는 것을 명심하기 바란다. 만일 1935년 을해(乙亥)년 1월 1일 야자시(夜子時)생이라면 을해(乙亥)년의 입춘(立春)은 1월 2일 축(丑)시 정각이니, 2일 축(丑)시 전까지는 1934년 갑술(甲戌)년 12월 정축(丁丑)월로 기록해야 하고, 일주(日柱)만은 당일 일진

(日辰)인 신해(辛亥)를 기록한다.

만일 1936년 병자(丙子)년 12월 23일 신(申)시생이면 1937년 정축(丁丑)년의 입춘(立春)은 같은 날 미(未)시 말이니 정축(丁丑)년 태세(太歲)를 기록한다. 월주(月柱)는 정축(丁丑)년 임인(壬寅)월로 기록하고, 일주(日柱)만은 당일의 임술(壬戌)일로 기록한다.

2 월주(月柱) 세우는 법

- 갑기지년(甲己之年)은 병인두(丙寅頭)
  갑기(甲己)년은 1월이 병인(丙寅)월이다.
- 을경지년(乙庚之年)은 무인두(戊寅頭)
  을경(乙庚)년은 1월이 무인(戊寅)월이다.
- 병신지년(丙辛之年)은 경인두(庚寅頭)
  병신(丙辛)년은 1월이 경인(庚寅)월이다.
- 정임지년(丁壬之午)은 임인두(壬寅頭)
  정임(丁壬)년은 1월이 임인(壬寅)월이다.
- 무계지년(戊癸之年)은 갑인두(甲寅頭)
  무계(戊癸)년은 1월이 갑인(甲寅)월이다.

갑기지년(甲己之年)은 병인두(丙寅頭)라 하는 것은, 갑(甲)년이나 기(己)년은 정월을 병인(丙寅)월로 하여 2월은 정묘(丁卯)월, 3월은 무진(戊辰)월 식으로 순행(順行)한다는 뜻이다. 이와 같이 기록하지만 월건(月建)을 잡는 법에도 특별한 경우가 있다. 그것은 12절을

十二支配節表

月	月支	節	氣
정월	寅月	立春	雨水
2월	卯月	驚蟄	春分
3월	辰月	淸明	穀雨
4월	巳月	立夏	小滿
5월	午月	芒種	夏至
6월	未月	小暑	大暑
7월	申月	立秋	處署
8월	酉月	白露	秋分
9월	戌月	寒露	霜降
10월	亥月	立冬	小雪
11월	子月	大雪	冬至
12월	丑月	小寒	大寒

기준으로 한다는 것이다. 예를 들어 1월생이라도 입춘(立春)이 들기 전에 태어났으면 전년도 12월생으로 보고, 1월생이라도 경칩(驚蟄)이 든 후에 태어났으면 1월생이 아니라 2월생으로 본다.

월(月)이 바뀌는 것도 해의 바뀜과 같이 절입시(節入時)를 기준으로 한다. 예를 들어 4월생이라도 입하(立夏)가 들기 전에 태어났으면 3월이 월주(月柱)가 된다. 1년은 12달과 24절기로 되어 있다. 기(氣)는 참고로 하고 절(節)을 기준으로 하여 월건(月建)을 정한다는 것을 명심하기 바란다.

3. 일주(日柱) 세우는 법

일주(日柱)는 만세력에서 태어난 년월(年月)을 찾아 적혀 있는 일진(日辰)을 그대로 기록하면 된다.

4. 시주(時柱) 세우는 법

(1) 갑기야반(甲己夜半) 갑자(甲子)시

갑(甲)일이나 기(己)일의 자(子)시는 갑자(甲子)시

(2) 을경야반(乙庚夜半) 병자(丙子)시

을(乙)일이나 경(庚)일의 자(子)시는 병자(丙子)시

(3) 병신야반(丙申夜半) 무자(戊子)시

병(丙)일이나 신(辛)일의 자(子)시는 무자(戊子)시

(4) 정임야반(丁壬夜半) 경자(庚子)시

정(丁)일이나 임(壬)일의 자(子)시는 경자(庚子)시

(5) 무계야반(戊癸夜半) 임자(壬子)시

무(戊)일이나 계(癸)일의 자(子)시는 임자(壬子)시

定時表

子時	밤 11시부터 오전 0시 59분까지
丑時	오전 1시부터 새벽 2시 59분까지
寅時	새벽 3시부터 아침 4시 59분까지
卯時	아침 5시부터 아침 6시 59분까지
辰時	오전 7시부터 오전 8시 59분까지
巳時	오전 9시부터 오전 10시 59분까지
午時	오전 11시부터 오후 12시 59분까지
未時	오후 1시부터 오후 2시 59분까지
申時	오후 3시부터 오후 4시 59분까지
酉時	오후 5시부터 오후 6시 59분까지
戌時	오후 7시부터 밤 8시 59분까지
亥時	밤 9시부터 밤 10시 59분까지

예를 들어 갑기야반(甲己夜半) 야자시(夜子時)는, 갑(甲)일이나 기(己)일의 자(子)시는 갑자(甲子)시로 시작해 축(丑)시를 을축(乙丑)시, 인(寅)시를 병인(丙寅)시 하는 식으로 순행(順行)한다.

- 야자시(夜子時) : 밤 11시부터 밤 12시 사이를 말하고, 밤 자시(子時)라 한다.
- 명자시(明子時) : 밤 12시부터 새벽 1시 전까지를 말하고, 새는 날 자시(子時)라 한다.

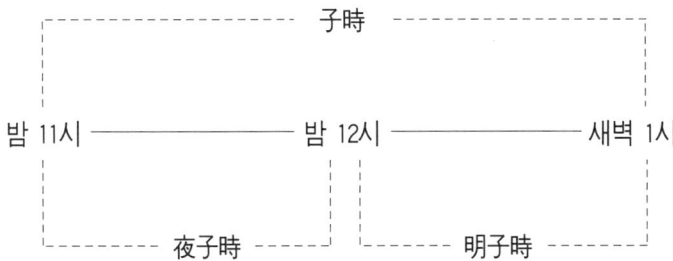

예를 들어 갑자(甲子)일 밤 11시에서 밤 12시 진에 태어났으면 갑자(甲子)일 야자시(夜子時)생으로, 일진(日辰)을 갑자(甲子)일로 하고, 시간은 새 시간인 을축(乙丑)일 병자(丙子)시로 한다. 그리고 갑자(甲子)일 밤 12시에서 을축(乙丑)일 새벽 1시 전에 태어났으면 을축(乙丑)일 병자(丙子)시로 한다. 여기서 주의할 것은 야자시(夜子時)와 명자시(明子時)를 살피는 것이다.

- 계명축(鷄鳴丑) : 닭이 울 때를 축(丑)시로 본다.
- 평단인(平旦寅) : 새벽을 인(寅)시로 본다.

- 일출묘(日出卯) : 해가 뜰 때를 묘(卯)시로 본다.
- 식시진(食時辰) : 아침 식사 때를 진(辰)시로 본다.
- 우중사(遇中巳) : 오전 참 때를 사(巳)시로 본다.
- 일중오(日中午) : 정오를 오(午)시로 본다.
- 일영미(日映未) : 점심을 먹었으면 미(未)시로 본다.
- 포시신(哺時申) : 오후 참 때를 신(申)시로 본다.
- 일입유(日入酉) : 해거름을 유(酉)시로 본다.
- 황혼술(黃昏戌) : 어둑어둑 할 때를 술(戌)시로 본다.
- 면정해(眠定亥) : 잠자려고 할 때를 해(亥)시로 본다.

※ 일출과 일몰 시간

- 봄·가을 : 묘(卯)시에 해가 뜨고, 유(酉)시에 해가 진다.
- 여름 : 인(寅)시에 해가 뜨고, 술(戌)시에 해가 진다.
- 겨울 : 진(辰)시에 해가 뜨고, 신(申)시에 해가 진다.

5. 사주 종합하는 법

　년주(年柱)·월주(月柱)·일주(日柱)·시주(時柱)의 네 기둥을 사주라 하고, 간지(干支)의 여덟 글자를 팔자라고 한다. 이 모두 합하여 사주팔자(四住八字)라고 하는 것이다.

　매년의 년주(年柱)는 입춘(立春)이 든 시각부터 바뀌고, 매달의 월주(月柱)도 절이 든 시각부터 바뀐다. 그리고 사주를 세울 때는 오른쪽에서 년월일시(年月日時) 순으로 왼쪽으로 횡서한다는 것을 명심하면서 연습하기 바란다.

(1) 년월일시(年月日時)가 정상인 경우

■ 건명(乾命) 1962년 7월 27일 오(午)시

甲　丙　戊　壬

午　申　申　寅

시　일　월　년

주　주　주　주

(2) 입춘(立春) 전이기 때문에 전년도생이 되는 경우

■ 곤명(坤命) 1938년 1월 4일 낮 12시생

甲　丙　癸　丁

午　寅　丑　丑

시　일　월　년

주　주　주　주

(3) 입춘(立春)이 들어 신년생이 되는 경우

■ 건명(乾命) 1938년 12월 24일 아침 8시생

庚　庚　丙　己

辰　辰　寅　卯

시　일　월　년

주　주　주　주

(4) 당월에 출생했으나 신월생이 되는 경우

■ 건명(乾命) 1939년 2월 18일 오전 11시생

庚 甲 戊 己
午 戌 辰 卯
시 일 월 년
주 주 주 주

(5) 당월에 태어났으나 전월생이 되는 경우

■ 곤명(坤命) 1973년 12월 1일 밤 12시생

丙 乙 甲 癸
子 未 子 丑
시 일 월 년
주 주 주 주

6. 사주의 속궁(屬宮)

(1) 년주(年柱)

상(象)으로는 뿌리, 방위로는 북(北), 육친으로는 조부모, 사회로는 기관장, 가택으로는 대지로 본다.

(2) 월주(月柱)

상(象)으로는 묘(苗), 방위로는 동(東), 육친으로는 부모형제, 사회로는 직속상관, 가택으로는 후원으로 본다.

(3) 일주(日柱)

상(象)으로는 꽃, 방위로는 남(南), 육친으로는 부부와 가정, 가택으로는 방으로 본다.

(4) 시주(時柱)

상(象)으로는 열매, 육친으로는 자식, 사회로는 부하직원, 가택으로는 대문 밖의 정원으로 본다.

4장. 오행(五行)

1. 오행(五行) 방수법(方數法)

(1) 홀수는 양(陽), 짝수는 음(陰)이다.

- 갑을인묘(甲乙寅卯)는 3·8 동방(東方) 목(木)이다.
- 병정사오(丙丁巳午)는 2·7 남방(南方) 화(火)이다.
- 무기진술축미(戊己辰戌丑未)는 5·10 중앙 토(土)이다.
- 경신신유(庚辛申酉)는 4·9 서방(西方) 금(金)이다.
- 임계해자(壬癸亥子)는 1·6 북방(北方) 수(水)이다.

(2) 사계는 진술축미(辰戌丑未)월로 사계절을 연결한다.

- 진(辰)은 손방(巽方)으로 동남간(東南間)이며 진사방(辰巳方)이 된다.
- 술(戌)은 건방(乾方)으로 서북간이며 술해방(戌亥方)이 된다.

- 축(丑)은 간방(艮方)으로 동북간이며 축인방(丑寅方)이 된다.
- 미(未)는 곤방(坤方)으로 서남간이며 미신방(未申方)이 된다.

2. 오행(五行) 미색법(味色法)

희신(喜神)과 기신(忌神)을 구분할 때 활용되니 익혀두기 바란다.

- 금(金) : 매운맛이며 백색이다. 과일로는 복숭아, 동물로는 닭에 해당한다.
- 수(水) : 짠맛이며 검정색이다. 과일로는 밤, 동물로는 돼지에 해당한다.
- 목(木) : 신맛이며 청색이다. 과일로는 오이, 동물로는 개에 해당한다.
- 화(火) : 쓴맛이며 적색이다. 과일로는 살구, 동물로는 양에 해당한다.
- 토(土) : 단맛이며 황색이다. 과일로는 대추, 동물로는 소에 해당한다.

3. 십이지(十二支) 배수법(配獸法)

天干	子	丑	寅	卯	辰	巳	午	未	申	酉	戌	亥
十二獸	鼠	牛	虎	兎	龍	蛇	馬	羊	猿	鷄	狗	猪

명리학(命理學)에서 가장 중요한 것은 오행(五行)의 작용을 파악하는 것이다. 상생(相生)과 상극(相剋)을 얼마나 빨리 이해하느냐

에 따라 진도가 달라진다. 만물의 기본원리는 생극(生剋) 작용에
있다. 생(生)한 다음 극(剋)하는 것으로 이루어진다.

4. 오행(五行) 상생법(相生法)

상생(相生)은 모자간으로 본다.

金生水	水生木	木生火	火生土	土生金

- 금생수(金生水) : 금(金)은 수(水)를 생(生)한다.
- 수생목(水生木) : 수(水)는 목(木)을 생(生)한다.
- 목생화(木生火) : 목(木)은 화(火)를 생(生)한다.
- 화생토(火生土) : 화(火)는 토(土)를 생(生)한다.
- 토생금(土生金) : 토(土)는 금(金)을 생(生)한다.

5. 오행(五行) 상극법(相剋法)

상극(相剋)은 다스리고 다스림을 받으니 부부간이나 재물로 본다.

金剋木	木剋土	土剋水	水剋火	火剋金

- 금극목(金剋木) : 금(金)이 목(木)을 극(剋)한다.
- 목극토(木剋土) : 목(木)이 토(土)를 극(剋)한다.
- 토극수(土剋水) : 토(土)는 수(水)를 극(剋)한다.
- 수극화(水剋火) : 수(水)는 화(火)를 극(剋)한다.
- 화극금(火剋金) : 화(火)는 금(金)을 극(剋)한다.

6. 통관법(通關法)

통관(通關)은 서로 대립되어 통하지 못하고 막혔을 때 통하게 해주는 법으로 통관용신법(通關用神法)이라고도 한다.

(1) 금극목(金剋木)

수(水)로 금생수(金生水)·수생목(水生木)으로 통관(通關)한다.

(2) 목극토(木剋土)

화(火)로 목생화(木生火)·화생토(火生土)로 통관(通關)한다.

(3) 토극수(土剋水)

금(金)으로 토생금(土生金)·금생수(金生水)로 통관(通關)한다.

(4) 수극화(水剋火)

목(木)으로 수생목(水生木)·목생화(木生火)로 통관(通關)한다.

(5) 화극금(火剋金)

토(土)로 화생토(火生土)·토생금(土生金)으로 통관(通關)한다.

5장. 합충형파해(合沖刑破害)

1. 합(合)

　합(合)은 상극(相剋) 작용을 하지만 생성하는 법칙은 극(剋)한 후에 기물이 된다. 따라서 양(陽)만으로 물(物)을 생(生)하지 못하고, 음(陰)만으로도 물(物)을 생(生)하지 못한다.

　사주를 간명할 때는 합(合)이 되어 변한 오행(五行)도 강함과 약함을 구분해야 한다. 근합(近合)은 강하며 원합(遠合)은 합력이 떨어지고, 충(沖)이 되면 합(合)이 파(破)가 되니 합(合)이 되지 않는다. 남명(男命)이 합(合)이 많으면 외교가요, 여명(女命)이 합(合)이 많으면 음란하다. 그리고 남녀를 막론하고 합(合)이 많으면 음란하여 이성문제로 가산을 탕진하며 망신을 당한다.

1. 천간합(天干合)

부부지합(夫婦之合)으로 음양(陰陽)의 합(合)이다. 천간(天干) 순으로 6번째 닿는 곳에서 합(合)이 이루어지기 때문에 육합(六合)이라고도 한다.

甲己合土	乙庚合金	丙辛合水	丁壬合木	戊癸合火

(1) 갑기합토(甲己合土)

중정지합(中正之合)으로 사주에 있으면 너그러우며 이해심이 많고, 인격자로 존경을 받는다.

(2) 을경합금(乙庚合金)

인의지합(仁義之合)으로 사주에 있으면 결단력이 있으며 용감하고, 의리를 중히 여긴다. 치아가 강하다.

(3) 병신합수(丙辛合水)

위엄지합(威嚴之合)으로 사주에 있으면 점잖으며 엄숙해 보이나 비굴한 면이 있고, 주색과 도박을 즐기며 잔인한 면도 있다.

(4) 정임합목(丁壬合木)

음란지합(淫亂之合)으로 사주에 있으면 요염하며 색을 좋아하고, 달변가이다.

(5) 무계합화(戊癸合火)

무정지합(無情之合)으로 예의가 없으며 거짓말을 잘한다.

2. 지지합(地支合)

천간합(天干合)과 같이 서로 좋아하는 것을 말한다.

子丑合土	寅亥合木	卯戌合火	辰酉合金	巳申合水	午未不變

3. 삼합(三合)

사주에 삼합(三合)이 있으면 사교술에 능하며 폭이 넓은 사람이다. 그리고 합국(合局) 두 글자만으로도 합(合)이 되는데 이것을 반합(半合)이라 한다. 예를 들어 신자(申子), 자진(子辰), 신진(申辰) 등이다.

申子辰合水	亥卯未合木	寅午戌合火	巳酉丑合金

※ 준삼합(準三合 : 半合)

인오합(寅午合), 오술합(午戌合), 신자합(申子合), 자진합(子辰合), 신진합(申辰合), 해묘합(亥卯合), 묘미합(卯未合), 해미합(亥未合), 사유합(巳酉合), 유축합(酉丑合), 사축합(巳丑合).

4. 방합(方合)

방합(方合)은 계절합 또는 방위합이라고도 한다. 사주에 방합(方合)이 있으면 고집이 있으며 독선적이고, 폭이 좁아 잘 융화하지 못한다. 합(合)은 궁합이나 동업관계를 볼 때도 참고하기 바란다.

寅卯辰合木局	巳午未合火局	申酉戌合金局	亥子丑合水局

(1) 인묘진합(寅卯辰合) 목국(木局)

인묘진(寅卯辰)은 정월·2·3월이며 봄철이다. 방위로는 동쪽이고,

목(木)의 모임이다.

(2) 사오미합(巳午未合) 화국(火局)

사오미(巳午未)는 4·5·6월이며 여름이다. 방위로는 남쪽이고, 화(火)의 모임이다.

(3) 신유술합(申酉戌合) 금국(金局)

신유술(申酉戌)은 7·8·9월이며 가을이다. 방위로는 서쪽이고, 금(金의 모임이다.

(4) 해자축합(亥子丑合) 수국(水局)

해자축(亥子丑)은 10·11·12월이며 겨울이다. 방위로는 북쪽이고, 수(水)의 모임이다.

2. 충(沖)

　상충살(相沖殺)은 힘과 힘의 대결로 부부간에 다툼이 일어나 한치의 양보도 하지 않는 것을 말한다. 충(沖)은 사별이 아니라 생이별을 하는 경우가 많다. 사주에 상충살(相沖殺)이 있으면 이탈·배신·배반·언쟁·충돌·감금·감호소·수술·불구·잔병·자살·피살·조난·납치·파편·화재·부부 생사이별·독수공방·무자식 등을 암시하니 동업관계나 궁합을 볼 때도 참고하기 바란다.

　「왕신충쇠(旺神沖衰)는 쇠신발(衰神拔)이요, 쇠신충왕(衰神沖旺)에 왕신발(旺神發)이라」는 말이 있다. 이것은 약한 신이 강한 신을 충(沖)하면 쇠약한 신이 뽑히고, 쇠약한 신이 강한 신을 충(沖)하면 강한 신이 노발대발한다는 뜻이다. 쇠한 희신(喜神)을 충(沖)하면 화액이 따르고, 쇠한 기신(忌神)을 충(沖)하면 길하다. 충(沖)하면 동하니 희신(喜神)과 기신(忌神)을 잘 살펴서 간명해야 한다.

(1) 천충지충(天沖支沖)

　유년(流年)에서 천간(天干)도 충(沖)이 되고 지지(地支)도 충(沖)이 되는 것을 말한다. 매사가 동결상태로 신상에 변화가 따르고, 노상봉변을 당하기도 한다.

(2) 천동지동(天同支同)

　유년(流年)과 천간(天干) 지지(地支)가 같은 운을 말한다. 주권다툼과 시비쟁송으로 손재가 따른다. 옛것은 정리되고 새로운 일을 시작하는 운이나 욕심 때문에 유혹에 빠지기도 쉽다.

(3) 천동지충(天同支沖)

유년(流年)과 천간(天干)은 같고, 지지(地支)는 충(沖)이 되는 것을 말한다. 배우자와 동상이몽하는 격으로 배우자가 변심한다.

(4) 천합지합(天合支合)

유년(流年)과 천간(天干)이 합(合)이 되고, 지지(地支)도 합(合)이 되는 것을 말한다. 눈뜨고 도둑맞는 격이니 일확천금의 꿈을 버려야 한다. 그러나 미혼자는 이 운에서 결혼이 성사되기도 한다.

(5) 천충간합(天沖干合)

사업확장은 불리하고, 손재운이니 방심과 유혹을 경계해야 한다.

1. 천간충(天干沖)

천간(天干) 순으로 7번째를 충(沖)한다 하여 칠충(七沖) 또는 칠살(七殺)이라고도 한다. 양(陽)은 양(陽)끼리 음(陰)은 음(陰)끼리 충(沖)한다. 상극(相剋)되는 관계로 힘과 힘의 내결이니 다툼을 말한다. 충돌과 다툼·배반·이별·사고 등을 암시하는 흉한 살이다. 충(沖)에는 강한 충(沖)과 약한 충(沖)이 있는데 다음과 같다.

- 강충(强沖) : 갑경충(甲庚沖), 을신충(乙辛沖), 병임충(丙壬沖), 정계충(丁癸沖).
- 약충(弱沖) : 갑무충(甲戊沖), 을기충(乙己沖), 병경충(丙庚沖), 정신충(丁辛沖), 무임충(戊壬沖), 기계충(己癸沖).

2. 지지충(地支沖)

子午沖	丑未沖	寅申沖	卯酉沖	辰戌沖	巳亥沖

(1) 유년(流年)의 충(沖)

■ 태세(太歲)가 생년(生年)을 충(沖)하면 사회적인 장애로 직업의 변화나 배신자가 생긴다.

■ 태세(太歲)가 생월(生月)을 충(沖)하면 부모형제와의 이별, 이사, 가출 등이 따른다.

■ 태세(太歲)가 생일(生日)을 충(沖)하면 부부싸움이 생기고, 심하면 이혼하는 경우도 있다.

■ 태세(太歲)가 생시(生時)를 충(沖)하면 자손과 이별·가출·자손의 해·부하직원의 배신 등 하극상이 따른다.

(2) 사주에서의 충(沖)

■ 생년(生年)이 생월(生月)을 충(沖)하면 고향을 일찍 떠난다.

■ 생월(生月)이 생년(生年)을 충(沖)하면 직업에 풍파가 많다.

■ 다른 주에서 생일(生日) 지(支)를 충(沖)하면 중혼을 하거나 부부싸움이 그치지 않는다.

■ 다른 주에서 생시(生時)를 충(沖)하면 자식이 가출하며 자식덕이 없다.

(3) 궁합에서의 충(沖)

■ 생년(生年)과 생년(生年)이 충(沖)하면 사회적인 장애가 따르니 명성을 얻을 수 없다.

- 생월(生月)과 생월(生月)이 충(沖)하면 부모형제간에 불화한다.
- 생일(生日)과 생일(生日)이 충(沖)하면 무정지합(無情之合)으로 부부가 남처럼 산다.
- 생시(生時)와 생시(生時)가 충(沖)하면 자손이 발전할 수 없다.

3. 형(刑)

1. 삼형(三刑)

寅巳申三刑	丑戌未三刑

　삼형(三刑)은 수옥살(囚獄殺) 또는 재살(災殺)이라고도 하며, 무은·무례·몰지각·이기주의·타압지상을 나타낸다. 따라서 사주에 인사신(寅巳申)이나 축술미(丑戌未)가 있으면 고집과 독선으로 인한 욕심과 호언장담으로 인한 실패가 따르고, 감호소에 드나들기도 한다. 성격두 포악하며 배신하는 등 사람을 이용하는데 빙수일 수 있다. 그러나 삼형살(三刑殺)은 상처·수술·도려낸다 등을 나타내기도 하므로 형벌권이나 의술을 가지면 길하다. 사주에 삼형살(三刑殺)이 있으면 금전거래가 불량하고, 해당하는 육친과 같이 살면 상극(相剋)이 된다.

(1) 인사신(寅巳申) 삼형(三刑) : 지세지형(持勢之刑)

寅巳刑	巳申刑	寅申刑

자신의 세력을 믿고 거세게 나가다 좌절하기 쉬우나, 사주에 십이운성(十二運星)의 장생(長生)·건록(建祿)·제왕(帝旺) 등의 길성(吉星)이 있으면 사해에 이름을 떨친다. 그러나 쇠병사묘(衰病死墓)가 되면 교활하며 비굴하고 재앙이 따른다. 유년(流年)에서 지세지형(持勢之刑)을 만나면 공직자는 주색으로 몸을 상하고, 일반인은 육친의 해나 부인의 손태(損胎)로 본다.

(2) 축술미(丑戌未) 삼형(三刑) : 무은지형(無恩之刑)

丑戌刑	戌未刑	丑未刑

성격이 냉정하여 고독을 자초하며 은혜를 모른다. 특히 여명(女命)에 있으면 산액이 따르고, 고집이 강하여 부부금실이 좋지 않다. 자비심을 갖고 활인공덕을 쌓으면 큰 재난을 막을 수 있으나 경거망동하면 평생 불행이 따른다.

2. 자묘상형(子卯相刑) : 무례지형(無禮之刑)

子刑卯	卯刑子

화애로운 마음은 조금도 없고 횡폭하며, 예절이 없어 다른 사람에게 불쾌감을 주기도 한다. 육친과 불화하며 부부간에 이혼하는 경우가 많다. 남녀 모두 한 번은 성병에 걸린다는 흉살(凶殺)이다. 유년(流年)에서 무례지형(無禮之刑)을 만나면 관직에 있는 사람은 송사로 인하여 상관에게까지 피해를 주고, 일반인은 상하의 불화·재앙·손태(損胎) 등 자식에게 액운이 따른다.

3. 자형(自刑)

辰辰自刑	午午自刑	酉酉自刑	亥亥自刑

독립심이 부족하여 남에게 의존하는 경향이 강하고, 인내력이 없어 만사가 용두사미격이니 인내심을 길러야 한다. 유년(流年)에서 자형(自刑)을 만나면 공직자는 퇴직하고, 일반인은 관재구설이나 질병이 따르거나 이사 등의 변화가 있다.

(1) 진진자형(辰辰自刑)

물이 넘쳐흐르니 물과 요통을 조심해야 한다.

(2) 오오자형(午午自刑)

불길이 솟아오르니 불을 조심해야 하고, 정열이 타오르니 호색으로 인한 성병 등으로 인한 패가망신을 조심해야 한다.

(3) 유유자형(酉酉自刑)

금(金)이 지나치니 몸에 흉터가 있다. 남자가 병정(丙丁)일생이면 불구 아내를 두기 쉽다.

(4) 해해자형(亥亥自刑)

물이 지나치니 물과 주색으로 인한 패가망신을 조심해야 하고, 인내력을 길러야 한다.

壬 壬 癸 辛
寅 寅 巳 未
★ ★

　이 사주는 임(壬)일생이 월지(月支) 사화(巳火)가 재성(財星)이며
아내가 되는데, 그 재성(財星) 사화(巳火)가 인사(寅巳)로 삼형살
(三刑殺)이 되어 아내가 음독자살했다.

甲 己 壬 甲
戌 巳 申 申
★ ★

　이 사주는 기(己)일생이 일지(日支) 사화(巳火)가 인성(印星)으로
어머니가 되는데, 인사(寅巳)로 삼형살(三刑殺)이 되어 어머니가
흉사(凶死)했다.

庚 庚 甲 癸
辰 辰 子 丑
★ ★

　이 사주는 경진(庚辰)일 경진(庚辰)시생으로 진진(辰辰)이 자형
(自刑)되어 아들이 연못에 빠져죽었다.

4. 파(破)

子酉相破	申巳相破	丑辰相破
午卯相破	寅亥相破	未戌相破

파살(破殺)은 가로로는 상파(相破)가 되고 세로로는 상충(相沖)이 되어, 충돌하면 파손되는 이치를 나타낸다. 이 파(破)가 6개이기 때문에 육파(六破)라고 하는 것이다. 상파살(相破殺)은 서로 파괴하는 것을 말한다. 궁합이나 동업관계에서도 상충살(相沖殺)과 같은 이치로 본다.

- 유년(流年)에서 당년이 년지(年支)를 파(破)하면 낙직이나 관청 구설이 따른다.
- 유년(流年)에서 당년이 일지(日支)를 파(破)하면 부부싸움이 시작되고, 심하면 이혼에 이르기도 한다.
- 년지(年支)의 파(破)는 조상의 파(破)이니 조상의 유산이 없다.
- 월지(月支)의 파(破)는 부모형제의 풍파이니 무덕하다.
- 일지(日支)의 파(破)는 부부간에 풍파가 따른다.
- 시지(時支)의 파(破)는 아내와 자식으로 인한 풍파가 따른다.
- 흉신(凶神)을 파(破)하면 길하고, 길신(吉神)을 파(破)하면 흉하다.

5. 해(害)

子未害	寅巳害	卯辰害
丑午害	亥申害	酉戌害

육해살(六害殺)은 오랫동안 병석에 눕는다는 흉살(凶殺)로 육친을 살펴가면서 간명한다. 이 살은 세로로 합(合)하려고 하면 사선으로 충(沖)하여 방해한다. 따라서 해(害)자를 붙여 6종인 6자를 이용하여 육해(六害)라고 하는 것이다.

육해살(六害殺)은 앞에서 설명한 바와 같이 합(合)을 충(沖)하여 방해하니 만사에 막힘이 많고 화합을 깬다. 육친간에 불화하며 사회적으로도 인덕이 없다. 항상 불평과 불만 속에서 다툼이 많고, 원만한 가운데서도 풍파가 따른다. 재산을 탕진하며 호사불성하니 고독하다. 만일 월지(月支)와 일지(日支)가 육해살(六害殺)이 되면 부모형제간에 화목하지 못할 염려가 있으니 가정의 화목을 위해 노력해야 하고, 일시(日時)가 육해살(六害殺)이 되면 부부궁과 자손궁이 불길하다.

(1) 자미해(子未害)

산망수가 많고 부부로 인한 신음이 있으며 재산을 탕진한다. 척추 이상·요통·신장이나 심장계통의 질환이 따른다. 부모형제간에 불화하고, 부부궁이 불길하며 인덕이 없다.

(2) 축오해(丑午害)

남자는 의처증, 여자는 의부증이 있다. 남녀 모두 신경쇠약이나 발광증으로 정신이상이 따른다.

(3) 인사해(寅巳害)

부부궁이 불길하며 음독이 따른다. 몸에 흉터가 있으며 감금을 당한다.

(4) 묘진해(卯辰害)

부부궁이 불길하고, 불화·풍파·중상·모략 등이 따른다.

(5) 해신해(亥申害)

불화신으로 풍파가 많고, 수액·낙상수·교통사고 등이 따른다.

(6) 유술해(酉戌害)

질투심이 강하며 부모형제간에 불화한다. 부부간에 변심하며 자식으로 인한 근심이 따른다. 배신을 잘 당하며 수술 등이 따른다.

6장. 십이지(十二支) 암장오행법(暗藏五行法)

　십이지(十二支) 중에도 십간(十干)이 암장(暗藏)되어 있다는 것을
명심해야 한다. 만사의 비밀조화가 여기서 일어난다.

　지지(地支)에 있는 오행(五行)은 천간(天干)의 뿌리가 되고, 신강
(身强)사주인지 신약(身弱)사주인지를 측정하는 척도가 된다. 십간
(十干)을 천원(天元), 십이지(十二支)를 지원(地元)이라 하고, 천지
의 중간에 살고 있는 것이 사람이니, 지지(地支) 중의 장간(藏干)을
인원(人元)이라 한다. 이 지장간(支藏干)의 작용은 다양하며, 육친
법(六親法)에 따라 적시적소에 적용한다. 지장간(支藏干)에서 합
(合)되는 것을 암합(暗合)이라 한다.

　여기서 주의할 점은 사해(巳亥)와 자오(子午)의 관계이다. 사(巳)
와 해(亥)는 체(體)는 음(陰)이지만 작용은 장간(藏干)의 양(陽)을
적용하고, 자(子)와 오(午)는 체(體)는 양(陽)이지만 작용은 장간
(藏干)의 음(陰)을 적용한다. 이처럼 체(體)와 용(用)을 달리하니
착오없기 바란다.

月律藏干表

地支	初 氣	中 氣	正 氣
子	壬 10일 1시간		癸 20일 2시간
丑	癸 9일 3시간	辛 3일 1시간	己 18일 6시간
寅	戊 7일 3시간	丙 7일 2시간	甲 16일 6시간
卯	甲 10일 3시간		乙 20일 6시간
辰	乙 9일 3시간	癸 3일 1시간	戊 18일 6시간
巳	戊 7일 2시간	庚 7일 3시간	丙 16일 5시간
午	丙 10일 3시간	己 10일 1시간	丁 11일 2시간
未	丁 9일 3시간	乙 3일 1시간	己 18일 6시간
申	戊 7일 2시간	壬 7일 2시간	庚 16일 5시간
酉	庚 10일 3시간		辛 20일 6시간
戌	辛 9일 3시간	丁 3일 1시간	戊 18일 6시간
亥	戊 7일 1시간	甲 7일 1시간	壬 16일 5시간

7장. 신살(神殺)

1. 십이신살(十二神殺)

겁살(劫殺), 재살(災殺), 천살(天殺), 지살(地殺), 년살(年殺),
월살(月殺), 망신살(亡身殺), 장성살(將星殺), 반안살(攀鞍殺),
역마살(驛馬殺), 육해살(六害殺), 화개살(華蓋殺).

※ 암기법 : 겁재천지(劫災天地) 년월망(年月亡),
　　　　　장반역마(將攀驛馬) 육해화개(六害華蓋).

■ 해묘미(亥卯未)년생은 신(申)에서 겁기(劫起)하여 순행(順行)한다.
■ 인오술(寅午戌)년생은 해(亥)에서 겁기(劫起)하여 순행(順行)한다.
■ 사유축(巳酉丑)년생은 인(寅)에서 겁기(劫起)하여 순행(順行)한다.
■ 신자진(申子辰)년생은 사(巳)에서 겁기(劫起)하여 순행(順行)한다.

예를 들어 해묘미(亥卯未)년에 태어났으면 장중(掌中) 신(申)에서 겁살(劫殺), 유(酉)에서 재살(災殺), 술(戌)에서 천살(天殺)하고, 시계방향으로 순행(順行)한다는 뜻이다.

1. 겁살(劫殺)

겁탈당한다는 뜻으로 속성속패 · 낙상 · 성급 · 폭력 · 상해 · 수술 · 교통사고 등 불의의 손재가 많이 따른다.

2. 재살(災殺)

수옥살(囚獄殺)이라고도 한다. 송사 · 납치 · 포로 · 감금 등 신상에 구속됨이 있고, 재앙으로 인한 손재가 많이 따른다.

3. 천살(天殺)

가뭄이나 장마 등 불의의 천재가 따르고, 말못할 사연으로 탄식하며 인덕이 없다.

4. 지살(地殺)

역마살(驛馬殺)과 같이 돌아다닌다는 살로 원행이 잦다. 땅지(地)자가 되어 부동산으로도 보고, 타향객지의 풍파로 인한 눈물로도 본다.

5. 년살(年殺)

도화살(桃花殺)이라고도 하며, 남녀 모두 풍류를 좋아하니 색난이 따른다. 자오묘유(子午卯酉)를 통칭 목욕살(沐浴殺) · 도화살(桃花

殺) · 패살(敗殺)이라고도 한다. 사주에 도화살(桃花殺)이 있는데 형충파해(刑沖破害)되면 냉병 · 임질 · 매독 · 요도염 · 자궁암 · 방광염 · 당뇨 · 자궁수술 등이 따른다.

(1) 자묘형(子卯刑)

몸에 흉터가 있으며 심장병 · 냉병 · 자궁병 등이 따른다. 특히 사랑에 유혹됨이 많다.

(2) 오오형(午午刑)

몸에 흉터가 있으며 성병 · 화재 · 탄환 · 파편부상 · 음독 등이 따른다.

(3) 유유형(酉酉刑)

병정일주(丙丁日柱) 남자는 아내가 불구자가 되거나 유방수술, 자궁병 등으로 고생한다.

※ 곤랑도화(滾浪桃花)

곤랑도화(滾浪桃花)는 주색과 황음(荒淫)으로 성병은 물론 주색으로 재산을 탕진한다는 흉살(凶殺)이다. 일주(日柱) 천간(天干)이 합(合)이 되고, 일지(日支)가 형(刑)을 만나면 성립된다.

예를 들어 기묘(己卯)일생이 갑자(甲子)시나 갑자(甲子)월에 태어났거나, 병자(丙子)일생이 신묘(辛卯)시나 신묘(辛卯)월에 태어났거나, 갑자(甲子)월생이 기묘(己卯)일에 태어났거나, 병자(丙子)월생이 신묘(辛卯)일에 태어난 경우이다.

6. 월살(月殺)

고갈된다는 살로 고초살(枯焦殺)이라고도 한다. 씨앗을 뿌려도 싹이 나지 않고, 닭이 달걀을 품어도 병아리가 깨이지 않는다는 흉살(凶殺)로 택일법에서도 이날은 피한다. 사람의 명에서는 풍파살(破殺)·바람살·유첩살(有妾殺)로 본다.

7. 망신살(亡身殺)

파군살(破軍殺) 또는 관부살(官符殺)이라고도 한다. 모든 계획이 수포로 돌아가며 패가망신한다는 흉살(凶殺)이다. 이 살이 있으면 봉변을 당해도 수치를 모르고, 자신도 모르게 근본을 잃는다고 하니, 실물이나 손재 등을 조심해야 한다. 특히 여자는 정조를 빼앗기는 것을 망신이라고 하니 남자를 조심해야 한다.

8. 장성살(將星殺)

출세·벼슬·권세 등을 암시하는 길성(吉星)으로 문무를 겸비한다. 이 살이 편관(偏官)이나 양인(羊刃)과 동주(同柱)하면 살생지권(殺生之權)을 잡고, 재성(財星)과 동주(同柱)하면 국가재정을 장악한다. 여명(女命)이 일지(日支)에 장성(將星)이 있으면 남편을 바꾸거나 독신자가 많다.

9. 반안살(攀鞍殺)

반안(攀鞍)이란 말의 안장을 뜻하며 출세를 암시한다. 장성살(將星殺)·반안살(攀鞍殺)·역마살(驛馬殺)이 있으면 장군이 말 안장에 올라 행차하는 형상으로 출세한다는 길성(吉星)이다. 사주에 이 살이 있으면 총명함과 지혜를 겸비한 수단가로 본다.

10. 역마살(驛馬殺)

지금은 역마살(驛馬殺)을 자동차·기차·비행기·배·우주선 등으로 본다. 타향살이·해외출입·이민 등으로 보고, 넓은 의미로는 우주여행까지 포함한다. 인신사해(寅申巳亥)는 모두 역마(驛馬)와 지살(地殺)로 보는데, 역마(驛馬)는 움직이는 말로 본다. 따라서 사주에 역마(驛馬)와 지살(地殺)이 있으면 출장이나 여행 등으로 항상 바쁘게 살아간다. 인사(寅巳) 역마(驛馬)는 화차(火車)로 우주선·비행기·기차·자동차 등에 해당하고, 신해(申亥) 역마(驛馬)는 수차(水車)로 선박에 해당한다.

11. 육해살(六害殺)

육해살(六害殺)은 긴 병을 앓는다는 흉살(凶殺)이다. 역마(驛馬)의 앞자리에 있어 마굿간이라고도 한다. 역마(驛馬)와 같이 있으면 매어 있는 말로 원행을 못한다는 뜻이 되어 긴병으로 해석하는 것이다. 수술·교통사고·폭행 등을 나타내고, 피를 흘리는 비극을 암시하기도 한다.

12. 화개살(華蓋殺)

사묘(四墓) 또는 사고(四庫)라고도 한다. 삼합(三合)의 끝자리로 진술축미(辰戌丑未)를 모두 화개살(華蓋殺)로 본다. 이 살이 있으면 예술적인 소질이 있어 문장과 지혜와 정서가 발달되어 있으나, 지나치면 수도자가 된다. 종교인·수도자·학문·예능으로 본다. 일지(日支)에 화개살(華蓋殺)이 있으면 목에 탯줄을 걸고 태어났다는 말이 있다.

2. 길성(吉星)

1. 천을귀인(天乙貴人)

일명 옥당천을귀인(玉堂天乙貴人)이라고도 한다. 훈장을 달고 옥계단을 거니는 사람이 된다는 길성(吉星)으로 지혜롭고 총명하다.

日干	甲	乙	丙	丁	戊	己	庚	辛	壬	癸
天乙	丑未	子申	亥酉	亥酉	丑未	子申	丑未	寅午	巳卯	巳卯

- 갑무경(甲戊庚)일생은 축미(丑未)가 천을귀인(天乙貴人)이다.
- 을기(乙己)일생은 자신(子申)이 천을귀인(天乙貴人)이다.
- 병정(丙丁)일생은 해유(亥酉)가 천을귀인(天乙貴人)이다.
- 신(辛)일생은 인오(寅午)가 천을귀인(天乙貴人)이다.
- 임계(壬癸)일생은 묘사(卯巳)가 천을귀인(天乙貴人)이다.

- 천을귀인(天乙貴人)이 건록(建祿)과 같이 있으면 글공부가 뛰어나고, 순진한 군자가 된다.
- 괴강과 천을귀인(天乙貴人)이 같이 있으면 밝고 똑똑하다.
- 천을귀인(天乙貴人)과 동주(同柱)한 천간(天干)이 간합(干合)하면 출세한다.
- 천을귀인(天乙貴人)이 공망(空亡)되거나 형충파해(刑沖破害)되

면 평생 고생이 많다.

■ 천을귀인(天乙貴人)이 공망(空亡)되면 노래하는 기예인이 된다.

■ 천을귀인(天乙貴人)이 화개살(華蓋殺)에 해당하면서 격이 좋으면 높은 관직에 오른다.

■ 천을귀인(天乙貴人)이 육합(六合)이나 삼합(三合)이 되어 장생(長生)과 같이 있으면 학문이 우수하다.

■ 여자사주에 천을귀인(天乙貴人)이 3개 이상 있으면 첩·기생·무녀(巫女) 등이 되기 쉽다.

■ 일지(日支)에 천을귀인(天乙貴人)이 있으면 일귀격(日貴格)이라 하여 부귀영달하고, 형충파해(刑沖破害)가 되면 파격(破格)으로 고생이 많다. 일귀격(日貴格)은 정유(丁酉)일·정해(丁亥)일·계묘(癸卯)일·계사(癸巳)일을 말한다.

■ 사주에 형충공망(刑沖空亡)이 있으면 왕을 보좌하며 크게 공을 세운다.

이 승 만	신 익 희
庚 丁 己 乙	乙 甲 辛 甲
子 亥 卯 亥	亥 寅 未 午

2. 천덕귀인(天德貴人)

月支	寅	卯	辰	巳	午	未	申	酉	戌	亥	子	丑
天德	丁	申	壬	辛	亥	甲	癸	寅	丙	乙	巳	庚

천덕귀인(天德貴人)은 조상과 천우신조의 혜택이 많아 모든 재앙

이 소멸한다는 길성(吉星)이다.

- 천덕귀인(天德貴人)이 관성(官星)에 임하면 관운(官運)이 좋다.
- 천덕귀인(天德貴人)이 인성(印星)에 임하면 심성이 좋고, 조부의 혜택을 입는다.
- 천덕귀인(天德貴人)이 식신(食神)에 임하면 의식이 풍족하고, 조모의 혜택을 입는다.

3. 월덕귀인(月德貴人)

월덕귀인(月德貴人)은 물질적인 덕이 있고, 좋은 사람과 인연을 갖게 되고, 평생 부귀공명하고, 형도에 제한받지 않는다는 길성(吉星)이다. 월덕귀인(月德貴人)이 재관인식(財官印食)에 임하면 천덕귀인(天德貴人)의 작용과 비슷하다.

月支	寅	卯	辰	巳	午	未	申	酉	戌	亥	子	丑
月德	丙	甲	壬	庚	丙	甲	壬	庚	丙	甲	壬	庚

4. 십간록(十干祿)

작록복귀(嚼祿福貴)가 임한다는 길성(吉星)이다. 정당한 노동의 댓가라는 뜻으로 정록(正祿)이라고도 한다. 십이운성(十二運星)으로는 건록(建祿)에 해당하니 별도로 암기하지 않아도 된다.

天干	甲	乙	丙	丁	戊	己	庚	辛	壬	癸
建祿	寅	卯	巳	午	巳	午	申	酉	癸	子

- 갑록(甲祿)은 재인(在寅)이다.

- 을록(乙祿)은 재묘(在卯)이다.

- 병무록(丙戊祿)은 재오(在午)이다.

- 정기록(丁己祿)은 재오(在午)이다.

- 경록(庚祿)은 재신(在申)이다.

- 신록(辛祿)은 재유(在酉)이다.

- 임록(壬祿)은 재해(在亥)이다.

- 계록(癸祿)은 재자(在子)이다.

5. 관귀학관(官貴學館)

관귀학관(官貴學館)은 일간(日干)에 관성(官星)의 장생궁(長生宮)
이 되는 곳이다. 관직에 진출하면 승진이 매우 빠르고, 그 벼슬이
산과 같이 높아진다는 길성(吉星)이다.

天干	甲乙	丙丁	戊己	庚辛	壬癸
官貴學館	巳	申	亥	寅	申

- 갑을(甲乙)일생이 사(巳)가 있으면 관귀학관(官貴學館)이 된다.

- 병정(丙丁)일생이 신(申)이 있으면 관귀학관(官貴學館)이 된다.

- 무기(戊己)일생이 해(亥)가 있으면 관귀학관(官貴學館)이 된다.

- 경신(庚辛)일생이 인(寅)이 있으면 관귀학관(官貴學館)이 된다.

- 임계(壬癸)일생이 신(申)이 있으면 관귀학관(官貴學館)이 된다.

6. 문창귀인(文昌貴人)

학문이 총명하며 문장력이 뛰어나다는 길성(吉星)이다. 문창귀인

(文昌貴人)과 동주(同柱)한 육친도 학문으로 지위를 얻을 수 있다.

日干	甲	乙	丙	丁	戊	己	庚	辛	壬	癸
文昌	巳	午	申	酉	申	酉	亥	子	寅	卯

- 갑(甲)일생이 사(巳)가 있으면 문창귀인(文昌貴人)이 된다.
- 을(乙)일생이 오(午)가 있으면 문창귀인(文昌貴人)이 된다.
- 병무(丙戊)일생이 신(申)이 있으면 문창귀인(文昌貴人)이 된다.
- 정사(丁巳)일생이 유(酉)가 있으면 문창귀인(文昌貴人)이 된다.
- 경일(庚)생이 해(亥)가 있으면 문창귀인(文昌貴人)이 된다.
- 신(辛)일생이 자(子)가 있으면 문창귀인(文昌貴人)이 된다.
- 임(壬)일생이 인(寅)이 있으면 문창귀인(文昌貴人)이 된다.
- 계(癸)일생이 묘(卯)가 있으면 문창귀인(文昌貴人)이 된다.

7. 학당귀인(學堂貴人)

학당귀인(學堂貴人)은 장생지(長生地)로 학문이 총명하고, 사유문장(師儒文章)이 된다는 길성(吉星)이다.

日干	甲	乙	丙	丁	戊	己	庚	辛	壬	癸
學堂	亥	午	寅	酉	寅	酉	巳	子	申	卯

- 갑(甲)일생이 해(亥)월이나 해(亥)시에 태어나면 학당귀인(學堂貴人)이 된다.
- 을(乙)일생이 오(午)월이나 오(午)시에 태어나면 학당귀인(學堂貴人)이 된다.
- 병무(丙戊)일생이 인(寅)월이나 인(寅)시에 태어나면 학당귀인

(學堂貴人)이 된다.

- 정기(丁己)일생이 유(酉)월이나 유(酉)시에 태어나면 학당귀인 (學堂貴人)이 된다.
- 경(庚)일생이 사(巳)월이나 사(巳)시에 태어나면 학당귀인(學堂 貴人)이 된다.
- 임(壬)일생이 신(申)월이나 신(申)시에 태어나면 학당귀인(學堂 貴人)이 된다.
- 계(癸)일생이 묘(卯)월이나 묘(卯)시에 태어나면 학당귀인(學堂 貴人)이 된다.

3. 흉살(凶殺)

1. 급각살(急脚殺)

급각살(急脚殺)은 낙상·골절·치통·소아마비 등으로 고생한다 는 흉살(凶殺)이다.

月 支	寅卯辰月	巳午未月	申酉戌月	亥子丑月
急脚	亥子	卯未	寅戌	丑辰

(1) 춘생(春生) 해자(亥子)

봄인 1·2·3월에 태어나고, 일지(日支)나 시지(時支)에 해(亥)나 자(子)가 있으면 급각살(急脚殺)에 해당한다.

(2) 하생(夏生) 묘미(卯未)

여름인 4·5·6월에 태어나고, 일지(日支)나 시지(時支)에 묘(卯)나 미(未)가 있으면 급각살(急脚殺)에 해당한다.

(3) 추생(秋生) 인술(寅戌)

가을인 7·8·9월에 태어나고, 일지(日支)나 시지(時支)에 인(寅)이나 술(戌)이 있으면 급각살(急脚殺)에 해당한다.

(4) 동생(冬生) 축진(丑辰)

겨울인 10·11·12월에 태어나고, 일지(日支)나 시지(時支)에 축(丑)이나 진(辰)이 있으면 급각살(急脚殺)에 해당한다.

2. 단교관살(斷橋關殺)

단교관살(斷橋關殺)은 급각살(急脚殺)과 작용이 같으나, 형살(刑殺)이 가중하면 소아마비 등 수족이상이 따른다는 흉살(凶殺)이다. 정인(正寅)은 정월생이 사주에 인(寅)이 있는 경우를 말한다. 특히 일주(日杜)와 시주(時杜)에 있으면 작용이 더욱더 강하다.

月支	寅	卯	辰	巳	午	未	申	酉	戌	亥	子	丑
斷橋	寅	卯	申	丑	戌	酉	辰	巳	午	未	亥	子

3. 귀문관살(鬼門關殺)

귀문관살(鬼門關殺)은 정신쇠약이나 정신이상이 온다는 흉살(凶殺)이다. 남자는 의처증, 여자는 의부증이 따른다. 남녀를 불문하고 육친을 살펴가면서 간명한다.

日支	寅	卯	辰	巳	午	未	申	酉	戌	亥	子	丑
鬼門	未	申	亥	戌	丑	寅	卯	子	巳	辰	酉	午

4. 탕화살(湯火殺)

탕화살(湯火殺)은 어려서 화상을 입지 않으면 화재·탄환·파편부상·음독 등이 따르는 흉살(凶殺)이다. 그러나 얼굴이 얽었거나 보이는 곳에 검은점이나 사마귀가 있으면 면할 수 있다. 인오축(寅午丑)일생과 무자(戊子)일생은 지지(地支)를 잘 살펴 간명해야 한다.

湯火	甲午	甲寅	乙丑	丙寅	丙午	丁丑	戊寅日
	戊午	庚午	庚寅	辛丑	壬午	壬寅	癸丑日

- 인(寅)일생이 사(巳)나 신(申)의 형(刑)을 받으면 탕화살(湯火殺)이 된다.
- 오(午)일생이 오(午)나 진(辰)이나 축(丑)을 만나면 탕화살(湯火殺)이 된다.
- 축(丑)일생이 오(午)나 술(戌)이나 미(未)를 만나면 탕화살(湯火殺)이 된다.
- 무자(戊子)일생이 인(寅)이나 사(巳)나 신(申)을 만나면 탕화살(湯火殺)이 되는데, 화상이나 음독이 따른다. 남자는 자신이 그렇지 않으면 처첩이나 애인이 음독하고, 여자는 자신이 음독하는 경우가 많다.

5. 낙정관살(落井關殺)

낙정관살(落井關殺)은 우물·인분통·맨홀·강물·바다 등에 빠진다는 흉살(凶殺)이다. 특히 부산과 같은 해안도시에서는 직업을 선택할 때도 주의해야 할 것이다. 만일 일지(日支)나 시지(時支)에 낙정관살(落井關殺)이 있거나, 갑을목(甲乙木)일생이 수(水)가 많거나, 무기토(戊己土)일생이 금수(金水)나 재살(災殺)이 태왕(太旺)하면 수액(水厄)이 있다.

日干	甲己	乙庚	丙辛	丁壬	戊癸
落井關殺	巳日時	子日時	申日時	戌日時	卯日時

丙 乙 辛 壬
子 亥 亥 辰

이 사주는 수왕절(水旺節)에 태어났고, 년간(年干)에 임수(壬水), 년지(年支)의 진(辰) 중에 계수(癸水), 월일지(月日支) 해(亥) 중에 임수(壬水), 시지(時支) 자(子) 중에 계수(癸水)가 있다. 임해자진(壬亥子辰)으로 수(水)가 태왕(太旺)하니 수다부목(水多浮木) 사주가 되어 익사했다.

壬 丙 壬 丁
辰 申 寅 卯

이 사주는 병(丙)일생이 신(申)이 낙정관살(落井關殺)이 되어 경자(庚子) 대운(大運)에 익사했다.

6. 백호대살(白虎大殺)

백호대살(白虎大殺)은 피를 본다는 흉살(凶殺)로, 7가지가 있으며 육친법(六親法)에 따라 활용한다. 년월일시(年月日時)를 막론하고 편재(偏財) 백호(白虎)는 부친이나 처첩의 흉사(凶死)가 따르고, 여명(女命)의 관성(官星) 백호(白虎)는 남편에게 흉사(凶死)가 따른다. 년월일시(年月日時)를 막론하고 육친을 살펴가면서 간명한다.

甲辰	乙未	丙戌	丁丑	戊辰	壬戌	癸丑

- 백호대살(白虎大殺)이 공망(空亡)되거나 충파(沖破)되면 평탄하다.
- 백호대살(白虎大殺)이 백호대살(白虎大殺)년을 만나면 해당하는 육친이 흉사(凶死)한다.
- 궁합에서도 남녀의 일주(日柱)가 똑같이 백호대살(白虎大殺)이 되면 부부간의 흉사(凶死)를 면하기 어렵다.

7. 괴강살

여자사주에 괴강살이 있으면 남편에게 횡사나 납치 등이 따르고, 남편의 재산이 아무리 많아도 탕진하고 만다. 남자는 가정에 대한 책임감이 없어 첩을 얻어 가출한다. 만일 여자사주에 관성(官星)이 유력(有力)하면 액을 면할 수 있으나, 백 명에 다섯 명도 안될만큼 드문 일이다.

庚辰日	庚戌日	壬辰日	壬戌日	戊戌日

8. 고과살(孤寡殺)

고과살(孤寡殺)은 생년(生年) 대 생일(生日)이나 생시(生時)에 놓은 글자로, 상처(喪妻)나 상부(喪夫)한다는 흉살(凶殺)이다. 심하면 생이별할 수도 있다.

生年	寅卯辰	巳午未	申酉戌	亥子丑
寡宿	丑	辰	未	戌
喪妻	巳	申	亥	寅

방합(方合)의 앞글자는 과숙살(寡宿殺)이고, 뒷글자는 상처살(喪妻殺)이다. 과숙살(寡宿殺)은 방국(方局)의 관살(官殺)이 입묘(入墓)하고, 상처살(喪妻殺)은 방국(方局)의 재성(財星)이 장생(長生)과 건록(建祿)에 임한다.

9. 의처살(疑妻殺)

남편이 이유없이 아내를 의심하는 살이다. 여자사주가 지지(地支)의 관성(官星)과 암합(暗合)되었는데, 관성(官星)이 투간하면 남편이 의처증이 심하다.

日柱	乙	丁	己	辛	癸
	巳	亥	亥	巳	巳

10. 양인(羊刃) · 비인살(飛刃殺)

양인살(羊刃殺)은 포태법(胞胎法)으로는 건록(建祿) 다음의 글자로 제왕(帝旺)의 자리이고, 육친법(六親法)으로는 겁재(劫財)이다. 양인살(羊刃殺)은 형권을 쥔다는 특성이 있고, 강렬하고 거칠며 성급한 점이 있으니 인생살이에 장애가 많다. 양인살(羊刃殺)은 괴걸·열사·군인 등의 강한 직업에서 많이 볼 수 있고, 훈공을 세워 이름을 얻는 경우를 많이 볼 수 있다.

비인살(飛刃殺)은 양인살(羊刃殺)과 상충(相冲)되는 지지(地支)를 말하고, 작용은 양인살(羊刃殺)과 같다.

日干	甲	丙	戊	庚	壬	관 계
羊刃	卯	午	午	酉	子	劫財, 帝旺支
飛刃	酉	子	子	卯	午	羊刃을 沖한자

- 양인살(羊刃殺)은 음(陰)일생은 보지 않는다.
- 월지(月支)에 양인살(羊刃殺)이 있으면 양인격(羊刃格)이라고 한다.
- 일지(日支)에 양인살(羊刃殺)이 있으면 일인격(日刃格)이라고 한다. 일인격(日刃格)에는 병오(丙午)일·무오(戊午)일·임자(壬子)일 3일이 해당한다.
- 남자사주에 양인살(羊刃殺)이 중첩되어 있으면 극부극처(剋父剋妻)한다.
- 여자사주에 양인살(羊刃殺)이 중첩되어 있으면 극부탈부(剋父奪夫)한다.
- 역감(易鑑)에서는 양인(羊刃)이 중첩되어 있으면 반드시 아내를 극(剋)한다고 했다.
- 원리부(元理賦)에서는 남자사주에 양인(羊刃)이 많으면 반드시 여러 번 결혼한다고 했다.
- 금불환(金不換)에서는 신왕(身旺)사주가 양인(羊刃)이 많으면 손재손처(損財損妻)하고, 신약(身弱)사주가 양인(羊刃)이 있으

면 길하고, 신강(身强)사주가 양인(羊刃)이 있으면 손재극부(損財剋父)하며 처첩을 극(剋)하니 흉하다고 하였다.

11. 도화살(桃花殺)

도화살(桃花殺)은 년살(年殺) 또는 함지살(咸池殺)이라고도 한다. 지살(地殺) 다음에 오는 글자로, 이 살이 있으면 남녀 모두 음란지신으로 주색과 풍류를 즐기고, 색정문제로 함정에 빠져들기 쉬우며, 유흥업 등에 종사하는 경우가 많다. 특히 남자는 기생 등 화류계 여자와 인연이 많다.

年日支	申子辰	巳酉丑	寅午戌	亥卯未
桃花	酉	午	卯	子

- 신자진(申子辰)년생이 유(酉)가 있으면 도화살(桃花殺)이 된다.
- 사유축(巳酉丑)년생이 오(午)가 있으면 도화살(桃花殺)이 된다.
- 인오술(寅午戌)년생이 묘(卯)가 있으면 도화살(桃花殺)이 된다.
- 해묘미(亥卯未)년생이 자(子)가 있으면 도화살(桃花殺)이 된다.
- 월령(月令)에 도화살(桃花殺)이 있는데 망신살(亡身殺)이 있으면 후처의 몸에서 태어난 사람이다.
- 일시(日時)에 도화살(桃花殺)이 있으면 야생화로 임자가 많다.
- 도화살(桃花殺)과 역마살(驛馬殺)이 동주(同柱)하면 정부를 따라 잘도 간다.
- 편관(偏官)이 도화살(桃花殺)이 되면 박복하여 눈물로 세월을 보내나, 정관(正官)이 도화살(桃花殺)이 되면 복록이 많다.

12. 수옥살(囚獄殺)

　수옥살(囚獄殺)은 삼합(三合)이 있는데 장성(將星)을 충(沖)하면 감금·납치·포로가 된다는 흉살(凶殺)이다. 그러나 경찰·검찰·교도관·수사관이 되는 등 사법권을 장악하면 흉액을 면할 수 있다. 사주에 수옥살(囚獄殺)이 있는데 수옥년(囚獄年)을 만나면 십중팔구는 수술이나 관액을 당한다. 궁합에서도 남명(男命)의 수옥살(囚獄殺)이 여명(女命)의 배우자궁인 일지(日支)에 있는 사람과 혼인하면 3년 이내에 본인이 옥생활을 하게 된다고 한다.

年日支	申子辰	寅午戌	亥卯未	巳酉丑
囚獄	午	子	酉	卯

- 신자진(申子辰)년생이 오(午)가 있으면 수옥살(囚獄殺)이 된다.
- 인오술(寅午戌)년생이 자(子)가 있으면 수옥살(囚獄殺)이 된다.
- 사유축(巳酉丑)년생이 묘(卯)가 있으면 수옥살(囚獄殺)이 된다.
- 해묘미(亥卯未)년생이 유(酉)가 있으면 수옥살(囚獄殺)이 된다.

13. 홍염살(紅艷殺)

　홍염살(紅艷殺)은 다정다감하며 주색과 풍류를 즐긴다는 살이다. 여자사주에 이 살이 있으면 남몰래 사생아를 낳을 수도 있다.

日干	甲	乙	丙	丁	戊	己	庚	辛	壬	癸
紅艷	申	午	寅	未	辰	辰	戌	酉	子	申

14. 삼재팔난(三災八難)

삼재(三災)란 12년만에 한 번씩 돌아오는 살로, 삼재(三災)와 팔난(八難)을 일으키는 흉살(凶殺)이다. 삼재(三災)가 들면 3년 동안 머물다 나간다.

예를 들어 신자진(申子辰)년생이라면 신(申)과 충(沖)이 되는 인(寅)년에 들어와 묘(卯)년을 지나 진(辰)년에 나간다. 들어오는 첫해 신(申)년을 들삼재(三災), 묘(卯)년을 눌삼재(三災), 나가는 진(辰)년을 날삼재(三災)라고 한다. 삼재(三災)가 들어도 대운(大運)과 세운(歲運)이 길운(吉運)이면 길하나, 대운(大運)과 세운(歲運)이 흉할 때는 악삼재(惡三災) 또는 흉삼재(凶三災)라 하여 관재구설·손재·이별·조상·병고·파산·사고 등 표현하기 어려울 정도의 재난이 속출한다.

生年	申子辰	亥卯未	寅午戌	巳酉丑
三災	寅卯辰	巳午未	申酉戌	亥子丑

- ■ 삼재(三災) : 화재(火災), 수재(水災), 풍재(風災).
- ■ 팔난(八難) : 손재, 주색, 질병, 부모, 형제, 부부, 관재, 학업.

15. 고장살(庫葬殺)

고장살(庫葬殺)은 일간(日干)을 위주로 본다. 유년(流年)에 진술축미(辰戌丑未)의 고장살(庫葬殺)년을 만나면 해당하는 육친이 입묘(入墓)하니 그 입묘(入墓)하는 사람의 해로움으로 보면 된다.

예를 들어 갑(甲)일생 남자가 술(戌)년을 만나면 술(戌)은 고장(庫葬)이고 화(火)는 갑(甲)일의 식신(食神)으로, 식신(食神)이 무덤에 드니 사업이 부진하거나 사업을 정리하게 된다. 식신(食神)은 육친으로는 조모와 장모, 손자에 해당하니 육친을 잘 살펴 간명해야 한다.

庫葬殺	辰	戌	丑	未
入墓	水土	火土	金	木

- 진(辰)은 수토(水土)의 고장(庫葬)이며 무덤이다.
- 술(戌)은 화토(火土)의 고장(庫葬)이며 무덤이다.
- 축(丑)은 금(金)의 고장(庫葬)이며 무덤이다.
- 미(未)는 목(木)의 고장(庫葬)이며 무덤이다.

- 인성(印星)이 입묘(入墓)하면 학술·시험·계약·소송·어머니 등 문서에 불리하다.
- 비겁(比劫)이 입묘(入墓)하면 건강이나 구설 등으로 자신이 불리하다.
- 식상(食傷)이 입묘(入墓)하면 사업이 부진하거나 사업을 정리하게 되고, 여자는 자식에게 해가 따른다.
- 재성(財星)이 입묘(入墓)하면 손재손처(損財損妻), 극부(剋父) 등이 따른다.
- 관성(官星)이 입묘(入墓)하면 직업의 변화가 오고, 자식에게 재액이 따른다. 여자는 남편에게 해가 따른다.

16. 원진살(怨嗔殺)

원진살(怨嗔殺)은 서로 미워하거나 이별·수술·감금·고독 등 억울한 일을 당한다는 흉살(凶殺)이다. 충돌하고 나면 반목하며 질시하듯이 지지(地支) 육충(六沖)을 기준으로 구성된다. 궁합에서 원진(怨嗔)이 있으면 결론없는 투쟁으로 인생을 모두 소비할 수도 있다. 불화신으로 불평불만이 그칠날이 없다. 궁합과 동업, 고용관계 등에도 참고하면 많은 도움이 될 것이다.

子未	丑午	寅酉	卯申	辰亥	巳戌

17. 음착양차살(陰錯陽差殺)

음착양차살(陰錯陽差殺)은 12일인데 외가나 처가가 망하여 외삼촌이나 처남이 고독하게 산다는 살이다.

陰錯殺	丁未	丁丑	辛卯	辛酉	癸巳	癸亥
陽差殺	丙子	丙午	戊寅	戊申	壬辰	壬戌

이외에도 신살(神殺)이 많으나 신살(神殺)만으로 사주를 보는 것은 아니니 이만 줄인다. 나머지는 신살(神殺)에 대한 전문서적을 참고하기 바란다.

8장. 십이운성(十二運星)

절(絶), 태(胎), 양(養), 장생(長生), 목욕(沐浴), 관대(冠帶),
건록(建祿), 제왕(帝旺), 쇠(衰), 병(病), 사(死), 묘(墓).

예를 들어 갑목(甲木)이면 해(亥)에서 장생(長生)하여 순행(順行)
하다 오(午)에서 사(死)하고, 을목(乙木)은 오(午)에서 장생(長生)
하여 역행(逆行)하다 해(亥)에서 사(死)한다.

1. 기포법(起胞法)

다음에 나오는 십이운성(十二運星) 장중(掌中) 암기법을 참고로
양생음사(陽生陰死), 음생양사(陰生陽死)의 용어를 암기하기 바란
다. 양생음사(陽生陰死)는 양(陽)이 장생(長生)한 곳에서 음(陰)이
사(死)하고, 음생양사(陰生陽死)는 음(陰)이 장생(長生)한 곳에서

십이운성(十二運星) 장중(掌中) 암기법

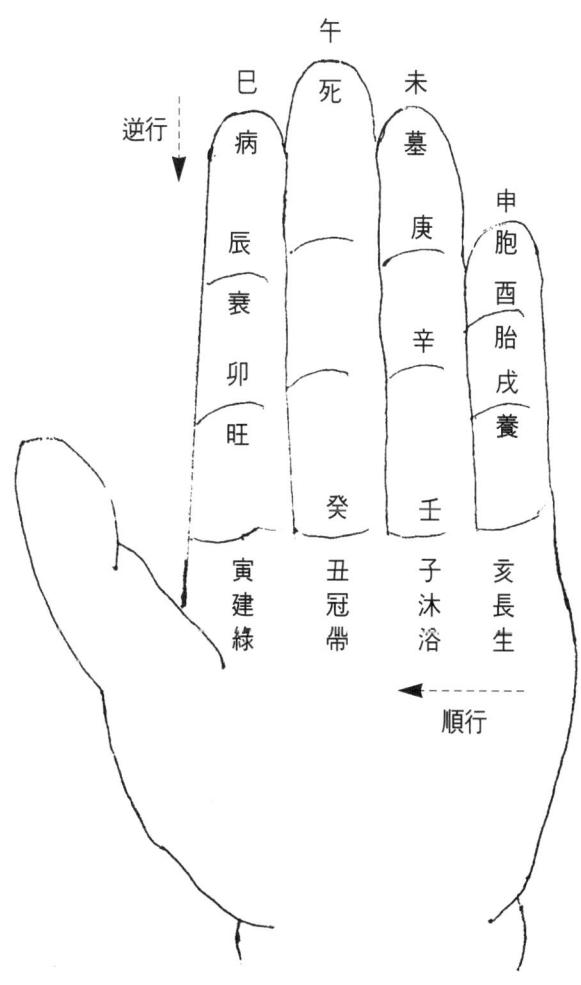

양(陽)이 사(死)한다는 뜻이다.

　그런데 문제점은 명리정종식(命理正宗式)과 같이 수토(水土 : 壬戌, 癸己) 동궁(同宮)으로 작용하고, 한편으로는 연해자평식(淵海子平式)과 같이 화토(火土 : 丙戌), 丁己) 동궁(同宮)으로 작용하는 것인데 차이점은 위에서 설명한 것과 같다. 이 책에서는 화토(火土) 동궁(同宮)인 연해자평식(淵海子平式)에 의한다는 것을 첨언하니 많이 연구하기 바란다.

1. 명리정종식(命理正宗式) : 수토동궁(水土同宮)

(1) 양천간(陽天干)은 순행(順行)한다.

■ 갑목(甲木)은 해(亥)에서 장생(長生)하고, 오(午)에서 사(死)한다.
■ 병화(丙火)는 인(寅)에서 장생(長生)하고, 유(酉)에서 사(死)한다.
■ 임무(壬戌) 수토(水土)는 신(申)에서 장생(長生)하고, 묘(卯)에서 사(死)한다.
■ 경금(庚金)은 사(巳)에서 장생(長生)하고, 자(子)에서 사(死)한다.

(2) 음천간(陰天干)은 역행(逆行)한다.

■ 을목(乙木)은 오(午)에서 장생(長生)하고, 해(亥)에서 사(死)한다.
■ 정화(丁火)는 유(酉)에서 장생(長生)하고, 인(寅)에서 사(死)한다.
■ 계기(癸己) 수토(水土)는 묘(卯)에서 장생(長生)하고, 신(申)에서 사(死)한다.
■ 신금(辛金)은 자(子)에서 장생(長生)하고, 사(巳)에서 사(死)한다.

2. 연해자평식(淵海子平式) : 화토동궁(火土同宮)

(1) 양천간(陽天干)은 순행(順行)하고, 음천간(陰天干)은 역행 (逆行)한다.

- 갑목(甲木)은 해(亥)에서 장생(長生)하고, 오(午)에서 사(死)한다.
- 을목(乙木)은 오(午)에서 장생(長生)하고, 해(亥)에서 사(死)한다.
- 병무(丙戊) 화토(火土)는 인(寅)에서 장생(長生)하고, 유(酉)에서 사(死)한다.
- 정기(丁己) 화토(火土)는 유(酉)에서 장생(長生)하고, 인(寅)에서 사(死)한다.
- 경금(庚金)은 사(巳)에서 장생(長生)하고, 자(子)에서 사(死)한다.
- 신금(辛金)은 자(子)에서 장생(長生)하고, 사(巳)에서 사(死)한다.
- 임수(壬水)는 신(申)에서 장생(長生)하고, 묘(卯)에서 사(死)한다.
- 계수(癸水)는 묘(卯)에서 장생(長生)하고, 신(申)에서 사(死)한다.

2. 십이운성(十二運星)의 성격과 작용

1. 절(絶 : 胞)

절(絶)은 죽어서 무덤에 들어가 다음 출생을 기다리는 상태이며, 포(胞)라고도 한다. 따라서 절운(絶運)은 막연한 상태에서 다시 시작하는 운이다. 인생에 비유하면 한 세대가 끝나고 다음 세대로 이어지는 형상으로 장생(長生)을 기대하는 운이다.

절(絶)의 성격은 지극히 내성적이며 정에 약하다. 외부의 충동에 쉽게 흔들리고, 거절하지 못해 손해보는 일이 많다. 특히 여자는 남자의 거짓 사랑에 넘어가거나 사기결혼을 당하는 경우가 많다.

■ 년주(年柱)에 절(絶)이 있으면 조상덕이 약하여 유년에 고생하고, 성년이 되어도 대개 타향살이를 한다.
■ 월주(月柱)에 절(絶)이 있으면 부모형제와 인연이 적어 성장과정에서 고생을 많이 한다.
■ 일주(日柱)에 절(絶)이 있으면 부모형제와 떨어져 살고, 항상 신상이 불안하며 주색으로 인한 부부불화가 잦다. 특히 여자가 갑신(甲申)일 · 신묘(辛卯)일생이면 성급하고, 부부궁이 불리하다.
■ 시주(時柱)에 절(絶)이 있으면 자식이 처음에는 영리하나 나중에는 학업까지 중단되니 자식으로 인한 근심이 많다.

2. 태(胎)

태(胎)는 어머니의 태반 속에 수태되는 형상으로, 아직 형체가 나타나지 않은 상태이다. 따라서 태운(胎運)은 막연하게 앞날의 희망과 발전을 꿈꾸는 운이다.

태(胎)의 성격은 남에게 의지하려는 마음이 있고, 동정받는 것을 좋아하며, 생각은 좋으나 외교나 활동력이 부족하고, 이성문제를 일으킨다.

■ 년주(年柱)에 태(胎)가 있으면 조상의 마음은 원만했으나 유년에 고생하고 말년에는 가족문제로 근심한다.
■ 월주(月柱)에 태(胎)가 있으면 가운이 약하여 성공하기 어려우니 굳게 밀고 나가야 한다.

- 일주(日柱)에 태(胎)가 있으면 부부풍파로 인한 자식 근심이 있다. 만일 여자가 사주에 삼태(三胎)가 있으면 마음이 적막하다.
- 시주(時柱)에 태(胎)가 있으면 자식이 가업을 이어받지 못하고, 아들보다 딸을 더 많이 둔다.

3. 양(養)

양(養)은 모태에서 자라나는 태아의 형상으로, 안정과 보호 속에서 성장하는 상태이다. 따라서 양운(養運)은 계획을 세우는 운이다.

양(養)의 성격은 착실하며 낙천적이고, 봉사정신이 있으며 나서는 것을 싫어한다. 장자로 태어나는 경우가 많고, 차남이라도 형이 사별하거나 양자로 가서 장남 역할을 하는 경우가 많다.

- 년주(年柱)에 양(養)이 있으면 장남인 경우가 많다. 그렇지 않으면 일찍 분가하여 독립한다.
- 월주(月柱)에 양(陽)이 있으면 일찍 고향을 떠나고, 여색으로 패가망신하는 경우가 있다.
- 일주(日柱)에 양(養)이 있으면 생모와 인연이 약하다. 남자는 여색을 조심해야 하고, 여자는 남편과 자식덕은 많으나 괴강일생은 남편운이 좋지 않다.
- 시주(時柱)에 양(養)이 있으면 자녀와 인연이 약하여 자식을 두지 못하는 경우가 많고, 자식을 둔다 해도 떨어져 사는 경우가 많다.

4. 장생(長生)

장생(長生)은 세상에 태어나는 상태이다. 식물에 비유하면 땅을 뚫고 올라오는 형상으로 어려움은 있으나 결과는 좋다. 따라서 장생운(長生運)은 계획에 따라 점점 발전하는 운이다.

장생(長生)의 성격은 온건하며 영민하고, 만사에 원만하며 예술적인 감각과 창의력이 있다. 복록이 많아 사회적으로도 최고 자리에 오른다.

- 년주(年柱)에 장생(長生)이 있으면 조상과 부모덕이 있어 의식이 원만하고, 만년에도 길하다.
- 월주(月柱)에 장생(長生)이 있으면 부모형제의 덕이 있고, 중년부터 발복한다.
- 일주(日柱)에 장생(長生)이 있으면 부부운이 좋아 집안이 화목하고, 장수한다.
- 시주(時柱)에 장생(長生)이 있으면 자식이 출세하고, 효자들이 봉친한다.

5. 목욕(沐浴)

목욕(沐浴)은 도화살(桃花殺)·함지살(咸池殺)·패살(敗殺)이라고도 하고, 사람이 태어나 목욕을 시키는 상태이다. 목욕은 물에 넣었다 내었다 하니 어려움과 고통이 따른다. 따라서 목욕운(沐浴運)은 사회에 적응해가는 과정으로 성패가 빈번한 운이다.

목욕(沐浴)의 성격은 허영과 화려함을 좋아하니 저축보다 지출이 많아 재산이 줄고, 주색방탕으로 실패와 좌절이 따른다.

- 년주(年柱)에 목욕(沐浴)이 있으면 조상과 부모대에 실패가 있었고, 부부가 젊어서 이별할 수 있다.
- 월주(月柱)에 목욕(沐浴)이 있으면 부부의 인연이 바뀔 수 있으니 항상 조심해야 한다.
- 일주(日柱)에 목욕(沐浴)이 있으면 타향살이를 하게 되고, 부모와의 인연이 박하니 생리사별이 따른다.
- 시주(時柱)에 목욕(沐浴)이 있으면 자식과 인연이 박하고, 말년이 고독하다.

6. 관대(冠帶)

관대(冠帶)는 성장하여 사모관대를 쓰고 장가드는 상태이다. 따라서 관대운(冠帶運)은 책임과 의무가 따르고, 자신의 뜻대로 일을 추진하는 운이다.

관대(冠帶)의 성격은 자존심이 강하며 비판적이라 다른 사람을 적대시한다.

- 년주(年柱)에 관대(冠帶)가 있으면 중년에 부부가 이별할 수 있으나, 노년에는 부부가 행복을 누린다.
- 월주(月柱)에 관대(冠帶)가 있으면 사회적으로는 출세하나, 부부간에 충돌이 잦다.
- 일주(日柱)에 관대(冠帶)가 있으면 자녀들이 총명하며 재능이 많고, 행복한 노년을 보낸다.
- 시주(時柱)에 관대(冠帶)가 있으면 자식들이 출세하고, 부부가 행복한 노년을 보낸다.

7. 건록(建祿)

건록(建祿)은 관대(冠帶)를 갖추고 관위에 임하는 상태이다. 따라서 건록운(建祿運)은 부모로부터 독립하여 자신만만하게 살아가며 만사가 상승하는 운이다.

건록(建祿)의 성격은 정의를 중히 여겨 부정을 배격하고, 마음에 들면 입에 든 것도 내주지만 잘못 보이면 쳐다보지도 않는다. 자존심이 강하여 교제에 소홀하고, 만사에 치밀하며 책임감이 강하고, 명예와 체면을 중히 여긴다.

- 년주(年柱)에 건록(建祿)이 있으면 원만한 가정에서 유년을 보내고, 노년에도 행복한 생활을 한다.
- 월주(月柱)에 건록(建祿)이 있으면 부모운이 평탄하고, 중년부터 발전한다.
- 일주(日柱)에 건록(建祿)이 있으면 가풍을 계승한다. 그러나 재산이 넉넉하면 아내가 흉하고, 재산이 없으면 아내가 장수한다.
- 시주(時柱)에 건록(建祿)이 있으면 자녀가 출세하고, 부부도 행복하게 지낸다.

8. 제왕(帝旺)

제왕(帝旺)은 인생의 최고 전성기의 상태이다. 따라서 제왕운(帝旺運)은 세력이 최고에 달하여 더이상 바랄 것이 없는 운이다.

제왕(帝旺)의 성격은 간섭이나 지배를 거부하고, 투기와 요행을 바라며 일확천금의 꿈을 버리지 못하는 이중인격자이다. 완강한 고집과 욕심으로 괴로움을 자초해 크게 패망하는 경우가 많다.

- 년주(年柱)에 제왕(帝旺)이 있으면 조상이 부자였거나 벼슬을 했고, 항상 자신감을 갖고 살아간다.
- 월주(月柱)에 제왕(帝旺)이 있으면 수단과 역량으로 모든 일에 앞장선다.
- 일주(日柱)에 제왕(帝旺)이 있으면 성격이 강하며 타향살이를 하는 경우가 많다.
- 시주(時柱)에 제왕(帝旺)이 있으면 자녀가 가문을 빛내거나 질병으로 자식을 잃는다.

9. 쇠(衰)

쇠(衰)는 혈기왕성한 제왕기(帝旺期)를 지나 기력이 쇠하여 활동이 감소하는 상태이다. 따라서 쇠운(衰運)은 재산이 줄고, 의욕과 용기, 실천과 능력이 떨어지는 운이다.

쇠(衰)의 성격은 온순하며 담백하고, 기운이 쇠약하니 거창함보다는 조용한 것을 좋아한다. 생가를 떠나 타향에서 고생하는 일이 많고, 불시에 재액을 당한다.

- 년주(年柱)에 쇠(衰)가 있으면 부모형제의 덕이 적고, 말년이 순탄하지 못하다.
- 월주(月柱)에 쇠(衰)가 있으면 마음이 약하니 유혹에 빠져 피해를 보는 경우가 많다.
- 일주(日柱)에 쇠(衰)가 있으면 부모운이 박하여 타향살이를 한다. 갑진(甲辰)일·을미(乙未)일생 남자는 아버지운과 배우자운이 불길히고, 여자는 아버지운과 시어머니운이 불길하다.

■ 시주(時柱)에 쇠(衰)가 있으면 자녀운이 약하고, 말년을 쓸쓸하
게 보낸다.

10. 병(病)

병(病)은 만사가 쇠하여 죽음을 기다리는 상태이다. 따라서 병운
(病運)은 매사에 막힘이 많아 근심하는 운이다.

병(病)의 성격은 온후하며 조용함을 즐긴다. 부모와 일찍 떨어져
살게 되고, 공상이 많아 항상 괴롭다. 배우자와 인연이 박하니 관용
을 베풀며 포용할 줄 알아야 한다.

■ 년주(年柱)에 병(病)이 있으면 부모가 병약하니 자신도 초년에
질병으로 고생한다.
■ 월주(月柱)에 병(病)이 있으면 마음은 착해도 중년부터 운이 약
해지니 건강을 조심해야 한다.
■ 일주(日柱)에 병(病)이 있으면 유년에 질병을 앓고, 부부운이 좋
지 않아 이별하거나 남편이 질병으로 고생한다.
■ 시주(時柱)에 병(病)이 있으면 자손과 인연이 박하거나 자녀가
병으로 고생한다.

11. 사(死)

사(死)는 모든 것을 정리한 다음 쉬는 상태이다.

사(死)의 성격은 조용하며 매우 수줍어하고, 조급하며 매사에 몰
두하는 편이다. 고집이 있어 남의 말을 잘 듣지 않고, 쓸데없는 걱
정이 많다. 결단력은 약하나 분별력이 있어 만사를 미리 알아서 처

리한다. 앞에 나서기를 싫어하고, 활발하지 못해 빈축을 사는 경우가 있다. 사업가로는 적당하지 않다.

- 년주(年柱)에 사(死)가 있으면 부모와 인연이 박하니 일찍 고향을 떠난다.
- 월주(月柱)에 사(死)가 있으면 형제와 친구덕이 없고, 머리는 좋으나 활동력이 부족하다.
- 일주(日柱)에 사(死)가 있으면 유년에 질병으로 고생하고, 부부운도 좋지 않다. 특히 을해(乙亥)일·경자(庚子)일생은 더욱 흉하다.
- 시주(時柱)에 사(死)가 있으면 자녀운이 불길하여 자식으로 인한 근심이 떠날 날이 없다.

12. 묘(墓)

묘(墓)는 장(葬)이라고도 하며, 죽어서 무덤으로 들어가는 상태이다. 따라서 묘운(墓運)은 사물을 창고에 저장하거나 은행에 돈을 예치한 것처럼 안정된 운이다.

묘(墓)의 성격은 부모형제의 덕이 없어 일찍 육친과 이별하고 객지에서 하천한 생활을 하는 경우가 많다. 만일 가난한 집에서 태어났으면 중년부터 발복하나, 부잣집에서 태어났으면 중년부터 점점 쇠약해진다. 항상 근심과 걱정으로 괴롭고, 부부간에 이별수도 있으니 특히 가정의 화목에 마음을 써야 한다.

- 년주(年柱)에 묘(墓)가 있으면 고향을 지키며 선조봉사에 정성

을 다한다.

■ 월주(月柱)에 묘(墓)가 있으면 부모형제, 배우자와 인연이 박하다. 남에게 이용을 잘 당하여 손해보는 경우가 많다.

■ 일주(日柱)에 묘(墓)가 있으면 육친덕은 없으나 일찍 고향을 떠나 중년부터 발복한다.

■ 시주(時柱)에 묘(墓)가 있으면 어려서 질병으로 고생하고, 자녀운도 좋지 않아 말년이 외롭다.

(1) 사생지(四生地)

인신사해(寅申巳亥)를 사생지(四生地)라 한다. 여자사주가 여기에 해당하면 외로움을 잘 타며 음란하다.

■ 인(寅)에서는 병화(丙火)와 무토(戊土)가 장생(長生)한다.

■ 신(申)에서는 임수(壬水)가 장생(長生)한다.

■ 사(巳)에서는 경금(庚金)이 장생(長生)한다.

■ 해(亥)에서는 갑목(甲木)이 장생(長生)한다.

(2) 사왕지(四旺地)

자오묘유(子午卯酉)를 사왕지(四旺地)라 한다. 여자사주가 여기에 해당하면 변덕스럽고 색을 좋아하니 이성을 조심해야 한다.

■ 자(子)에서는 수(水)가 왕(旺)해진다.

■ 오(午)에서는 화(火)가 왕(旺)해진다.

■ 묘(卯)에서는 목(木)이 왕(旺)해진다.

■ 유(酉)에서는 금(金)이 왕(旺)해진다.

(3) 사묘지(四墓地)

진술축미(辰戌丑未)를 사묘지(四墓地)라 한다. 여자사주가 여기에 해당하면 자식을 두기 어려우니 외롭다. 만일 유년(流年)에 묘운 (墓運)을 만나면 상(喪)을 당하는 일이 많다.

■ 진(辰)에서는 수토(水土)가 입묘(入墓)한다.
■ 술(戌)에서는 화토(火土)가 입묘(入墓)한다.
■ 축(丑)에서는 금(金)이 입묘(入墓)한다.
■ 미(未)에서는 목(木)이 입묘(入墓)한다.

포태법(胞胎法)을 충분히 이해하고 활용할 줄 알면 어떤 육친이 어느 해 어느 달에 가면 생기를 얻는지, 왕성해지는지, 쇠하는지, 병이 드는지, 죽는지를 예견할 수 있다.

9장. 육친(六親)

(1) 생아자(生我者)

나를 낳은 사람은 부모이고, 정인(正印)과 편인(偏印)으로 나눈다.
정인(正印)은 나를 낳은 생모이고, 편인(偏印)은 양모·유모·계
모·서모로 본다.

(2) 비아자(比我者)

나와 오행(五行)이 같은 사람은 형제자매와 친구이고, 비견(比肩)
과 겁재(劫財)로 나눈다. 비견(比肩)은 오행(五行)과 음양(陰陽)이
같으니 동성의 형제자매로 보고, 겁재(劫財)는 오행(五行)은 같고
음양(陰陽)은 다르니 이성의 형제자매로 본다.

(3) 아생자(我生者)

내가 낳은 사람은 자식이고, 식신(食神)과 상관(傷官)으로 나눈다.
아들과 딸을 구분한다.

(4) 극아자(剋我者)

나를 극(剋)하는 사람은 관귀(官鬼)이고, 정관(正官)과 편관(偏官)으로 나눈다.

(5) 아극자(我剋者)

내가 극(剋)하는 것은 처첩과 재산이고, 정재(正財)와 편재(偏財)로 나눈다. 본처와 후처, 정당한 재물과 부정한 재물을 구분한다.

1. 육친배합법(六親配合法)

(1) 정인(正印)과 편인(偏印)은 학업운 · 부모운을 본다.

- 정인(正印) : 일간(日干)을 생(生)하고, 일간(日干) 오행(五行)과 음양(陰陽)이 다른 것.
- 편인(偏印) : 일간(日干)을 생(生)하고, 일간(日干) 오행(五行)과 음양(陰陽)이 같은 것.

(2) 비견(比肩)과 겁재(劫財)는 형제 · 친구 · 동업운을 본다.

- 비견(比肩) : 일간(日干)과 오행(五行)이 같고, 음양(陰陽)도 같은 것.
- 겁재(劫財) : 일간(日干)과 오행(五行)이 같고, 음양(陰陽)은 다른 것.

(3) 식신(食神)과 상관(傷官)은 사업운을 보고, 여자는 자식운을 본다.

- 식신(食神) : 일간(日干) 오행(五行)이 생(生)하고, 일간(日干) 오행(五行)과 음양(陰陽)이 같은 것.

- 상관(傷官) : 일간(日干) 오행(五行)이 생(生)하고, 일간(日干) 오행(五行)과 음양(陰陽)이 다른 것.

(4) 정관(正官)과 편관(偏官)은 벼슬운을 보고, 남자는 자식운, 여자는 남편운을 본다.

- 정관(正官) : 일간(日干)을 극(剋)하고, 일간(日干)과 음양(陰陽)이 다른 것.

- 편관(偏官) : 일간(日干)을 극(剋)하고, 일간(日干)과 음양(陰陽)이 같은 것.

(5) 정재(正財)와 편재(偏財)는 처첩운과 재산운을 본다.

- 정재(正財) : 일간(日干) 오행(五行)이 극(剋)하고, 일간(日干)과 음양(陰陽)이 다른 것.

- 편재(偏財) : 일간(日干) 오행(五行)이 극(剋)하고, 일간(日干)과 음양(陰陽)이 같은 것.

2. 육친화현법(六親化現法)·1 : 남자 기준

1. 어머니계

(1) 정인(正印)은 생모이고, 편인(偏印)은 서모·계모·유모이다.

　나를 생(生)하고 나와 음양(陰陽)이 다르면 정인(正印)으로 생모이다. 갑목(甲木)의 생모는 계수(癸水)이고, 음양(陰陽)이 같은 임해수(壬亥水)는 편인(偏印)으로 서모나 유모가 된다.

(2) 인수(印綬)는 외숙과 이모이다.

　갑목(甲木)의 생모는 계자수(癸子水)이니, 임계해자수(壬癸亥子水)는 생모인 계수(癸水)의 비견(比肩)과 겁재(劫財)로, 어머니인 계수(癸水)의 형제자매가 되니, 외삼촌도 되고 이모도 된다.

(3) 편관(偏官)은 외할머니이다.

　외할머니는 갑목(甲木)의 생모 계수(癸水)를 낳고, 계수(癸水)와 음양(陰陽)이 다른 경금(庚金)이 계수(癸水)의 생모(正印)가 되니, 갑목(甲木)에게는 경금(庚金)이 편관(偏官)으로 외할머니가 된다.

(4) 상관(傷官)은 외조부이다.

　갑목(甲木)의 외할머니가 경금(庚金 : 甲木의 偏官)이니 경금(庚金)을 극(剋)하고, 음양(陰陽)이 다른 것이 경금(庚金)의 정관(正官) 남편으로 정화(丁火)가 되니, 갑목(甲木)에게는 상관(傷官)으로 외할아버지가 된다.

2. 아버지계

(1) 편재(偏財)는 부친이다.

갑목(甲木)의 생모가 계수(癸水)이니, 계수(癸水)의 정관(正官) 남편은 무토(戊土)가 된다. 무계합(戊癸合) 무토(戊土)는 갑목(甲木)의 편재(偏財)로 아버지가 된다.

(2) 편인(偏印)은 조부이다.

조부는 아버지의 아버지이니, 갑목(甲木)의 편재(偏財) 무토(戊土)의 편재(偏財)는 임수(壬水)가 된다. 임수(壬水)는 갑목(甲木)의 편인(偏印)으로 편인(偏印)이 할아버지가 된다.

(3) 상관(傷官)은 조모이다.

갑목(甲木)의 조모는 부친인 무(戊)의 생모 정인(正印)이 정화(丁火)가 되니, 정화(丁火)는 갑목(甲木)의 상관(傷官)으로 조모이다.

3. 자손계

(1) 편관(偏官)은 아들이다.

아들은 아내가 낳은 양(陽) 자손으로, 갑목(甲木)의 아내 기토(己土)가 낳은 양(陽) 자손은 경신금(庚申金)이 되니, 경신금(庚申金)은 갑목(甲木)의 편관(偏官)으로 아들이 된다.

(2) 정관(正官)은 딸이다.

정관(正官)은 아내가 낳은 음(陰) 자손으로, 갑목(甲木)의 아내 기토(己土)가 낳은 음(陰) 자손 신유금(辛酉金)이 갑목(甲木)의 정관

(正官)으로 딸이 된다.

(3) 식신(食神)은 손자이다.

손자는 아들의 아들이니 갑목(甲木)의 아들 편관(偏官)이다. 경금(庚金)의 편관(偏官)은 병화(丙火)이니, 병화(丙火)가 갑목(甲木)에게는 식신(食神)으로 손자가 된다.

4. 아내계

(1) 정재(正財)는 아내이고, 편재(偏財)는 첩이다.

처첩은 자신이 극(剋)하는 사람이다. 갑목(甲木)이 극(剋)하고 음양(陰陽)이 다른 정재(正財)는 정처(正妻)이고, 음양(陰陽)이 같은 편재(偏財)는 첩이다.

(2) 정재(正財)와 편재(偏財)는 처남과 처제이다.

정재(正財)와 편재(偏財)는 처첩의 비견(比肩)과 겁재(劫財)로, 처첩의 형제자매가 되니 처님과 서세가 된나.

(3) 식신(食神)은 장모이다.

장모는 아내의 생모로 정재(正財)의 정인(正印)이 된다. 갑(甲)일 생의 아내는 기축미(己丑未)이고, 생모는 병사화(丙巳火)로 갑목(甲木)에게는 식신(食神)이니 장모가 된다.

(4) 정인(正印)은 장인이다.

장모의 정관(正官)이 장모의 남편이다. 갑목(甲木)의 식신(食神)

장모는 병사화(丙巳火)이고, 병사화(丙巳火)의 정관(正官)이 계자수(癸子水)가 되니, 계자수(癸子水)는 갑목(甲木)에게 정인(正印)으로 장인이 된다.

3. 육친화현법(六親化現法)·2 : 여자 기준

1. 남편계

(1) 정관(正官)은 정부(正夫)이고, 편관(偏官)은 편부(偏夫)이다.

관(官)은 나를 극(剋)하며 정당하게 관제(管制)한다는 뜻이니 남편을 말한다. 만일 여명(女命)이 갑(甲)이라면 갑(甲)을 극(剋)하는 것이 경신신유금(庚辛申酉金)인데, 음금(陰金)인 신금(辛金)과 유금(酉金)은 정관(正官)으로 정부(正夫)가 되고, 양금(陽金)인 경금(庚金)과 신금(申金)은 편관(偏官)으로 편부(偏夫)가 된다.

(2) 정편관(正偏官)은 시동기간이다.

편관(偏官)은 남편인 정관(正官)의 비견(比肩)·겁재(劫財)로 남편의 형제자매이니, 편관(偏官)은 시동기간이 된다.

(3) 편재(偏財)는 시어머니이다.

갑(甲)일의 정관(正官) 신유금(辛酉金) 남편의 생모가 무진술토(戊辰戌土)이니, 갑(甲)일의 편재(偏財)로 시어머니가 되며, 시외숙과 시이모도 된다.

(4) 비겁(比劫)은 시아버지이다.

갑(甲)일의 시어머니인 무토(戊土)에게 정관(正官)이 을목(乙木)이니, 갑(甲)일의 겁재(劫財)로 시아버지가 된다.

(5) 비겁(比劫)은 동서간이다.

갑(甲)일의 남편은 신유금(辛酉金)이니 경신신유금(庚辛申酉金)은 남편의 형제이고, 그 형제의 처첩이 갑을목(甲乙木)이니 갑을목(甲乙木)은 나와는 비겁(比劫)이니 동서간이 된다.

(6) 비겁(比劫)은 남편의 처첩이다.

갑목(甲木)의 남편은 신유금(辛酉金)인데, 갑(甲)일의 비견(比肩)·겁재(劫財)는 남편인 신유금(辛酉金)의 정재(正財)와 편재(偏財)가 된다. 옛글에서는 「자매강강(姉妹强强)에 이녀동부(二女同夫)라」고 했다. 이것은 여자사주에 비겁(比劫)이 많으면 두 여자가 한 남자와 같이 산다는 뜻이니, 자신이 본처가 될 수도 있고 첩이 될 수도 있다는 말이다.

2. 자손계
(1) 상관(傷官)은 아들이고, 식신(食神)은 딸이다.

내가 낳은 것이 자식인데, 을목(乙木)이 낳은 양(陽) 자손 병사화(丙巳火)는 상관(傷官)으로 아들이 되고, 을목(乙木)이 낳은 음(陰) 자손 정오화(丁午火)는 식신(食神)으로 딸이 된다.

(2) 정인(正印)은 사위이다.

을목(乙木)의 딸은 식신(食神)으로 정오화(丁午火)인데, 정화(丁火)의 정관(正官) 남편은 임수(壬水)이니, 임수(壬水)가 을목(乙木)의 정인(正印)으로 사위가 된다.

(3) 편관(偏官)은 며느리이다.

을목(乙木)의 아들은 상관(傷官) 병화(丙火)인데, 병화(丙火)의 정재(正財) 아내는 신금(辛金)으로 을목(乙木)에게는 편관(偏官)이 되어 편관(偏官)이 며느리가 된다.

(4) 정인(正印)은 손자이다.

을목(乙木)의 아들은 상관(傷官) 병화(丙火)인데, 병화(丙火)의 아들은 편관(偏官) 임수(壬水)이니, 을목(乙木)에게는 정인(正印)으로 손자가 된다.

(5) 정재(正財)는 외손자이다.

외손자는 딸의 자식인데, 을목(乙木)의 식신(食神) 딸은 정화(丁火)이고, 정화(丁火)의 아들은 상관(傷官) 무(戊)이다. 을목(乙木)에게는 무토(戊土)가 정재(正財)이니, 정재(正財)가 외손자가 된다.

- 연해자평(淵海子平) 자식론에서는 「여명(女命)의 상관(傷官)은 시자(是子)요, 식신(食神)은 시녀(是女)라」고 했다.
- 오행원리소식부(五行原理消息賦)에서는 「우(遇) 효신(梟神)이면 상자(傷子)하고, 복기(福氣)가 무(無)하여 후이고(後而孤)」라고

했다.

- 소주(小註)에서는 「여조(女造)에 일주(日柱)가 시음간즉(是陰干則) 이(以) 상관(傷官)으로 위자(爲子)하고, 식신(食神)으로 위녀(爲女)」라고 했다.

- 만약 「양간즉(陽干則) 식신(食神)으로 위자(爲子)하고, 상관(傷官)으로 위녀(爲女)」, 또 남명(男命)에는 「양간즉(陽干則) 칠살(七殺)로 위자(爲子)하고, 정관(正官)으로 위녀(爲女)」라고 했다.

- 만약 「음간즉(陰干則) 정관(正官)으로 위자(爲子)하고, 편관(偏官)으로 위녀(爲女)」라고 했다.

　남자사주에서도 양(陽)일생의 칠살(七殺)은 아들이고, 음(陰)일생의 칠살(七殺)은 딸이다. 이것은 남명(男命)의 양관살(陽官殺)은 아들이고, 음관살(陰官殺)은 딸이라는 뜻이다. 여자사주에서는 양식상(陽食傷)은 아들이고, 음식상(陰食傷)은 딸이 된다. 지금까지 설명한 육친화현법(六親化現法)을 그림으로 나타내니 숙지하기 바란다.

남자의 경우

이복형제, 자부 (劫財) 乙 —— **甲** —— 甲 (比肩) 형제, 자매
　　　　　　　　　　　　日
외조부, 손녀, 조모 (傷官) 丁 —— **柱** —— 丙 (食身) 조모, 장모, 사위, 손자

형수, 제수, 아내, 숙부 (正財) 己 　　　　戊 (偏財) 아버지, 첩, 형수, 처형제

손자부, 딸, 증조부 (正官) 辛 　　　　庚 (偏官) 아들, 외조모

장인, 생모 (正印) 癸 　　　　壬 (偏印) 서모, 조부

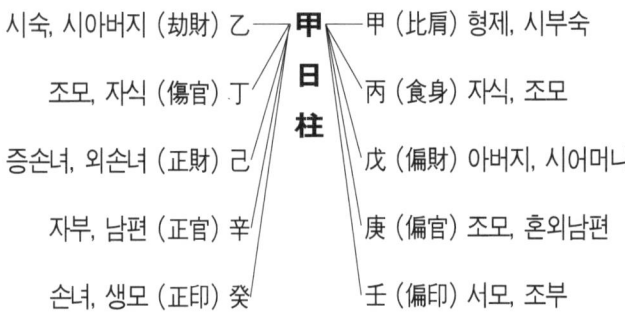

시숙, 시아버지 (劫財) 乙 ── 甲日柱 ── 甲 (比肩) 형제, 시부숙

조모, 자식 (傷官) 丁 ── 丙 (食身) 자식, 조모

증손녀, 외손녀 (正財) 己 ── 戊 (偏財) 아버지, 시어머니

자부, 남편 (正官) 辛 ── 庚 (偏官) 조모, 혼외남편

손녀, 생모 (正印) 癸 ── 壬 (偏印) 서모, 조부

4. 육친의 성격과 활용

1. 인수(印綬) : 정인(正印)·편인(偏印)

인수(印綬)는 사랑·자비·은혜·덕망·아량·교양·인격·지도자·스승·학업·인장·문서·시발점 등을 나타낸다. 정인(正印)은 생모로 보고, 편인(偏印)은 서모로 보며 사기성으로도 본다.

(1) 정인(正印)

정인(正印)은 친어머니로, 나에게 교양을 갖추어주며 활동할 수 있게 만들어주고, 보호하며 후원을 아끼지 않는 길성(吉星)이다. 정인(正印)은 교육·학문·수양·예술에 해당한다.

■ 인수(印綬)가 월주(月柱)나 지지(地支)에 있으면 교육자가 되는

경우가 많다.

■ 인수(印綬)는 수양에 해당하니 인수(印綬)만 있고 관성(官星)이 없으면 종교가가 되기 쉽다.

■ 인수(印綬)는 학문에 해당하니 학업성적이 우수하나, 재성(財星)이 있으면 극인(剋印)하니 학창시절에 공부를 못한다.

■ 인수(印綬)와 재(財)가 암합(暗合)하면 아버지와 어머니가 몰래 만나는 형상으로, 어머니가 재취나 소실인 경우가 많다.

■ 인수(印綬)가 형살(刑殺)을 만나면 어머니에게 질병이 있거나 불구자가 된다.

■ 인수(印綬)는 왕성한데 관성(官星)이 없으면 나를 관제(管制)하지 못하니 버릇이 없다. 자유롭게 춤과 노래에 잠기는 형상으로 예술가가 되는 경우도 많다.

■ 정인(正印)이 년월(年月)에 있으면 조상과 부모덕이 많고, 윗사람의 총애를 받는다.

■ 관인(官印)이 천간(天干)에 같이 있으면 고관이 직인을 구비하는 형상으로, 구관대자으로 명성을 얻는 경우가 많다.

(2) 편인(偏印)

편인(偏印)은 정인(正印)과 같으나 편중된 학문·편중된 교육·편중된 기예로 잘못하면 허리허명과 유명무실이 되기 쉽다. 육친으로는 편모로 서모나 양모에 해당한다.

■ 편인(偏印)은 외국어에 해당하니 월주(月柱)에 있으면 외국어에 능통한 사람이다.

- 정편인(正偏印)이 혼잡하면 다른 어머니를 둔다.
- 편인(偏印)은 도식(倒食)으로, 식신(食神)이 있는데 편인(偏印)이 많거나 유년(流年)에 도식운(倒食運)을 만나면, 부도수표나 가토(家土) 문서 등으로 크게 망한다.

2. 비겁(比劫) : 비견(比肩) · 겁재(劫財)

(1) 비견(比肩)

비견(比肩)은 나에게 형제·자매·친구·협조자 등이 된다. 비견(比肩)은 형제이니 재산을 분배하는 관계이나, 외부로부터 적이 되는 관살(官殺) 정편관(正偏官)이 강하게 극(剋)할 때는, 나를 도와 적을 막아주니 대단히 좋은 역할을 한다. 다시 말해, 재산이 있으면 재산싸움을 벌이는 관계이나, 신약(身弱)한 사주에는 힘이 된다.

- 비견(比肩)이 많으면 자만심이 강하여 협동심이 적고, 고집으로 독주하려는 기질이 많아 대인관계가 원만하지 못하다.
- 비견(比肩)은 극재(剋財)하니 비견(比肩)이 많으면 극부(剋父)·극처(剋妻)하고, 비겁(比劫)이 많으면 아버지와 일찍 사별한다.
- 남자사주에서 일지(日支)는 아내인데, 일지(日支)에 비견(比肩)이 있으면 아내의 자리가 일간(日干)과 같으니, 아내가 여필종부하지 않고 충돌하는 단점이 있다. 그러나 남편이 없을 때는 남편의 일을 대신하는 장점이 있다.
- 여자에게 비견(比肩)은 나와 동등한 것으로 남편의 여자가 되기

도 하니, 비겁(比劫)이 많으면 남편이 아내가 많은 형상이 되어, 첩을 두거나 자신이 재취가 되는 경우도 있다.

(2) 겁재(劫財)

양(陽)일생은 음(陰)의 동류를 겁재(劫財)라 하고, 을(乙)일생은 양(陽)의 동류를 패재(敗財)라 한다. 겁재(劫財)는 탈재(奪財)하는 성질이 있어 적극적인 피탈(被奪)에 해당하니, 뜻밖의 강압으로 아내와 재물을 약탈당하고, 패재(敗財)는 탐욕적인 사기에 의한 손재로, 소극적인 실패에 해당한다.

- 비견(比肩)이 명(明)이라면 겁재(劫財)는 암(暗)으로, 비견(比肩)과 겁재(劫財)가 혼잡되면 아버지가 다르거나 어머니가 다른 형제자매를 둔다.
- 겁재(劫財)는 표리가 다른 친구이니, 투자사업이나 동업을 하면 부정으로 크게 실패한다.

지금까지의 설명을 보면 비겁(比劫)은 모두 불길한 것 같으나 그렇지는 않다. 사주에 살(殺)이 왕성한데 신(身)이 약하면 미인계를 이용해 전화위복이 된다. 예를 들어 갑(甲)일생이 칠살(七殺) 편관(偏官)인 경금(庚金)의 극(剋)을 받는데, 을목(乙木)의 비겁(比劫)이 있으면 을경합(乙庚合)이 되어 갑목(甲木)은 위기일발에서 벗어날 수 있다.

3. 식상(食傷) : 식신(食神)·상관(傷官)

(1) 식신(食神)

식신(食神)은 의식성으로 재(財)를 생(生)하고, 칠살(七殺)을 제(制)하여 나의 수명을 보호하니 수성(壽星)이라고도 한다. 육친으로는 손자와 장모에 해당한다. 식신(食神)은 생극(生剋)원리에서 재(財)를 생(生)하고 편관(偏官)을 극상(剋傷)한다.

- 식신(食神)이 유기(有氣)하면 손자가 크게 발전하고, 식신(食神)과 재성(財星)이 신합(身合)하면 장모를 모신다.
- 남자는 식신(食神)이 생재(生財)하니 여자관계가 많고, 심하면 색난을 당하기도 한다.
- 여자에게 식신(食神)은 양(陽)일생이면 아들이고, 음(陰)일생이면 딸이 된다.
- 여자사주에서 식상(食傷)이 왕성하고 신(身)이 쇠약하면 모쇠자왕(母衰子旺)이 되는데, 모체가 약하고 자식이 왕성하면 포태상타(胞胎常墮)하니 낙태하거나 아기가 커서 산통이 심하다.
- 여자사주에서 식상(食傷)은 자식이고 관성(官星)은 남편이니, 관성(官星)과 식상(食傷)이 신합(身合)하면 혼외임신을 한다.
- 식상(食傷)은 모두 나의 기를 빼앗는 것으로, 신왕(身旺)사주는 설기(泄氣)함이 좋으니 의사를 충분히 표현하는 종교가나 교육자 등이 많고, 남을 생(生)하니 사회사업가 등 봉사정신이 투철한 사람이 많다.
- 일주(日柱)는 약한데 식상(食傷)이 왕성하면 자신의 기가 너무

도기함을 염려하여 인색하면서도 허세를 좋아한다.

■ 모쇠자왕(母衰子旺)에 운행식상(運行食傷)이면 부자구무(夫子俱無)하여 난계향화(難繼香火)나 주운(柱運)에 구인(俱印)이면 수언무자(誰言無子)랴.

(2) 상관(傷官)

상관(傷官)은 글자 그대로 상할상(傷) 자에 벼슬관(官) 자이니 관을 상하게 한다는 뜻이고, 상관(傷官)이 그 관을 극(剋)하니 관의 규제에 불복하는 형상이다. 관(官)을 극(剋)하고 안심할 수 없는 것과 같이, 상관운(傷官運)을 만나면 항상 공포와 불안에 떨게 되고, 관청의 재앙을 많이 당한다. 식신(食神)이 명(明)이라면 상관(傷官)은 암(暗)으로, 정직보다는 권력으로 식록을 얻는 것이 좋고, 사행성이 있는 사업이 길하다.

■ 상관(傷官)이 있으면 다른 사람을 무시하는 경향이 있다.
■ 상관(傷官)이 관(官)을 만나면 백 가지 화가 따른다.
■ 남자사주에서 관성(官星)은 자식인데, 상관(傷官)이 자식인 관성(官星)을 극(剋)하여 자식이 액운을 겪으니 자식으로 인한 근심이 있다.
■ 여자사주에서 상관(傷官)이 왕성하면 상부(傷夫)하나, 관성(官星)이 없으면 아무리 왕성한 상관(傷官)이라도 관(官)을 극(剋)하지 못한다.
■ 여자사주가 상관(傷官)이 왕성한데 관(官)이 약하면 아들이 있으면 남편과 별거한다.

- 여자사주가 시상(時上)에 상관(傷官)이 있는데 관(官)이 없으면 일부종사하기 힘들다.
- 상관(傷官)은 흉신(凶神)이나, 상관(傷官) 일색의 종아격(從兒格)을 이룬 상관용재격(傷官用財格)·상관용겁격(傷官用劫格)·상관용인격(傷官用印格) 등은 길하다.
- 상관(傷官)은 편재(偏財)를 생(生)하나, 정관(正官)을 극상(剋傷)한다는 것을 염두해두기 바란다.

4. 관성(官星) : 정관(正官)·편관(偏官)

(1) 정관(正官)

사회의 질서와 안녕을 위해 규칙을 정하며 집행하는 관(官)이 있는 것처럼, 사주에도 관(官)이 있어야 품행이 단정하다. 정관(正官)은 남자에게는 자식이 되고, 여자에게는 남편이 된다. 관(官)은 관제(管制)와 규제이니 관살(官殺)인 자녀가 없으면 자유롭지만 자녀가 있으면 자녀의 규제를 받는다.

- 정관(正官)이 년주(年柱)에 있으면 장남이고, 조상의 유업이 있다.
- 정관(正官)이 월주(月柱)에 있으면 형제가 후계자가 되는 형상이니 차남이다. 설령 장남이더라도 양자로 가거나 부모와 떨어지게 되어 동생이 조상봉사를 책임진다.
- 월지(月支) 관성(官星)이 형충파해(刑沖破害)되면 후계자인 형이 멸망하는 형상이니, 차남이라도 장남의 역할을 한다.

(2) 편관(偏官)

정관(正官)이 음양(陰陽)이 중정(中正)으로 배합된 관(官)이라면, 편관(偏官)은 양(陽)과 양(陽), 음(陰)과 음(陰)이 배합된 것이다. 따라서 정관(正官)을 충고로 나를 규제하는 것으로 본다면, 편관(偏官)은 증오로 나를 억제하는 것이라고 할 수 있다. 관직으로 보면 정관(正官)은 품행이 단정하며 수려한 문관이라면, 편관(偏官)은 권력투쟁의 형상으로 무관으로 본다.

남자에게 편관(偏官)은 아들이며 정관(正官)은 딸이고, 여자에게 정관(正官)은 정당한 남편이고 편관(偏官)은 혼외남편으로 본다. 이처럼 정관(正官)은 길성(吉星)으로 보고, 편관(偏官)은 흉성(凶星)으로 보나 항상 그런 것은 아니다. 편관(偏官)도 식신제살(食神制殺)·권인상정(權刃相停)·살인상생(殺印相生) 등으로 중화되면 길성(吉星)이 된다.

- 남자사주에서 정편관(正偏官)이 혼잡되면 정(正)자녀와 편(偏)자녀가 혼잡된 형상이니, 본처와 소실에서 자식을 둔다.
- 여자사주에서 정편관(正偏官)이 혼잡되었는데 제(制)하는 것이 약하면, 남편이 많은 형상으로 두세 번 결혼하는 경우가 있고, 심하면 창녀가 되기도 한다.

5. 재성(財星) : 정재(正財)·편재(偏財)

(1) 정재(正財)

정재(正財)는 정당한 재물을 뜻하고, 육친으로는 본처로 본다. 그러나 아무리 좋은 재물이라도 사주가 잘못 배정되어 재다신약(財多身弱)이면, 재물복과 아내복이 있더라도 가난뱅이가 되어 아내에게 쥐어 살고, 재성(財星)이 생살(生殺)하니 아내로 인한 화를 면하기 어렵다.

- 년월(年月)에 재(財)가 있으면 부유한 가정에서 태어나 많은 유산을 상속받으나, 충파(沖破)가 되면 재산을 지키지 못한다.
- 재다신약(財多身弱)이면 부부가 해로하기 어렵고, 설령 같이 산다해도 문제가 많다.
- 정재(正財)가 제왕(帝旺)이 되면 아내가 가권을 쥐고, 관성(官星)이 있으면 공처가가 된다.
- 정재(正財)가 묘고(墓庫)에 있으면 인색하다.
- 여자사주에서 재성(財星)이 용신(用神)이면 볼수록 미인이다.
- 정재(正財)는 인수(印綬)를 극상(剋傷)하고, 인수(印綬)는 친어머니·학문·명예 등을 나타내니, 사주에 재성(財星)이 많으면 친어머니에게 불리하고, 학문과 명예가 중단된다.
- 여자사주에 재(財)가 많으면 부자가 되기 어렵고, 재(財)가 생관(生官)하니 쓸모없는 남자만 따라 열명 중 아홉은 천해진다.

(2) 편재(偏財)

정재(正財)가 음양(陰陽)이 중정지제(中正之制)된 것이라면, 편재(偏財)는 음(陰)과 음(陰), 양(陽)과 양(陽)으로 편극(偏剋)된 것이다. 정재(正財)가 정처(正妻)라면, 편재(偏財)는 편처(偏妻)로 첩이나 애인 등으로 본다. 정재(正財)가 정당한 재물이라면, 편재(偏財)

는 투기·밀수·도박·고리대금 등으로 얻은 재물이다.

- 남자사주에서 재(財)와 인수(印綬)가 서로 싸우면 어머니와 아내 사이에 불화가 그칠날이 없다.
- 남자사주에서 정재(正財)가 득위(得位)하면 아내가 첩을 용납하지 않고, 편재(偏財)가 득위(得位)하면 첩이 가권을 잡는다.
- 정재(正財)가 충파(沖破)되지 않으면 관(官)을 생(生)하여 귀하게 된다.
- 신주(身主)가 왕성하고 재성(財星)이 생왕(生旺)하면 녹위(祿位)가 점점 커진다.
- 편재격(偏財格) 사주가 신왕(身旺)하면 영웅호걸이나, 비겁(比劫)이 침입하지 않아야 복록이 높다.

10장. 생극제화(生剋制化)와 희기(喜忌)

1. 신(身)이 왕성하면 관살(官殺)을 기뻐한다.

(1) 금왕득화(金旺得火) 방성기명(方成器皿)

 금(金)이 왕성하면 화(火)를 얻어야 다듬어져 기물을 이룬다.

(2) 화왕득수(火旺得水) 방성상제(方成相濟)

 화(火)가 왕성하면 수(水)를 얻어야 가뭄의 단비격으로 만물이 성장한다.

(3) 수왕득토(水旺得土) 방성지소(方成池沼)

 수(水)가 왕성하면 토(土)를 얻어야 홍수를 막고 저수지와 댐을 건설한다.

(4) 토왕득목(土旺得木) 방성소통(方成疏通)

토(土)가 왕성하면 목(木)을 얻어야 소통시키고, 산이 크면 나무를 심어야 울창한 숲을 이루어 임산물을 얻는다.

(5) 목왕득금(木旺得金) 방성동량(方成棟樑)

목(木)이 왕성하면 금(金)을 얻어야 목재를 얻는다.

2. 지나치게 많으면 오히려 해롭다.

(1) 금뢰토생(金賴土生) 토다금매(土多金埋)

금(金)은 토(土)를 의지하여 생출(生出)되나, 토(土)가 많으면 금(金)은 오히려 흙에 묻혀 빛을 보지 못한다.

(2) 토뢰화생(土賴火生) 화다토조(火多土燥)

토(土)는 화(火)에게 의지하여 생출(生出)되나, 화(火)가 강하면 토(土)는 오히려 말라붙는다.

(3) 화뢰목생(火賴木生) 목다화식(木多火熄)

화(火)는 목(木)에 의지하여 생출(生出)되나, 목(木)이 지나치게 왕성하면 오히려 불이 꺼진다.

(4) 목뢰수생(木賴水生) 수다목표(水多木漂)

목(木)은 수(水)에 의지하여 생출(生出)되나, 수(水)가 많으면 나무는 오히려 물에 떠내려 간다.

(5) 수뢰금생(水賴金生) 금다수탁(金多水濁)

수(水)는 금(金)을 의지하여 생출(生出)되나, 금(金)이 많으면 수(水)가 범람하니 오히려 탁해진다.

3. 내가 너무 생(生)하면 오히려 해롭다.

(1) 금능생수(金能生數) 수다금침(水多金沈)

금(金)은 능히 수(水)를 생(生)하나, 수(水)가 너무 왕성하면 금(金)은 오히려 물에 잠긴다.

(2) 수능생목(水能生木) 목성수축(木盛水縮)

수(水)는 능히 목(木)을 생(生)하나, 목(木)이 너무 왕성하면 수(水)는 오히려 줄어든다.

(3) 목능생화(木能生火) 화다목분(火多木焚)

목(木)은 능히 화(火)를 생(生)하나, 화(火)가 너무 왕성하면 목(木)은 오히려 불에 타 없어진다.

(4) 화능생토(火能生土) 토다화식(土多火熄)

화(火)는 능히 토(土)를 생(生)하나, 토(土)가 너무 왕성하면 화(火)는 오히려 꺼진다.

(5) 토능생금(土能生金) 금다토변(金多土變)

토(土)는 능히 금(金)을 생(生)하나, 금(金)이 너무 왕성하면 토

(土)는 오히려 변색된다.

4. 섣불리 치면 오히려 상한다.

(1) 금능극목(金能剋木) 목견금결(木堅金缺)

금(金)은 능히 목(木)을 극(剋)하나, 목(木)이 너무 왕성하면 오히려 금(金)이 이지러진다.

(2) 목능극토(木能剋土) 토중목절(土重木折)

목(木)은 능히 토(土)를 극하나, 토(土)가 너무 왕성하면 오히려 목(木)이 부러진다.

(3) 토능극수(土能剋水) 수다토류(水多土流)

토(土)는 능히 수(水)를 극(剋)하나, 수(水)가 너무 왕성하면 오히려 토(土)가 물에 떠내려 간다.

(4) 수능극화(水能剋火) 화염수열(火焰水熱)

수(水)는 능히 화(火)를 극(剋)하나, 화(火)가 너무 왕성하면 오히려 수(水)가 끓는다.

(5) 화능극금(火能剋金) 금다화식(金多火熄)

화(火)는 능히 금(金)을 극(剋)하나, 금(金)이 너무 왕성하면 오히려 화(火)가 꺼진다.

5. 적당히 생(生)해야 자신을 보전한다.

- 강왕(强旺)한 금신(金神)은 수(水)를 만나야 날카로움을 꺾을 수 있으니 길하다.
- 강왕(强旺)한 수신(水神)은 목(木)을 만나야 왕성한 세력을 설하여 귀하게 된다.
- 강왕(强旺)한 목신(木神)은 화(火)를 만나야 완강함을 풀어주어 귀하게 된다.
- 강왕(强旺)한 화신(火神)은 토(土)를 만나야 화염을 악화시켜 길하다.
- 강왕(强旺)한 토신(土神)을 금(金)을 생(生)해야 해를 방지하여 이롭다.

6. 자신이 약할 때 강한 적을 만나면 소멸된다.

- 약한 금(金)이 화(火)가 왕성하면 금(金)이 녹아 소멸된다.
- 약한 수(水)가 토(土)가 왕성하면 수(水)가 끊어져 두절된다.
- 약한 화(火)가 수(水)가 왕성하면 화(火)는 질식한다.
- 약한 토(土)가 목(木)이 왕성하면 토(土)는 붕괴된다.
- 약한 목(木)이 금(金)이 왕성하면 목(木)이 깎여 쓸모없어진다.

이상으로 명리학(命理學)의 기초편을 끝낸다. 앞에서 설명한 신살(神殺)과 육친(六親), 십이지(十二支), 왕상휴수사법(旺相休囚死法), 오행(五行)의 생극제화(生剋制化)와 희기(喜忌) 등은 매우 중요한 것이니 반드시 숙지하기 바란다.

 이것은 부귀와 빈천, 부모의 정도, 처첩의 행실, 며느리와 딸의 품행, 처녀·총각·미망인 등의 부정임신, 축첩, 음독자살 관계 등 모든 비밀의 조화가 여기에 있다. 따라서 다시 한 번 정독하여 간명하는데 오류를 범하는 일이 없도록 해야 한다.

Ⅱ부. 실습편

1장. 오행론(五行論)

1. 오행(五行)의 성격

목(木)·화(火)·금(金)·수(水)를 사상(四象)이라 하고, 이 사상(四象)을 떠받치고 있는 토(土)를 만물의 어머니라 하고, 이 사상(四象)과 만유의 어머니인 토(土)를 합하여 오행(五行)이라 한다. 토(土)는 사상(四象)과 같이 일정한 계절과 방위를 갖고 있지는 않지만 사상(四象)과 계절, 방위 등의 중간 역할자로 대단히 중요하다. 그리고 사주는 이 오행(五行)의 이합집산의 변화작용을 관찰하는 것이 핵심이니, 오행(五行)의 근본을 정확하게 파악하는 것이 사주를 연구하고 이해하는데 선행조건이다.

(1) 갑목(甲木)

양목(陽木)으로 대림목(大林木)이다. 원목·송목·고목·목재·사목·큰나무·동량목·종자 등이다. 인체로는 머리와 쓸개에 해당한다. 인목(寅木)도 갑목(甲木)과 같이 본다.

(2) 을목(乙木)

음목(陰木)으로 활목(活木)이다. 화초목·넝쿨·일년초·작은나무·채소 등이다. 인체로는 목과 간에 해당한다. 묘목(卯木)도 을목(乙木)과 같이 본다.

(3) 병화(丙火)

양화(陽火)로 태양의 불이다. 밝은 불·큰불·허황·허풍·뇌화 등이다. 인체로는 어깨와 소장에 해당한다. 사화(巳火)도 병화(丙火)와 같이 본다.

(4) 정화(丁火)

음화(陰火)로 인위적인 불이다. 등촉불·산소불·촛불·용광로 등이다. 인체로는 심장과 얼굴에 해당한다. 오화(午火)도 정화(丁火)와 같이 본다.

(5) 무토(戊土)

양토(陽土)로 성원토(城垣土)이다. 큰 흙더미·태산·산야·제방 등이다. 인체로는 갈비와 위장에 해당한다. 진술토(辰戌土)도 무토(戊土)와 같이 본다.

(6) 기토(己土)

음토(陰土)로 전원의 흙이다. 옥토·화분의 흙·도자기·야산 등이다. 인체로는 배와 지라에 해당한다. 축미토(丑未土)도 기토(己土)와 같이 본다.

(7) 경금(庚金)

양금(陽金)으로 검극의 쇠이다. 큰 고철덩어리·총칼의 무기 등이다. 인체로는 배꼽과 대장이다. 신금(申金)도 경금(庚金)과 같이 본다.

(8) 신금(辛金)

음금(陰金)으로 주옥의 금이다. 보석·침·바늘·수저·부드러운철·면도칼 등이다. 인체로는 다리와 폐에 해당한다. 유금(酉金)도 신금(辛金)과 같이 본다.

(9) 임수(壬水)

양수(陽水)로 강호의 큰 물이다. 대해수·바닷물·큰물·강물·우불불 등이다. 인체로느 방광과 종아리에 해당한디. 해수(亥水)도 임수(壬水)와 같이 본다.

(10) 계수(癸水)

음수(陰水)로 우로의 물이다. 작은물·이슬비·눈물·음천·샘물·시냇물·진액 등이다. 인체로는 콩팥과 발이다. 자수(子水)도 계수(癸水)와 같이 본다.

五行屬性表

天干	甲乙	丙丁	戊己	庚辛	壬癸
地支	寅卯	巳午	戊辰丑未	申酉	亥子
數理	3, 8	7, 2	5, 10	9, 4	1, 6
方位	東	南	中央	西	北
五行	木	火	土	金	水
五色	靑	赤	黃	白	黑
季節	春	夏	四季	秋	冬
五常	仁	禮	信	義	知
五臟	간장	심장	비장	폐	신장
五味	酸	苦	甘	辛	鹹
五獸	靑龍	朱雀	句陣騰蛇	白虎	玄武
五神	靑帝	赤帝	黃帝	白帝	黑帝
五音	角音	緻音	宮音	商音	羽音
五精	喜	樂	欲	怒	哀

※ 암기법

- 갑을인묘(甲乙寅卯)는 3·8 동방(東方) 목(木)으로 청춘인간(靑春仁肝)이다.

- 병정사오(丙丁巳午)는 2·7 남방(南方) 화(火)로 적하예심(赤夏禮心)이다.

- 무기진술축미(戊己辰戌丑未)는 5·10 중앙 토(土)로 사계황신비(四季黃信脾)이다.

- 경신신유(庚辛申酉)는 4·9 서방(西方) 금(金)으로 백추의폐(白秋義肺)이다.

- 임계해자(壬癸亥子)는 1·6 북방(北方) 수(水)로 흑동지신(黑冬智腎)이다.

※ 양천간(陽天干)

양천간(陽天干)은 남성적인 성격으로 강하며 독립적이다. 곤궁함을 표현하지 않으며 다른 세력을 따르지 않는다고 하여, 양간(陽干)은 종기부종세(從氣不從勢)라고 한다.

※ 음천간(陰天干)

음천간(陰天干)은 여성적인 성격으로, 유약하며 독립적이지 못하다. 다른 세력에 따른다고 하여 음간(陰干)은 종세부정의(從勢不情義)라고 한다.

2. 오행(五行)의 상(象)

- 갑목(甲木) : 대림목(大林木)으로 땅을 파고드니 쟁기·경운기·종자·쓸개로 본다.
- 을목(乙木) : 활목(活木)으로 초목·넝쿨·감는다·간·실·뱀장어·비서 등으로 본다.
- 병화(丙火) : 태양·용광로·소장으로 본다.
- 정화(丁火) : 인위적인 불로 등촉·촛불·용광로·심장·신기(神氣)로 본다.
- 무토(戊土) : 성원토(城垣土)로 태산·제방·위장으로 본다.
- 기토(己土) : 전원토로 야산·비장으로 본다.
- 경금(庚金) : 강철·고철·대장으로 본다.
- 신금(辛金) : 주옥·연철·폐로 본다.
- 임수(壬水) : 강호·방광으로 본다.
- 계수(癸水) : 비·이슬·콩팥으로 본다.

3. 오행(五行)의 병(病)

- 목(木) : 간·담장계통
- 화(火) : 심장·소장계통
- 토(土) : 위장계통
- 금(金) : 폐·대장계통
- 수(水) : 방광·신장계통

■ 목화(木火)가 용신(用神)이면 간장과 심장이 튼튼하다.

■ 토금(土金)이 용신(用神)이면 장과 폐가 튼튼하다.

■ 수목(水木)이 용신(用神)이면 신장과 간장이 튼튼하다.

2장. 사주의 정립

　지금까지 사주추명학(四住推命學)을 탐구하는데 필요한 기초적인 부분들을 살펴보았다. 앞에서 설명했지만 기본법부터 다시 복습하기로 한다.

1. 사주 정하는 법

　예를 들어 남자가 1935년 음력 5월 3일 묘(卯)시에 태어났으면 다음과 같다.

(1) 년주(年柱)

　만세력에서 1935년을 찾아보니 태세(太歲)가 을해(乙亥)년이다. 따라서 년주(年柱)는 을해(乙亥)가 된다.

(2) 월주(月柱)

만세력에 음력 5월은 임오(壬午)월로 되어 있으나, 앞에서 공부한 십이지(十二支) 배절표에 따르면 5월 3일은 5월절인 망종(芒種) 4일 전으로, 5월이 아니라 입하절(立夏節)인 4월에 해당한다. 따라서 4월의 월건(月建)인 신사(辛巳)가 월주(月柱)가 된다. 이처럼 절입(節入)을 기준으로 월주(月柱)를 세우면 된다.

(3) 일주(日柱)

만세력에서 1935년 음력 5월 3일의 일진(日辰)을 찾아보니 경술(庚戌)일이다. 따라서 일주(日柱)는 경술(庚戌)이 된다.

(4) 시주(時柱)

앞에서 설명한 시주(時柱) 세우는 법에 따르면 묘(卯)시생은 을경(乙庚) 야반(夜半) 병자(丙子)시가 된다. 따라서 병자(丙子)에서 정축(丁丑)·무인(戊寅)·기묘(己卯)로 순행(順行)하니 시주(時柱)는 기묘(己卯)가 된다.

사주를 세울 때는 년월일시(年月日時) 순으로 오른쪽에서 왼쪽으로 횡서한다고 했다. 정립된 사주에 오행(五行)과 각종 신살(神殺)·형충파해(刑沖破害)·육친(六親) 등을 붙여가면서 어떻게 작용하는가를 연구하기 바란다.

2. 대운(大運) 정하는 법

앞에서 사주를 정립하는 방법을 익혔다. 사주의 4기둥은 선천적인 운명으로 대운(大運)에서 길운(吉運)을 만나야 길하다. 대운(大運)은 생월(生月)의 간지(干支)를 기준으로 정한다.

- 년천간(年天干)이 양(陽)인 남자와 음(陰)인 여자는 생월(生月)에서 순행(順行)하며 미래절이다.
- 년천간(年天干)이 음(陰)인 남자와 양(陽)인 여자는 생월(生月)에서 역행(逆行)하며 과거절이다.
- 양남(陽男)은 년천간(年天干)이 양(陽)인 남자로 갑병무경임(甲丙戊庚壬)년생이다.
- 음녀(陰女)는 년천간(年天干)이 음(陰)인 여자로 을정기신계(乙丁己辛癸)년생이다.
- 음남(陰男)은 년천간(年天干)이 음(陰)인 남자로 을정기신계(乙丁己辛癸)년생이다.
- 양녀(陽女)는 년천간(年天干)이 양(陽)인 여자로 갑병무경임(甲丙戊庚壬)년생이다.
- 순행(順行)은 무신(戊申)월생이면 무신(戊申)월에서 기유(己酉)·경술(庚戌)·신해(辛亥)·임자(壬子) 식으로 가는 것이다.
- 역행(逆行)은 갑자(甲子)월생인 경우 계해(癸亥)·임술(壬戌)·신유(辛酉)·경신(庚申)·기미(己未)로 가는 것을 말한다. 육십갑자(六十甲子)의 순서를 암기하기 바란다.
- 남명(男命)은 양(陽)사주로 신강(身强)해야 길하다.

■ 여명(女命)은 음(陰)사주로 신약(身弱)해야 길하다.

(1) 양남(陽男)은 생월(生月)에서 순행(順行)한다.

■ 건명(乾命) 1962년 음력 7월 27일 오(午)시생

★

```
甲 丙 戊 壬      四
午 申 申 寅      柱


甲 癸 壬 辛 庚 己      大
寅 丑 子 亥 戌 酉      運
54 44 34 24 14  4
```

이 사주는 임인(壬寅)생으로 년천간(年天干)이 양(陽)이니 양(陽)
사주이다. 따라서 대운(大運)은 생월(生月)인 무신(戊申)에서 기유
(己酉)·경술(庚戌)·신해(申亥)·임자(壬子)·계축(癸丑)·갑인
(甲寅)으로 순행(順行)하며 대운(大運)은 위와 같다.

(2) 음녀(陰女)는 생월(生月)에서 순행(順行)한다.

■ 곤명(坤命) 1959년 음력 11월 7일 인(寅)시생

★

```
壬 壬 乙 己      四
寅 戌 亥 亥      柱
```

辛 庚 己 戊 丁 丙　　大

巳 辰 卯 寅 丑 子　　運

51 41 31 21 11　1

이 사주는 기해(己亥)생으로 년천간(年天干)이 음(陰)이니 음(陰) 사주이다. 따라서 대운(大運)은 생월(生月)인 을해(乙亥)에서 병자 (丙子)·정축(丁丑)·무인(戊寅)·기묘(己卯)·경진(庚辰)·신사 (辛巳)로 순행(順行)하며 대운(大運)은 위와 같다.

(3) 음남(陰男)은 생월(生月)에서 역행(逆行)한다.

■ 건명(乾命) 1965년 음력 4월 5일 명자(明子)시생

★

甲 己 庚 乙　　四

子 未 辰 巳　　柱

甲 乙 丙 丁 戊 己　　大

戌 亥 子 丑 寅 卯　　運

60 50 40 30 20 10

이 사주는 남명(男命)으로 음(陰)사주이다. 따라서 대운(大運)은 생월(生月)인 경진(庚辰)월에서 기묘(己卯)·무인(戊寅)·정축(丁 丑)·병자(丙子)·을해(乙亥)·갑술(甲戌)로 역행(逆行)하며 대운 (大運)은 위와 같다.

(4) 양녀(陽女)는 생월(生月)에서 역행(逆行)한다.

■ 곤명(坤命) 1966년 음력 9월 3일 해(亥)시생

★

癸 戊 戊 丙　　四

亥 申 戌 午　　柱

壬 癸 甲 乙 丙 丁　　大

辰 巳 午 未 申 酉　　運

52 42 32 22 12 2

이 사주는 여명(女命)으로 양(陽)사주이다. 따라서 대운(大運)은 생월(生月)인 무술(戊戌)월에서 정유(丁酉)·병신(丙申)·을미(乙未)·갑오(甲午)·계사(癸巳)·임진(壬辰)으로 역행(逆行)하며 대운(大運)은 위와 같다.

3. 대운수(大運數) 계산하는 법

■ 양남음녀(陽男陰女)는 생일(生日)로부터 순행(順行), 다음달 절입(節入)하는 날까지의 일수를 계산하여 3으로 나눈다. 이것을 양남음녀(陽男陰女)는 미래절이라고 하는 것이다.

■ 음남양녀(陰男陽女)는 생일(生日)로부터 역행(逆行), 그달 절입(節入)하는 날까지를 계산하여 3으로 나눈다. 이것을 음남양녀(陰男陽女)는 과거절이라고 하는 것이다.

■ 이와 같이 계산한 총 일수에서 1을 뺀 뒤 3으로 나눈 정수를 쓰
  는데, 1일이 남으면 버리고 2일이 남으면 3으로 나눈 정수에 1을
  더한다.

(1) 양남(陽男)의 경우

■ 건명(乾命) 1996년 음력 5월 26일 진(辰)시생

戊 己 乙 丙　　四
辰 酉 未 子　　柱

辛 庚 己 戊 丁 丙　　大
丑 子 亥 戌 酉 申　　運
59 49 39 29 19 9

　양남(陽男)은 순행(順行)하며 미래절이다. 따라서 5월생이라도 6월
절인 소서(小暑)가 생일(生日) 4일 전인 22일에 들었으니 6월생이
다. 따라서 생일(生日)에서 미래절인 입추(立秋)까지 계산하면 총
일수는 28일이 된다. 이 총일수인 28에서 1을 빼면 정수(正數)는 27
이 되고, 27을 다시 3으로 나누면 9가 남으니, 대운수(大運數)는 9가
된다.

(2) 양녀(陽女)의 경우

■ 곤명(坤命) 1994년 음력 5월 27일 사(巳)시생

乙 壬 庚 甲　　四
巳 辰 午 戌　　柱

甲 乙 丙 丁 戊 己　　大

子 丑 寅 卯 辰 巳　　運

60 50 40 30 20 10

양녀(陽女)는 역행(逆行)하며 과거절이다. 따라서 생일(生日)인 27일에서 과거절인 4월 27일 망종(芒種)까지를 계산하니 총일수가 30일이 된다. 이 총일수인 30에서 1을 빼면 29가 되고, 29를 3으로 나누면 9가 되면서 2가 남는다. 1이 남으면 버리고 2가 남으면 1을 더하라고 했다. 9에다 1을 더하면 정수(正數)는 10으로 이 사주의 대운수(大運數)는 10이 된다.

이제 사주 정하는 법과 대운(大運) 정하는 법, 행운세수(行運歲數) 계산하는 법을 모두 설명했으니 충분히 연습하기 바란다.

3장. 일주강약법(日柱强弱法)

옛글에서 말하기를 운명의 길함과 흉함은 사주의 강약에 달려 있다고 했다. 비겁(比劫)과 인수(印綬)는 일주(日柱)를 돕는 것으로 방조신(幇助神) 또는 생조신(生助神)이라 하고, 식상(食傷)과 재관(財官)은 일주(日柱)의 힘을 빼는 것으로 설상신(泄傷神) 또는 설기신(泄氣神)이라 한다.

일주(日柱)를 돕는 인비(印比)가 많으면 신강(身强)사주이고, 일주(日柱)의 힘을 빼는 재관식(財官食)이 많으면 신약(身弱)사주로 보기 쉬우나 항상 그런 것은 아니다. 일간(日干)을 중심으로 돕는 자와 힘을 빼는 자를 저울질 하듯이 구분할 줄 알아야 한다.

천삼비(天三比)는 불여일지(不如一支)라는 말이 있다. 이것은 비겁(比劫)이 천간(天干)에 3개 있는 것이나 지지(地支)에 1개 있는 것이나 그 힘이 같다는 말이다. 천간(天干) 보다 지지(地支)의 세력이 더 크고, 다른 지(支)보다 일지(日支)의 힘이 더 크고, 일지(日

支)보다 월지(月支)의 힘이 몇 배 더 강하는 뜻이다. 형충파(刑沖破)를 당하면 세력을 잃고, 합(合)이 되는 오행(五行) 등을 더하여 강약을 구분하는데 응용할 줄 알아야 한다.

일주(日柱)는 신주(身主), 다시 말해 생일(生日)의 천간(天干)을 말하며, 기신(己身)・아신(我身)・명주(命主)・일원(日元)・일신(日身)이라고도 한다. 일간(日干)은 사주 중에서 가장 중요하다. 모든 생극제화(生剋制化)가 일간(日干)을 중심으로 시작되기 때문이다. 삼각점의 표준기점으로 시작의 중심점이 된다.

일주(日柱)는 사람으로 말하면 몸이며 생명이기 때문에 신주(身主) 또는 명주(命主)라고 하는 것이다. 내몸이 건강해야 건전한 정신과 추진력으로 사물을 얻을 수 있다. 그렇지 않고 쇠약하다면 의욕이 없어 만사에 지장이 많다.

만일 재물이 많으면 신왕재왕(身旺財旺)해야 부자가 된다. 그렇지 않고 재다신약(財多身弱)이 되면 가난을 면하기 어렵다. 또 관살(官殺)이 많아도 신왕관왕(身旺官旺)이면 귀명(貴命)이 되지만, 일주(日柱)가 약하여 신쇠관왕(身衰官旺)이 되면 패망하기 쉽다.

- 신왕재왕(身旺財旺)이면 부자의 명이다.
- 재다신약(財多身弱)이면 가난한 명이다.
- 신왕관왕(身旺官旺)이면 귀한 명이다.
- 신쇠관왕(身衰官旺)이면 패망한다.

지금부터 사주에서 가장 중요하다는 일주(日柱)를 더 자세하게 살펴보기로 한다. 매우 복잡하다고 생각할 수 있으나, 따시고 보면 득령(得令)·득세(得勢)·득지(得地)의 3가지 원칙에 불과하니 차분하게 익히기 바란다.

1. 일주강약(日主强弱) 3원칙

1. 득령(得令)

득령(得令)은 일간(日干)에서 월령(月令)을 보아 그 월(月)의 기(氣)을 얻었다는 뜻이다. 월지(月支)는 월령(月令) 또는 시절(時節)이라고도 하고, 득령(得令)은 득시(得時) 또는 득시절(得時節)이라고도 한다. 여기서 주의할 점은 득시(得時)를 직역하여 좋은 시간을 얻었다는 뜻으로 알면 안된다. 득령(得令)이나 득시(得時)는 왕상휴수사법(旺相休囚死法)의 왕상(旺相)월생에 해당하고, 육친으로는 비견(比肩)월생과 겁재(劫財)월생이 된다. 득령(得令)이나 득시(得時)는 다음과 같은 경우에 이루어지고, 신왕(身旺)사주로 본다.

- 갑을일주(甲乙日柱)의 월지(月支)가 인묘(寅卯)월이면.
- 병정일주(丙丁日柱)의 월지(月支)가 사오(巳午)월이면.
- 무기일주(戊己日柱)의 월지(月支)가 진술축미(辰戌丑未)월이면.
- 경신일주(庚辛日柱)의 월주(月柱)가 신유(申酉)월이면.
- 임계일주(壬癸日柱)의 월주(月柱)가 해자(亥子)월이면.

여기에 해당하지 않으면 실령(失令) 또는 실지(失地)라 하여 신약

(身弱)사주로 본다. 그러나 실령(失令)하고도 사주에 따라 신강(身強)사주가 되는 경우도 있으니 주의해야 한다. 만일 월령(月令)에서 기(氣)를 얻어 왕상(旺相)하면 왕(旺)으로 보고, 월령(月令)에서 기(氣)를 잃어 휴수사(休囚死)가 되면 신약(身弱)사주로 본다.

2. 득세(得勢)

득세(得勢)는 일주(日柱) 천간(天干)이 생조(生助)를 많이 받는 것을 말한다. 생조(生助)의 생(生)은 인수(印綬)이고, 조(助)는 비겁(比劫)으로 인비(印比)의 도움을 받는다는 뜻이다. 득세(得勢)는 다음과 같은 경우에 이루어진다.

- 갑을일주(甲乙日柱)가 수목(水木)의 생조(生助)를 받으면.
- 병정일주(丙丁日柱)가 목화(木火)의 생조(生助)를 받으면.
- 무기일주(戊己日柱)가 화토(火土)의 생조(生助)를 받으면.
- 경신일주(庚辛日柱)가 토금(土金)의 생조(生助)를 받으면.
- 임계일주(壬癸日柱)가 금수(金水)의 생조(生助)를 받으면.

3. 득지(得地)

득지(得地)는 일간(日干)을 위주로 한 지지(地支) 포태법(胞胎法)으로, 장생(長生)·건록(建祿)·제왕(帝旺)·묘고(墓庫)를 만나는 것을 말한다. 장생(長生)·건록(建祿)·제왕(帝旺)·묘고(墓庫) 등이 지지(地支)에 있으면 왕성함을 얻었다 하여 득지(得地), 기운을 얻었다 하여 득기(得氣), 땅에 발을 붙였다 하여 착지(着地)·착근(着根)·유근(有根)·통근(通根)이라고도 하며 신왕(身旺)사주로 본다. 그렇지 않으면 실지(失地)·무근(無根)·무기(無氣)라 하여 신약(身弱)사주로 본다. 득지(得地)는 천간(天干) 오행(五行)의 동기(同氣)가 지지(地支)에 암장(暗藏)되어 있다는 뜻이니, 지장간(支藏干)을 암기하여 적용하면 쉽게 판단할 수 있을 것이다. 득지(得地)는 다음과 같은 경우에 이루어진다.

- 갑을일주(甲乙日柱)가 인묘진해미(寅卯辰亥未)가 있으면.
- 병정일주(丙丁日柱)가 사오미인술(巳午未寅戌)이 있으면.
- 무기(戊己)일주(日柱)가 진술축미인사(辰戌丑未寅巳)가 있으면.
- 경신일주(庚辛日柱)가 신유술사축(申酉戌巳丑)이 있으면.
- 임계일주(壬癸日柱)가 해자축신진(亥子丑申辰)이 있으면.

이상으로 지금까지 설명한 득령(得令)·득세(得勢)·득지(得地)를 모두 얻은 사주를 최강명(最强命)이라 하고, 실령(失令)·실세·실지(失地)를 모두 얻은 사주는 최약명(最弱命)이라 한다. 신왕(身旺)은 다시 극왕(極旺)·중왕(中旺)·소왕(小旺)으로 나누고, 신약(身弱)은 극쇠(極衰)·중쇠(中衰)·소쇠(小衰)로 나눈다. 그리고 왕(旺)은 강하고 쇠는 약이므로 최강(最强)·중강(中强)·소강(小强)·최약(最弱)·중약(中弱)·소약(小弱)이라고도 한다. 이것을 사주강약(四柱强弱) 분별지육(分別之六) 원칙이라고도 한다. 그러나 어떤 것을 택해도 무방하다.

2. 일주강약(日柱强弱) 6원칙

1. 최강(最强)

사주에 득령(得令)·득세(得勢)·득지(得地)를 모두 갖추고 있으면 최강명(最强命)이라고 한다.

乙 甲 己 乙　　四
亥 子 卯 亥　　柱

長 沐 帝 長
生 浴 旺 生

이 사주는 묘(卯)월에 득령(得令)하고, 년월일시(年月日時)에 모두 인비(印比)로 득세(得勢)했고, 장생(長生)과 제왕(帝旺)으로 득지(得地)했으니, 득령(得令)·득세(得勢)·득지(得地)인 삼왕(三旺) 조건을 모두 갖추어 극왕(極旺) 또는 최강(最强)사주에 해당한다. 종왕격(從旺格)으로 용신(用神)은 왕성한 것을 순종해야 하므로 수목(水木)이 된다. 따라서 수목운(水木運)은 대길하나 토운(土運)은 군비쟁재(群比爭財)가 되어 손재·상처(喪妻)·극부(剋父) 등이 따르고, 재생관(財生官)으로 관재구설이 따른다.

2. 중강(中强)

사주에 득령(得令)·득세(得勢)·득지(得地) 중 2가지가 있거나,

득지(得地)는 없어도 득령(得令)과 득세(得勢)를 갖춘 경우이다.

```
甲 辛 辛 戊    四

午 巳 酉 戌    柱

病 死 建 冠
        綠 帶
殺 官 比 印
```

이 사주는 유(酉)월에 득령(得令)했고, 년월(年月)에 인비(印比)로
득세(得勢)했다. 그러나 일(日)과 시(時)로 병사지(病死地)가 되고,
사유술(巳酉戌)로 금국(金局)을 이루어 득지(得地)가 되어 중강(中
强)사주에 해당한다. 용신(用神)은 금(金)이 강하므로 강자의억법
(强者宜抑法)에 따라 시지(時支) 오화(午火)가 되고, 용신(用神)을
생(生)하는 것이 희신(喜神)이라고 했으니 시상(時上) 갑목(甲木)
이 희신(喜神)이 된다. 목화운(木火運)을 만나면 대길하다(巳酉半
合, 合官留殺).

3. 소강(小强)

사주에 득령(得令)·득세(得勢)·득지(得地) 중에서 하나가 있거
나, 득지(得地)와 득세(得勢)는 없어도 득령(得令)을 갖춘 경우를
말한다.

丁 癸 壬 丁　　四
巳 巳 子 巳　　柱

胎 胎 建 胎
　　　綠

자(子)월 계(癸)일생으로 득령(得令)은 했으나 금수(金水)의 생조(生助)를 많이 받지 못했고, 지지(地支) 태(胎)로 득지(得地)하지 못했고, 년일시(年日時)에서 재(財)를 만났으니 재다신약(財多身弱)이 되어 소강(小强)사주에 해당한다. 금수(金水)가 희용신(喜用神)이니 금수운(金水運)이 길하다.

4. 소약(小弱)

사주에 실령(失令)·실세(失勢)·실지(失地) 중에서 하나라도 있는 경우를 말한다.

壬 乙 乙 乙　　四
午 亥 酉 卯　　柱

을(乙)일생이 유(酉)월에 태어나 실령(失令)했으나, 년월일시(年月日時)에서 많은 인비(印比)의 방조(幫助)로 득세(得勢)했고, 지지(地支)의 해묘(亥卯)로 득지(得地)하여 소약(小弱)사주에 해당한다. 수목(水木)이 용신(用神)이니 대운(大運)에서 수목(水木)을 만나야 길하다.

5. 중약(中弱)

사주에 실령(失令) · 실세(失勢) · 실지(失地) 중에서 두 가지가 있는 경우를 말한다.

壬 丙 丙 甲　　四
辰 寅 子 子　　柱

이 사주는 자(子)월 병(丙)일생으로 실령(失令)했고, 년월지(年月支)에 자수(子水)가 있고 시상(時上)에 임수(壬水)가 있어 최약(最弱)인 것 같다. 그러나 다행히도 년상(年上) 갑목(甲木)이 일지(日支) 인목(寅木)에 착근(着根)하고, 인진(寅辰) 반목국(半木局)이 되어 일간(日干) 병화(丙火)를 생조(生助)하고, 일주(日柱) 인궁(寅宮)에 병화(丙火)가 장생(長生)으로 득지(得地)하여 중약(中弱)사주가 되었다. 용신(用神)은 목(木)이다. 천간(天干)의 화(火)가 쇠하고 지지(地支)의 수(水)가 왕성할 때는, 반드시 지지(地支)에서 목(木)을 얻어 지기(地氣)를 상승시키면 길하다. 이것을 승리법(升理法)이라고 한다.

6. 최약(最弱)

사주에 실령(失令) · 실세(失勢) · 실지(失地)를 모두 갖추고 있는 경우를 말한다.

己 甲 乙 庚　　四
巳 午 酉 申　　柱
病 死 胎 絶

　이 사주는 유(酉)월 갑목(甲木)일생으로 실령(失令)했고, 많은 관
살(官殺)로 설기(泄氣)되었고, 무인무조(無印無助)로 실세(失勢)했
고, 지지(地支)의 년월(年月)에는 절태(絶胎)가 있으며 일시(日時)
에는 병사(病死)가 있어 통근(通根)하지 못했다. 최약(最弱)사주의
3대조건인 실령(失令)·실세(失勢)·실지(失地)를 모두 갖추었다.
태쇠의상(太衰宜傷)으로 관살(官殺)로 용신(用神)을 삼는 특별한
경우가 되어 용신(用神)은 금(金)이다. 토금운(土金運)이 대길하다.

　이상으로 설명한 것과 같이 최약(最弱)이나 최강(最强)사주는 편
중되어 좋지 않다. 그러나 최강(最强)사주라도 관살(官殺)이 잘 배
치되어 있거나 설기(泄氣)가 잘되면 좋아지는 경우가 있고, 최약
(最弱)사주라도 종살격(從殺格)·종재격(從財格)·종아격(從兒格)
을 이루면 좋은 경우가 있다. 따라서 일주(日柱)의 강약(强弱)을 구
분하는 6원칙이 왕상휴수사법(旺相休囚死法)에 비한다면 한층 구체
적이며 발전한 방법이기는 하지만 길흉을 판단하는데 절대적인 것
은 아니다.

3. 왕상휴수사법(旺相休囚死法)

왕상휴수사법(旺相休囚死法)은 일주(日柱)의 강약을 측정하는 법으로, 일주(日柱)의 천간(天干)과 생월(生月)을 비교하면서 본다.

旺 節	木	火	金	水	土	적요
季 節	春	夏	秋	冬	四季	
甲乙木	旺	休	死	相	囚	旺 比劫月生
丙丁火	相	旺	囚	死	休	相 印綬月生
戊己土	死	相	休	囚	旺	休 食傷月生
庚辛金	囚	死	旺	休	相	囚 財星月生
壬癸水	休	囚	相	旺	死	死 官星月生

- 생월(生月)과 일주(日柱)의 천간(天干)이 같은 비견(比肩)·겁재(劫財)월생이면 왕(旺)이라 한다.
- 생월(生月)이 일간(日干)을 생(生)하는 인수(印綬)월생이면 상(相)이라 한다.
- 일간(日干)이 생월(生月)을 생(生)하는 식상(食傷)월생이면 휴(休)라 한다.
- 일간(日干)이 생월(生月)을 극(剋)하는 정편재(正偏財)월생이면 수(囚)라 한다.
- 월지(月支)가 일간(日干)을 극(剋)하는 정편관(正偏官)월생이면 사(死)라 한다.

이중에서 왕상(旺相)을 득령(得令)이라 하고, 신강(身强) 또는 일주고강(日柱高强)이라 한다. 휴수사(休囚死)는 일주(日柱)가 설기 (泄氣)되니, 신약(身弱) 또는 일주쇠약(日柱衰弱)이라 한다. 그러나 신강(身强)과 신약(身弱)을 구분하는데 왕상휴수사법(旺相休囚死 法)만을 적용하는 것은 아니다. 다만 범주를 정할 때 없어서는 안 될 조건이니 참고하기 바란다.

4장. 육친(六親) 희기(喜忌)

1. 부모궁

■ 재인(財印)이 희신(喜神)이면 부모가 부귀한 사람이다.

■ 인성(印星)이 형충파해(刑沖破害)되면 부모에게 질병이나 불구, 고생이 따른다.

■ 년상(年上)에 상관(傷官)이 있으면 부모가 능력이 없고, 비겁(比劫)이 많은데 또 비겁운(比劫運)을 만나면 아버지를 극(剋)한다.

■ 재다신약(財多身弱) 사주가 재운(財運)을 만나면 어머니를 극(剋)한다.

2. 아내궁

사주에서 아내궁은 일지(日支)이고, 육친으로는 정재(正財)가 아내에 해당한다.

■ 재(財)가 용신(用神)이면 아내가 현숙하고, 좋은 내조로 점점 부

자가 된다.

- 재성(財星)이 형충파해(刑沖破害)되지 않으면 아내덕이 있다.
- 아내궁인 일지(日支)가 형충파해(刑沖破害)되면 아내와 생사별
  한다.
- 아내궁이 희신(喜神)이면 아내가 아름다우며 덕이 있고, 기신
  (忌神)이면 아내덕이 없으며 만사에 방해가 된다.
- 사주에 비겁(比劫)이 많으면 아내가 온전하기 어렵다.

3. 자녀궁

남자는 관살(官殺), 여자는 식상(食傷)이 자녀에 해당한다.

- 자성(子星)이 희신(喜神)이면 효자를 두고, 기신(忌神)이면 자식
  으로 인한 근심이 따른다.
- 사주에 목화(木火)의 양성(陽星)이 많으면 아들을 많이 두고, 금
  수(金水)의 음성(陰星)이 많으면 딸을 많이 둔다.
- 남자사주에서 자식인 관살(官殺)이 용신(用神)이면 자식 모두가
  유능하며 효자이다.
- 남녀 모두 자성(子星)이 형충파해(刑沖破害)되면 자식이 없거
  나, 있어도 없는 것과 같다. 만일 함께 살면 충돌이 많으니 떨어
  져 사는 것이 길하다.
- 사주에 화토(火土)가 왕성하면 화염토조(火焰土燥)한데, 이때
  수(水)가 없으면 사막에서 싹이 트지 않듯이 유산이나 자궁외
  임신 등으로 자식을 두기 어렵다.
- 사주에 금수(金水)가 왕성한데 화(火)가 없으면 찬 얼음판에서

싹이 트지 않듯이 자식을 두기 어렵다.

■ 남자가 신강(身强)사주인데 관살(官殺)이 왕성하면 자식이 많고, 신약(身弱)사주가 관살(官殺)이 왕성하면 자식을 적게 둔다.

■ 자식궁인 시지(時支)가 형충파해(刑沖破害)되거나 공망(空亡)되어도 자식이 무능하며 덕이 없다.

4. 형제궁

월지(月支)가 일주(日柱)를 생부(生扶)하면 형제가 있고 유능하다.

5. 부자 사주

■ 신왕관왕(身旺官旺)하면 귀한 사주이고, 신왕재왕(身旺財旺)하면 부자가 되는 사주이다.

■ 신왕관왕(身旺官旺)한데 재성(財星)이 관성(官星)을 생(生)하고, 비견(比肩)과 겁재(劫財)를 누르면 부자가 되는 사주이다.

■ 신약(身弱)사주라도 재(財)가 생관(生官)하고 관(官)이 생인(生印)하면 관인상생(官印相生)이 되어 출세하며 부자가 된다. 관인상생(官印相生)이란 관성(官星)이 인성(印星)을 생(生)하고, 인성(印星)이 일간(日干)을 생(生)하는 것을 말한다.

6. 장수하는 사주

■ 사주에 오행(五行)이 골고루 있으면 무병장수한다.

■ 사주에 형충파해(刑沖破害)가 없고 깨끗하면 무풍무고한다.

■ 신약(身弱)해도 인성(印星)이 유기(有氣)하면 무병장수한다.

■ 월지(月支)를 충(沖)하면 싹이 상하니 병고가 따르나, 행운(行

運)에서 희용신(喜用神)이 오면 회복된다.

7. 가난한 사주

■ 재다신약(財多身弱) 사주는 부옥빈민격(富屋貧民格)으로, 겉으로는 재산이 있는 것 같으나 가난하다.

■ 사주에 군비쟁재(群比爭財)가 있으면 가난하다.

8. 천한 사주

■ 부목지상(浮木之象)으로 유랑하는 사주는 천대를 받는다.

■ 비견(比肩)·겁재(劫財)가 많은데 관살(官殺)이 약하고, 재성(財星)이 없어 관(官)을 생(生)하지 못하면 천대를 받는다.

■ 신약(身弱)한데 재관(財官)이 왕성하면 가난 속에서 천대를 받는다.

9. 귀한 사주

■ 신강(身强)하여 상전(上典)에 종노릇을 하는 사주가 된다.

■ 재(財)를 만나 관성(官星)이 힘이 있으면 귀한 사주가 된다.

■ 재관인(財官印)의 삼기(三奇)를 만나면 귀한 사주가 된다.

■ 용신(用神)이 충극(沖剋)되지 않으면 귀한 사주가 된다.

■ 천간(天干)에서 재관(財官)이 연이어 나타나고 희용신(喜用神)이면 사해에 이름을 떨친다.

■ 편관(偏官)은 있는데 정관(正官)이 없으면 무관이나 정치가로 이름을 떨친다.

■ 지지(地支)에 재관(財官)이 있으면 중년부터 출세하고, 친간(天

干)에 재관(財官)이 있으면 초년부터 출세한다.

10. 음란한 사주

- 일주(日柱)는 왕성하고 관(官)은 약한데 재(財)가 없어 생관(生官)하지 못하면 남편이 무능하여 방탕해지기 쉽다.

- 관성(官星)은 약하고 재(財)는 없는데 식상(食傷)만 강하면, 교양없이 방탕해지기 쉽다.

- 식상(食傷)은 설기(泄氣)하는 성(星)으로 색정을 암시하니, 식상(食傷)이 많으면 호색음탕하다.

- 신약(身弱)사주가 인수(印綬)가 없거나 충(沖)되어 힘이 없으면, 미색을 갖추나 호색음탕하다.

- 신왕(身旺)사주가 인수(印綬)가 많으면, 관성(官星)이 모두 인수(印綬)로 변하니 해삼에 지푸라기격으로 남편이 허약하다.

- 식상(食傷)은 남편을 극(剋)하는 성(星)이니, 식상(食傷)이 많으면 남편이 없는 것과 같아 자식에게 의지해 살아간다.

5장. 여명(女命) 귀천법(貴賤法)

(1) 관성(官星)을 본다.

여자사주에서 관성(官星)이 이로우면 부귀하고, 관성(官星)이 불리하면 빈천하다. 관(官)이 이롭다는 것은 관성(官星)이 재성(財星)을 만나 생(生)을 받거나(財生官), 지지(地支)에서 장생(長生)이나 건록(建祿)을 만나 착근(着根)하고, 관성(官星)의 식신(食神)을 얻은 것을 말한다.

관(官)이 불리하다는 것은 관성(官星)이 식신(食神)이나 상관(傷官)을 만나 극(剋)을 받았거나(食剋官), 관성(官星)이 실령(失令)했거나, 병사묘절(病死墓絶)에 들어 관성(官星)이 무근(無根)이거나 실기(失氣)한 것을 말한다.

그리고 정관(正官)이 작용할 때는 편관(偏官)이 혼잡되지 않아야 하고, 편관(偏官)이 작용할 때는 정관(正官)이 혼잡되지 않아야 좋은 사주가 된다. 다시 말해 여자사주가 관살(官殺)이 혼잡되면 좋은 아내가 되기 어렵다.

(2) 식상(食傷)을 본다.

식상(食傷)의 유근(有根)과 무근(無根), 득령(得令)과 실령(失令), 지지(地支)의 장생(長生)과 건록(建綠)을 살핀다. 식상(食傷)이 득령(得令)하여 유근(有根)하고 유기(有氣)하면 자손에게 이롭고, 실령(失令)했거나 병사절태(病死絶胎)로 무근(無根)이거나 입묘(入墓)되었는데 구제하지 못하면 자손에게 불리하다.

(3) 자손궁을 본다.

식상(食傷)이 자손에 해당하니 식상(食傷)이 득령(得令)했거나 지지(地支)에서 장생(長生)이나 건록(建綠)을 얻으면 자손에게 이롭고, 식상(食傷)이 실령(失令)했거나 병사입묘(病死入墓)되었는데 구제되지 못하면 자손에게 불리하다.

만일 부성(夫星)과 자성(子星)이 모두 이로우면 평생을 행복하게 살지만, 불리하면 평생 곤욕스럽게 살아간다. 만일 부성(夫星)은 이롭고 자성(子星)은 불리하면 남편복은 있으나 자식덕이 없으니, 지금은 남편덕으로 잘 살아도 말년에는 빈천하게 된다. 만일 부성(夫星)은 불리하나 자성(子星)이 이로우면 지금은 고생스러워도 중년 이후에는 영화롭게 잘 살 수 있다.

이와 같이 여자사주에서는 대체적으로 관살(官殺) 혼잡을 꺼린다. 사주가 왕성하면 관살(官殺)이 두세 개 중첩되어 있어도 부귀할 수 있으나, 정관(正官)이라 해도 정관(正官)이 몰하여 무기(無氣)하면 부실하게 된다.

1. 귀한 여명(女命)

여자의 사주에서 남편에 해당하는 관성(官星)이 재(財)를 만나 생조(生助)되고, 지지(地支)에서 건록(建祿)이나 장생(長生)을 얻어 관성(官星)의 뿌리가 튼튼하고, 관성(官星)의 식신(食神)을 얻고, 사주 중에 형충파해(刑沖破害)와 괴살(魁殺)이 없으면 귀한 사주가 된다.

2. 천한 여명(女命)

여자의 사주에서 식상(食傷)이 관성(官星)을 극상(剋傷)하고, 그 관성(官星)이 실령(失令)하여 병사묘절(病死墓絶)에 들어 실기(失氣)하고, 괴강살이나 양인살(羊刃殺)이 중첩되어 있고, 관살(官殺)이 혼잡되어 있으면 천한 사주가 된다.

3. 자손에게 이로운 여명(女命)

여자의 사주에서 식신(食神)이 득령(得令)하고, 장생(長生)이 건록(建祿)을 얻어 통근(通根)하고, 식신(食神)이 희용신(喜用神)에 해당하면 자손이 이로운 사주가 된다.

4. 자손에게 불리한 여명(女命)

여자의 사주에서 식신(食神)이 실령(失令)하고, 병사묘절(病死墓絶)에 들었고, 식신(食神)이 기신(忌神)에 해당하면 자손이 불리한 사주가 된다.

5. 남편에게는 해롭고 자식에게는 이로운 여명(女命)

남편덕은 없고 자식덕은 있는 사주이니, 지금은 고생해도 중년부터는 영화를 누릴 수 있다.

6. 남편과 자식 모두에게 이로운 여명(女命)

남편덕과 자식덕이 모두 있는 사주이니 평생 행복을 누린다.

이상과 같이 여자는 남편궁과 자식궁으로 길함과 불길함을 본다. 이것을 다시 8격으로 구분해 설명하면 다음과 같다.

1. 순격(純格)

순(純)이란 순수하다는 뜻으로, 단 하나의 관성(官星)이나 단 하나의 살성(殺星)에 재(財)와 인수(印綬)가 있고, 형충파(刑沖破)를 만나지 않았으면 순격(純格)으로 본다. 만일 관살(官殺)이 중첩되어 있더라도 순수하게 격이 짜여져 있고, 신왕(身旺)하여 관(官)과 살(殺)을 감당할 수 있으면 순격(純格)으로 본다.

丙 辛 戊 癸　　四
申 酉 午 巳　　柱

帝　建
旺　綠

이 사주는 신유(辛酉)일생으로 전록왕(專祿旺)이고, 일시(日時) 신
유(申酉)에 득지(得地)하여 신강(身强)사주가 되었다. 남편인 정관
(正官) 병화(丙火) 역시 화왕절(火旺節)에 득령(得令)하여 부왕(夫
旺)이고, 남편인 병화(丙火)의 관성(官星) 계수(癸水)는 일시(日時)
신유(申酉)에게 생조(生助)받고 있으니 지식과 벼슬도 건전하다.
남편 병화(丙火)의 식신(食神 : 사업) 무토(戊土)가 오(午)월에 득
령(得令)하고, 사(巳)의 건록(建祿)이 되니 남편의 사업도 건실하
다. 년천간(年天干)의 계수(癸水) 자성(子星)이 월천간(月天干)의
무토(戊土) 남편의 사업을 도와 남편을 보조하고 있다(戊癸合火,
火生土).

남편 병화(丙火) 재(財)도 신유(申酉)에 통근(通根)하여 왕성하니
남편의 재력이 무궁하다. 자식의 학문과 재산도 녹왕(祿旺)하니 남
편과 자성(子星) 모두 불리함이 없고, 사주가 순하여 부리자리(夫
利子利)로 평생을 행복하게 살 수 있다.

```
甲 丙 甲 癸      四
午 戌 寅 亥      柱
```

이 사주는 정관(正官)인 남편 계수(癸水)가 년지(年支) 해(亥) 중
임수(壬水)에 착근(着根)하여 왕성하다. 남편의 식신(食神 : 사업)
갑목(甲木)은 월지(月支) 인(寅)에서 건록(建祿)을 얻어 왕성하니,
병화(丙火)에게는 인수(印綬)가 된다. 병화(丙火) 자신은 일지(日
支) 화고(火庫)인 술(戌)을 만나 인오술(寅午戌) 화국(火局)으로
신왕(身旺)하고, 병화(丙火)의 자식 기토(己土)는 오(午)시에서 거

록(建綠)을 얻어 자식도 득위(得位)한다. 또 시간(時干) 갑목(甲木)은 자식 기토(己土) 정관(正官)으로 벼슬로 등장하니, 자녀가 벼슬을 얻어 출세한다. 혼잡이 없는 순격(純格)사주로 귀부인의 명이다.

2. 화격(和格)

화(和)는 화목하고 온화하다는 뜻으로, 신주(身主)가 유약한데 부성(夫星) 일위(一位)만 있고, 사주에 형충파해(刑沖破害)가 없어 관성(官星)이 상하지 않고, 관살(官殺)이 혼잡되어 있어도 합거살(合去殺)이나 합거관(合去官)으로 중화지기(中和之氣)를 얻으면 화격(和格)사주가 된다.

```
己 己 辛 壬    四
巳 卯 亥 辰    柱
```

이 사주는 기일주(己日柱)의 관성(官星) 남편 갑목(甲木)이 월령(月令) 해(亥) 중에 암장(暗藏)되어 있고, 해(亥) 자체에 장생(長生)·득령(得令)하고 있으니 남편 정관(正官)이 왕성하다. 그리고 갑목(甲木)의 관(官 : 자식·벼슬)이 신금(辛金)을 얻었고, 그 신금(辛金)은 사(巳)시에서 장생(長生)을 얻어, 남편도 왕성하고 자식도 왕성하다. 이것을 부왕자왕(夫旺子旺)이라 한다. 일지(日支) 묘(卯) 중에 을목(乙木) 편관(偏官)이 있어 편부(偏夫)가 되는데, 다행히도 시지(時支) 사(巳) 중 경금(庚金)으로 합거살(合去殺)하고,

정관(正官)인 갑목(甲木)만 남게 되니 합살유관(合殺留官)하여 부왕자왕(夫旺子旺)으로 중화되어 귀부인 사주가 되었다.

己 丁 壬 丁　　四
酉 酉 寅 丑　　柱

이 사주는 정일주(丁日柱)로 임(壬)이 정관(正官)이고 갑목(甲木)이 인수(印綬)인데, 갑목(甲木)은 인(寅) 중에 있고, 정일주(丁日柱)의 관성(官星 : 남편)은 임수(壬水)의 식신(食神)으로 남편의 사업이 된다. 인(寅)은 남편의 식신(食神) 갑목(甲木)의 건록(建祿)이 되니, 남편은 명망있는 사업가로 부왕(夫旺)이 된다. 이 사주는 정유(丁酉)일 천을귀인(天乙貴人)일에 출생했고, 시간(時干)의 기토(己土) 자녀는 갑목관(甲木官)을 얻어 부영자귀(夫榮子貴)한 사주가 되었다.

3. 청격(淸格)

청(淸)은 깨끗하며 맑다는 뜻으로, 관살(官殺)이 혼잡되지 않은 사주를 말한다. 부성(夫星)이 득지(得地)해야 하고, 재(財)가 관(官)을 생(生)하고, 인수(印綬)가 일주(日柱)를 생조(生助)하고, 한 점도 혼탁됨이 없어야 한다.

甲 乙 壬 己　　四
申 未 申 未　　柱

이 사주는 을(乙)일생으로 경금(庚金)이 정관(正官)으로 정부(正夫)인데, 경록(庚祿)은 재신(在申)으로 월시(月時)에 놓여 있고, 정화(丁火)가 자성(子星)인데 일지(日支) 미(未) 중에 왕성하고, 임수(壬水)가 인수(印綬)로 월령(月令)하여 신금(申金)에서 장생(長生)을 얻었고, 을목(乙木)의 재(財) 기토(己土) 역시 미토(未土)를 얻어 왕성하니 충분히 토생(土生) 경금(庚金)으로 생관(生官)하고, 형충파해(刑沖破害)가 없어 깨끗하다. 그야말로 경(經)에서 말한 재관인(財官印). 다시 말해 삼반물(三般物)이 여명(女命)에 봉지(逢之)하면 필왕부(必旺夫)라 하여, 국제적인 녹을 먹어본 귀부인의 사주이다.

4. 귀격(貴格)

사주에 관성(官星)이 있어 재(財)의 생조(生助)를 받고, 삼반물(三般物)인 재관인(財官印)이 있고, 괴병(魁病)을 만나지 않는 사주를 말하며, 현귀지부(賢貴之婦)가 된다. 글에 말하기를 무살(無殺) 여명(女命)이 일귀(一貴)하면 가작양인(佳作良人)이라 했고, 여명(女命) 무살(無殺)에 봉이덕(逢二德)이면 가양국지봉(可兩國之逢)이라 했다. 여기서 삼반물(三般物)이란 재(財)·관(官)·인(印)을 말하고, 이덕(二德)이란 재(財)·관(官)을 말한다. 여기다 사주 중에 재관(財官)이 있고, 인수(印綬)와 식신(食神)이 있으면 더욱 귀하다.

壬 丁 丙 甲　　四
寅 未 寅 午　　柱

庚 辛 壬 癸 甲 乙　　大
申 酉 戌 亥 子 丑　　運

이 사주는 정(丁)일생으로 임수(壬水)가 정관(正官) 부성(夫星)이 되고, 임관(壬官)의 식신(食神) 갑목(甲木)은 인(寅)월에 득령(得令) 유기(有氣)하고, 남편 임수(壬水)의 재(財)는 병화(丙火)로 인(寅)월에 득령(得令) 유력(有力)하다. 임수관(壬水官 : 남편)이 인(寅)월에 실령(失令)·실세(失勢)·실지(失地)하여 관성(官星)이 약한 것이 결점이다. 그러나 대운(大運) 서북운(西北運 : 亥子丑·申酉戌)에 임수관(壬水官)이 생왕지(生旺地)를 만나 부왕지운(夫旺之運)이 되어 부귀를 누린 여자의 사주이다. 사주를 간명할 때는 약신(弱神)만을 고집하지 말고, 안목을 넓혀 대운(大運)과 세운(歲運)을 살피기 바란다.

5. 탁격(濁格)

오행(五行)이 실위(失位)하고, 수토(水土)가 상쟁(相爭)하고, 정관(正官)인 정부(正夫)는 나타나 있지 않은데 편부(偏夫)인 편관(偏官)만이 잡다하거나 관살(官殺)이 혼잡되어 있고, 재관인(財官印)과 식신(食神)은 하나도 없는데 비견(比肩)과 겁재(劫財)만이 난무

하면 탁격(濁格)이 되어 하천한 사주가 된다. 이런 사주는 창기나 비첩, 음란한 여자가 되기 쉽다.

```
己 癸 乙 己    四
未 丑 亥 亥    柱
```

이 사주는 해(亥)월에 태어나 람수(濫水)가 된다. 그런데 계수(癸水)의 정부(正夫)인 무토(戊土)는 나타나 있지 않고, 시간(時干) 기토(己土)를 인용하여 편부(偏夫)로 작용한다. 여기다 일지(日支) 축토(丑土)와 축미토(丑未土)로 혼잡하고, 사주에 재(財)가 없어 생관(生官)을 못하는데 을목(乙木) 식신(食神)이 월간(月干)에 왕성하여 기토(己土)마저 극상(剋傷)하고 있다. 오행(五行)이 실위(失位)하면 선청후탁(先淸後濁)으로 점점 불행해진다.

```
乙 辛 甲 癸    四
未 酉 寅 未    柱
```

이 사주는 신유(辛酉)일에 태어나 전록(專祿)으로 왕성하고, 병화(丙火) 관성(官星)이 인(寅)월에서 장생(長生)을 얻어 부왕(夫旺)하다. 귀명(貴命)이나 일주(日柱) 신금(辛金)이 유년(流年)인 축(丑)년에 을목(乙木) 편재(偏財)가 탐이나, 목고(木庫)인 미(未) 중의 을목(乙木)을 충출(沖出)시켜 미(未) 중에 암부(暗夫) 정화(丁火)가 일어난다. 년시(年時)의 미(未) 중 정화(丁火)로 암부중첩(暗夫重疊)되어 비록 정부(正夫)가 있었으나 암중투부(暗中套夫)를 면하지 못하고, 그 재(財) 때문에 탁란해져 돈을 모으지도 못하면서 돈이라면 염치불구하고 쫓아다니는 여인이 되었다.

저자의 경험에 의하면 여자사주가 탁격(濁格)인데 재(財)가 편관(偏官)을 생(生)하면 자기 재산을 편부(偏夫)에게 주고도 구타를 당하고, 결국에 가서는 절교와 배신으로 한탄하는 경우를 많이 보았다.

6. 람격(婪格)

람(婪)은 성욕이 넘쳐흐른다는 뜻이다. 람격(婪格)은 사주에 관살(官殺)이 많고, 암(暗)으로 재(財)가 왕성하고, 천간(天干)과 지지(地支)에 관살(官殺)이 많으면 성립된다. 이런 사주는 반드시 주색과 사통으로 인하여 암득재(暗得財 : 남몰래 몸을 팔아서 돈을 얻는 것)하고, 비첩이 되거나 극부(剋父)로 재혼하는 일이 많다.


```
丁 庚 丙 庚    四
亥 申 戌 寅    柱
```

이 사주는 경신(庚申)일에 태어나 일지(日支) 전록(專祿)으로 일주(日柱)가 왕성하다. 편부(偏夫) 병화(丙火)가 인술(寅戌)로 반회국(半會局 : 三合의 半合)하는데, 또다시 시천간(時天干)의 관성(官星) 정화(丁火)에 애정을 품는다. 경금(庚金)의 재(財)는 지지(地支)의 인해(寅亥) 중 갑목(甲木)인데, 그 해(亥) 중 임수(壬水)는 경금(庚金) 식신(食神)으로 갑목(甲木) 재(財)를 생(生)하니(食神生財), 재산복이 많고 미모를 갖추었으나 남람(濫婪)을 면하기 어렵다.

※ 암기와 이해

상생(相生) : 인생비(印生比)·비생식(比生食)·식생재(食生財)·
　　　　　　재생관(財生官)·관생인(官生印).
상극(相剋) : 인극식(印剋食)·식극관(食剋官)·관극비(官剋比)·
　　　　　　비극재(比剋財)·재극인(財剋印).

위의 상생(相生)과 상극(相剋)을 이해하고 암기한다면 육친화현법(六親化現法)과 용신법(用神法)에 많은 도움이 될 것이다. 사주팔자를 이해하는데 가장 빠른 길이라고 할 수 있으니 적극적으로 활용하기 바란다.

辛 丙 癸 甲　　四
卯 子 酉 辰　　柱

이 사주는 병자(丙子)일생으로 양차살(陽差殺)이 있고, 관성(官星)은 계수(癸水)인데 또다시 자진(子辰)으로 회수국(會水局)하여 명암부집(明暗夫集)이 되니, 남편이 많은 형상이다. 일(日)과 시(時)가 병신합(丙辛合)하고, 다시 일지(日支)와 시지(時支)가 자묘형(子卯刑)으로 곤랑도화(滾浪桃花)가 되어 주색으로 탕진하고, 재(財)가 득령(得令)하며 왕성한 곳에 계수관(癸水官)이 자리하여 람격

(濫格)이 되었다. 몸을 팔아 재물을 모으는 기녀의 팔자이다.

```
丁 己 甲 戊    四
卯 未 寅 子    柱
乙 乙 甲
```

기토일주(己土日柱)가 월천간(月天干) 갑목(甲木) 정관(正官)을 만나 태어났고, 일시(日時)에 묘미(卯未)로 목국(木局)을 이루어 정편관(正偏官)이 혼잡이 되었는데, 다시 자수(子水) 편재(偏財)가 관살(官殺)을 생(生)하여 아름답지 못한 사주로 변하고 말았다. 기토(己土)가 갑목(甲木) 정관(正官)을 만나 청명하며 수려하나, 관살(官殺) 혼잡으로 람(濫)을 면하기 어렵고, 도화(桃花) 재(財)를 놓아 좋은 아내가 되지 못한 사주이다.

7. 창격(娼格)

창(娼)은 몸을 파는 기생이란 뜻으로, 사주는 왕성한데 관(官)이 끊어졌거나, 관살(官殺)은 쇠한데 식상(食傷)이 왕성하거나, 관살(官殺)이 없거나, 관살(官殺)이 혼잡되면 성립된다. 이런 사주는 창기·비구니·비첩이 되고, 남편을 극하거나 음란한 여자가 된다.

```
庚 戊 庚 壬    四
申 辰 戌 戌    柱
```

이 사주는 9월생으로 갑을목(甲乙木)이 부성(夫星)인데, 부성(夫星)이 실령(失令)·무기(無氣)하고, 시지(時支) 신(申)에 절(絶)이 되었고, 사주는 왕성한데 관(官)이 무력(無力)하고, 식신(食神)은 왕성한데 관(官)이 쇠약하니, 창기를 면하기 어려운 사주가 되었다. 그러나 식신(食神)이 왕성하니 영리하며 수려하고, 신왕재왕(身旺財旺)하니 재물복은 좋다. 여자가 양통(陽通)사주이면 남편복이 없다. 이 사주는 식신생재(食神生財)가 있으니 요식업을 하면 길하다.

- 신왕재왕(身旺財旺)은 부자 사주이다.
- 신왕관왕(身旺官旺)은 귀한 사주이다.
- 도화(桃花) 인수(印綬)는 주류업이 길하고, 첩의 모친이다.
- 도화(桃花) 재(財)는 유흥으로 모은 재물이고, 기생·첩이다.
- 도화(桃花) 관(官)은 소실의 소생이다.
- 도화(桃花) 식신(食神)은 아가씨 장사나 주류업이 길하다.
- 도화살(桃花殺)은 바람살·풍류살·풍파살이라고도 한다.

丙甲丙乙　　四
寅子戌亥　　柱

이 사주는 갑목일주(甲木日柱)로 경신금(庚辛金)이 관성(官星)인데, 9월생으로 금(金)이 이미 쇠하여 물러가고 있고, 술(戌) 중의 신금(辛金)이 여기(餘氣)로 있다고는 하나, 일(日)과 시(時)에 경신금(庚辛金) 관살(官殺)이 사절되어 부성(夫星) 경신금(庚辛金)이 힘이 없다. 갑목(甲木)의 식신(食神) 병화(丙火)는 시지(時支) 인(寅)

에서 장생(長生)을 얻어 관성(官星)을 극(剋)하니, 어찌 상부(喪夫)를 면하겠는가. 갑목(甲木)은 인(寅)에서 건록(建祿)을 얻어 통근(通根)하고 있는데 해자수(亥子水)가 생조(生助)하니, 일주(日柱)도 왕성하고 식재(食財)도 왕성하여 의식은 매우 풍족하다. 그러나 약한 관성(官星)을 왕성한 식신(食神)이 극(剋)하니 남편을 잃고 풍진을 겪는 창기가 되었다.

8. 음격(淫格)

음(淫)은 음탕하며 방탕하다는 뜻으로, 사주가 득지(得地)하고 부성(夫星)이 명암교집(明暗交集)하면 성립된다. 다시 말해 일주(日柱)가 왕성하고 사주에 관살(官殺)이 많은 것이다. 교집(交集)이란 정화(丁火) 하나에 임수(壬水) 정관(正官)이 세 개가 있는데, 신자진(申子辰) 등의 정화(丁火)의 관살(官殺)이 모여 있는 것을 말한다. 사주에 정편관(正偏官)인 부성(夫星)이 명암교집(明暗交集)하면 음탕한 사주이다.

壬 丁 壬 壬　　坤
寅 未 子 申　　命

이 사주는 앞에서 설명한 것과 같이 정일간(丁日干)이 세 개의 임수(壬水) 정관(正官)을 만나고, 다시 지지(地支)에서 신자(申子)로 반수국(半水局)하여 관살(官殺)이 명암교집(明暗交集)이 되었다.

이성으로 인하여 말할 수 없는 풍진을 겪은 사주이다.

```
丙 癸 戊 辛    坤
辰 亥 戌 未    命
```

이 사주는 계해(癸亥)일생으로 일지(日支) 해(亥)에 통근(通根)하여 왕성하다. 명(明)으로 월천간(月天干) 무토(戊土)가 정관(正官)으로 정부(正夫)인데, 암(暗)으로 진술미(辰戌未)가 편부(偏夫)이다. 관살(官殺)이 명암교집(明暗交集)된 사주이다.

```
甲 乙 戊 庚    四
申 酉 子 戌    柱
```

```
壬 癸 甲 乙 丙 丁    大
午 未 申 酉 戌 亥    運
      ★ ★
```

이 사주는 을(乙)일생으로 경금(庚金)이 정관(正官)으로 정부(正夫)이고, 일지(日支)와 시지(時支)의 신유금(申酉金)이 암부(暗夫)이다. 갑신(甲申)·을유(乙酉) 대운(大運)의 신유운(申酉運)에 부성(夫星)이 명암교집(明暗交集)하여 합세한다. 말할 수 없이 음탕한 여자의 사주가 되었다.

乙 己 甲 癸　　坤

亥 卯 子 亥　　水

甲 乙 桃 甲
　　　花

　이 사주는 기(己)일생으로 월천간(月天干) 갑목(甲木)이 정관(正官)으로 정부(正夫)이다. 정부(正夫)인 갑목(甲木)은 월지(月支) 자수(子水), 자신의 목욕지(沐浴地)에 앉아 있고, 일지(日支)의 암부(暗夫) 묘목(卯木)이 해묘(亥卯) 반합국(半合局)으로 합(合)하니, 을목(乙木) 편부(偏夫)가 방에 들어오면 정부(正夫)가 피하는 사주이고, 관살(官殺)혼잡에 음란격이니 암부(暗夫)를 따라간다.

6장. 격국론(格局論)

1. 내격(內格)을 정하는 4원칙

격국(格局)에는 내격(內格)과 외격(外格)이 있는데, 앞에서 설명한 것과 같이 일간(日干)과 월령(月令)과의 조화에서 이루어진다. 사람의 몸체와 같다고 생각하면 이해가 빠를 것이다. 내격(內格)은 다시 8격으로 구분하고, 외격(外格)은 외부에서 이루어지는 격(格)으로 내격(內格)을 포함하여 72격국(格局)이 있다. 명리정종(命理正宗) 정해(精解) 격국론(格局論)을 연구하기 바란다. 내격(內格)을 정할 때는 우선 다음과 같은 4가지를 먼저 살핀다.

1. 투간(透干)한 본기(本氣)를 살핀다.

내격(內格)을 정할 때는 첫 번째로 일주(日柱)의 천간(天干)과 월지(月支)의 암장(暗藏) 중의 천간(天干)을 비교하면서 본기(本氣)

가 투간(透干)한 것이 무엇인가를 살핀다. 투간(透干)된 오행(五行)이 정관(正官)이면 정관격(正官格)이 되고, 정재(正財)이면 정재격(正財格)이 된다. 그러나 자(子)·묘(卯)·유(酉)는 투간(透干)하지 않아도 격(格)을 취할 수 있다.

- 인(寅)월생이 갑(甲) 본기(本氣)가 투간(透干)하면 갑목(甲木)으로 정하나, 투간(透干)하지 않아도 격을 취한다.
- 묘(卯)월생이 을(乙) 본기(本氣)가 투간(透干)하면 을목(乙木)으로 정한다.
- 진(辰)월생이 무(戊) 본기(本氣)가 투간(透干)하면 무토(戊土)로 정한다.
- 사(巳)월생이 병(丙) 본기(本氣)가 투간(透干)하면 병화(丙火)로 정한다.
- 오(午)월생이 정(丁) 본기(本氣)가 투간(透干)하면 정화(丁火)로 정한다.
- 미(未)월생이 기(己) 본기(本氣)가 투간(透干)하면 기토(己土)로 정한다.
- 신(申)월생이 경(庚) 본기(本氣)가 투간(透干)하면 경금(庚金)으로 정한다.
- 유(酉)월생이 신(辛) 본기(本氣)가 투간(透干)하면 신금(辛金)으로 정하나, 투간(透干)하지 않아도 격을 취한다.
- 술(戌)월생이 무(戊) 본기(本氣)가 투간(透干)하면 무토(戊土)로 정한다.
- 해(亥)월생이 임(壬) 본기(本氣)가 투간(透干)하면 임수(壬水)

로 정한다.

- 자(子)월생이 계(癸) 본기(本氣)가 투간(透干)하면 계수(癸水)
  로 정하나, 투간(透干)하지 않아도 격을 취한다.
- 축(丑)월생이 기(己) 본기(本氣)가 투간(透干)하면 기토(己土)
  로 정한다.

생월지(生月支)의 여기(餘氣)·중기(中氣)·본기(本氣) 중에서 본
기(本氣)를 따른다. 예를 들어 인(寅)의 본기(本氣)는 갑목(甲木)이
니 갑(甲)이 되고, 신(申)의 본기(本氣)는 경금(庚金)이니 경(庚)이
된다. 월률장간표(月律藏干表)의 초기(初氣)·중기(中氣)·본기(本
氣)를 다시 복습하기 바란다.

★

```
壬 癸 戊 辛      四
子 未 戌 丑      柱
        辛
        丁
        戊
```

이 사주는 술(戌) 중의 여기(餘氣)인 신금(辛金)도 투출(透出)하
고, 본기(本氣) 무토(戊土)도 투출(透出)했다. 그러나 본기투간자
(本氣透干者) 제1원칙에 따라 본기(本氣) 무토(戊土)로 정하니 정
관격(正官格)이 된다. 엄격히 따지면 진술축미(辰戌丑未)월생은 잡
기재관격(雜氣財官格)에 속하나, 무토(戊土)는 계수(癸水)의 정관
(正官)이 되어 정관격(正官格)으로 보는 것이다.

2. 암장(暗藏) 중에서 투간(透干)한 것을 살핀다.

본기(本氣)가 투출(透出)했으면 본기(本氣)로 정하나, 본기(本氣)가 투출(透出)하지 않은 경우에는 암장(暗藏)된 것 중에서 투출(透出)한 것을 우선으로 한다.

예를 들어 인(寅)월이면 갑목(甲木) 본기(本氣)가 투출(透出)하지 않았고, 인(寅) 중의 장간(藏干) 무병(戊丙) 중의 병화(丙火)가 투출(透出)하면 병화(丙火)로 정하고, 무토(戊土)가 투출(透出)하면 무토(戊土)로 정한다. 만일 병무(丙戊)가 모두 투출(透出)하면 그 지지국(地支局)으로 국(局)의 양을 살펴, 화국(火局)이면 병화(丙火)로 정하고, 토국(土局)이면 무토(戊土)로 정하는 것이다.

壬 丙 乙 丙　　四

辰 午 未 寅　　柱

丁
乙
巳

이 사주는 미(未) 중의 정을기(丁乙己) 중 본기(本氣)인 기토(己土)가 투출(透出)하지 않고, 암장(暗藏)된 삼간(三干) 중 을목(乙木)이 투출(透出)했으므로 을목(乙木)을 정하여 정인격(正印格)이 된다.

```
戊 庚 丁 癸    四
寅 辰 巳 亥    柱
      戊
      庚
      丙
```

이 사주는 사(巳) 중의 무경병(戊庚丙) 중 여기(餘氣)가 천간(天干)에 투간(透干)하여 무토(戊土)로 정하니 편인격(偏印格)이다.

3. 가장 유력(有力)한 것을 살핀다.

암장(暗藏) 중에서 투출(透出)한 것이 하나도 없으면 암장(暗藏) 중의 3자 중에서 가장 힘이 강한 것을 선정하여 격(格)을 취한다. 그러나 비겁(比劫)만은 피한다.

```
辛 壬 甲 乙    四
亥 申 申 丑    柱
    戊
    壬
    庚
```

이 사주는 암장(暗藏) 중의 무임경(戊壬庚) 중에서 선정해야 한다. 임수(壬水)는 비견(比肩)이므로 격(格)을 취하지 못하고, 무경(戊庚) 중에서는 경금(庚金)이 월(月)에 득령(得令)하고 지지(地支)에 국(局)을 이루어 무토(戊土)보다 강하다. 따라서 신(申) 중 경금(庚金)으로 정하여 편인격(偏印格)이 된다.

4. 비견(比肩)과 겁재(劫財)는 피한다.

戊 戊 乙 壬　　四

午 辰 巳 申　　柱

　　戊
　　庚
　　丙

　이 사주는 월령(月令)의 사(巳) 중 무경병(戊庚丙) 중에서 무토(戊土)는 비견(比肩)이므로 격(格)을 취하지 못하고, 경금(庚金)보다는 병화(丙火)가 강하므로 병화(丙火)로 정하여 편인격(偏印格)이 된다. 이상의 4가지 원칙 외에도 월지(月支) 암장(暗藏)에 장간(藏干)되지 않고 사주 전체의 육신(六神)에 따라 격(格)이 성립되는 경우도 있다. 이런 사주는 대개 육신지용신(六神之用神)이 되는 경우이며, 격(格)과 용신(用神)이 다르게 일어난다. 예를 들어 인수격(印綬格)인데도 정관(正官) 용신(用神)이 삭용하여 정관격(正官格)이 되거나, 칠살격(七殺格)이 분명한데 식신제살격(食神制殺格)이 되는 경우이다.

2. 내팔격(內八格)

1. 정관격(正官格)　2. 칠살격(七殺格)　3. 정재격(正財格)

4. 편재격(偏財格)　5. 정인격(正印格)　6. 편인격(偏印格)

7. 식신격(食神格)　8. 상관격(傷官格)

연해자평(淵海子平) 시결(詩訣)에는 정인격(正印格)과 편인격(偏印格)을 합하여 인수격(印綬格)이라 하여 7격을 취하고, 명리정종정해(命理正宗精解)에서는 인수격(印綬格)을 정인격(正印格)과 편인격(偏印格)으로 세분하여 내팔격(內八格)을 취하고 있다.

★표시는 투간(透干)하지 않아도 격(格)을 취할 수 있다.

1. 정관격(正官格)

癸	壬	辛	庚	己	戊	丁	丙	乙	甲	日干
申辰戌	午未丑	寅巳	午未戌	寅亥	卯★辰未	申亥	辰子★丑	巳申	酉★戌丑	生月支
戊	己	丙	丁	甲	乙	壬	癸	庚	辛	透干

2. 편관격(偏官格 : 七殺格)

癸	壬	辛	庚	己	戊	丁	丙	乙	甲	日干
午未丑	申寅辰巳戌	午未戌	寅巳	卯★辰未	寅亥	辰子★丑	申亥	酉★戌丑	巳申	生月支
己	戊	丁	丙	乙	甲	癸	壬	辛	庚	透干

3. 정재격(正財格)

癸	壬	辛	庚	己	戊	丁	丙	乙	甲	日干
寅 巳	午 未 戌	寅 亥	卯★ 辰 未	申 亥	辰 子★ 丑	巳 申 戌	酉★ 戌 丑	申寅 辰巳 戌	午 未 丑	生月支
丙	丁	甲	乙	壬	癸	庚	辛	戊	己	透干

4. 편재격(偏財格)

癸	壬	辛	庚	己	戊	丁	丙	乙	甲	日干
午 未	寅 巳	卯★ 辰 未	寅 亥	辰 子★ 丑	申 亥	酉★ 戌 丑	申 巳	午 未 丑	申辰 戌巳	生月支
丁	丙	乙	甲	癸	壬	辛	庚	己	戊	透干

5. 정인격(正印格)

癸	壬	辛	庚	己	戊	丁	丙	乙	甲	日干
巳 申	酉★ 戌 丑	申寅 辰巳 戌	午 未 丑	寅 巳	午 未 戌	寅 亥	卯★ 辰 未	申 亥	辰 子★ 丑	生月支
庚	辛	戊	己	丙	丁	甲	乙	壬	癸	透干

6. 편인격(偏印格)

癸	壬	辛	庚	己	戊	丁	丙	乙	甲	日干
酉★ 戌 丑	巳 申	午 未 丑	巳寅 戌辰	未 戌	寅 巳	卯★ 辰 未	寅 亥	辰 子★ 丑	申 亥	生月支
辛	庚	己	戊	丁	丙	乙	甲	癸	壬	透干

7. 식신격(食神格)

癸	壬	辛	庚	己	戊	丁	丙	乙	甲	日干
卯★ 辰 未	寅 亥	辰 子★	亥	酉★ 戌 丑	申 巳	丑 未	巳寅 戌辰	午 未 戌	巳	生月支
乙	甲	癸	壬	辛	庚	己	戊	丁	丙	透干

8. 상관격(傷官格)

癸	壬	辛	庚	己	戊	丁	丙	乙	甲	日干
寅 亥	卯★ 辰 未	申 亥	辰 子★ 丑	巳 申	酉★ 戌 丑	申寅 辰巳 戌	午 未 丑	寅 巳	午 未 戌	生月支
甲	乙	壬	癸	庚	辛	戊	己	丙	丁	透干

7장. 용신론(用神論)

1. 용신법(用神法)

 일주(日柱)는 몸이요, 용신(用神)은 정신이다. 한 회사에 비유하면 일주(日柱)는 사장, 용신(用神)은 지배인, 그 외의 육신(六神)은 사원으로 볼 수 있다. 사원 중에서도 모범사원이 있는가 하면 회사에 도움이 되지 않는 사원이 있듯이, 사주에도 일주(日柱)를 이롭게 하는 용신(用神)과 희신(喜神)이 있고, 원수와 같은 기신(忌神)과 구신(仇神)이 있고, 위기에 처했을 때 구해주는 구신(救神)이 있다.

 다시 말해 일주(日柱)는 사주의 주인공이고, 용신(用神)은 주인공의 정신이다. 용신(用神)을 돕는 것은 희신(喜神)이라 하고, 용신(用神)과 희신(喜神)에게 해를 끼치는 것은 기신(忌神)이라 한다. 용신(用神)의 활동에 따라 주인공의 흥망성쇠가 결정되니, 용신(用神)과 희신(喜神)이 건실해야만 건전한 생활을 영위할 수 있다. 그리고 대운(大運)이나 세운(歲運)에서 용신운(用神運)과 희신운(喜

神運)을 만나면 만사형통으로 부귀가 따르고, 기신운(忌神運)을 만나면 만사불통으로 패망한다.

명리약언(命理約言)에서는 용신간법(用神看法)은 대단히 어렵고 복잡하게 생각되나 실제로는 그렇지 않다. 요약하면 단 두 글자 밖에 안된다. 그것은 다름이 아니라 억부(抑扶 : 강한 것은 억제하고 약한 것은 도와주는 것)뿐이다 라고 말하고 있다.

■ 약한자는 도와주어야 하는데, 약한자를 도와주는 것이 용신(用神)이다. 예를 들어 목(木)이 약하면 수(水)가 목(木)을 도와주니 수(水)가 용신(用神)이 된다.

■ 강한자는 억제해야 하는데, 강한자를 억제하는 것이 용신(用神)이다. 예를 들어 목(木)이 강하면 금(金)이 목(木)을 억제하니 금(金)이 용신(用神)이 된다.

1. 일간용신(日干用神)

인수(印綬)와 비겁(比劫)은 일간(日干)을 돕고, 재관식(財官食)은 일간(日干)의 힘을 빼는 것이다. 따라서 사주에 일간(日干)을 돕는 인비(印比)가 많으면 신강(身强) 또는 신왕(身旺)사주라 하고, 반대로 일간(日干)을 억제하여 일간(日干)의 힘을 빼는 재관식(財官食)이 많으면 신쇠(身衰) 또는 신약(身弱)사주라고 한다.

일간(日干)이 강한 신강(身强)사주는 억제하는 식상(食傷)이나 재관(財官)이 희신(喜神)과 용신(用神)이 되고, 일간(日干)이 약한 신약(身弱)사주는 일간(日干)을 돕는 인수(印綬)나 비겁(比劫)이 용신(用神)이 된다.

己 壬 丙 丁　　四
酉 寅 午 亥　　柱

이 사주는 오(午)월 임인(壬寅)일생으로 오(午) 중의 정화(丁火) 본기(本氣)가 투간(透干)하여 정재격(正財格)인데, 오(午) 중의 기토(己土) 정관(正官)도 투출(透出)했으니, 재관(財官)은 모두 왕성하고 인비(印比)는 약하여 신약(身弱)사주가 되었다. 용신법(用神法)에 약한자는 도와주어야 된다고 했다. 따라서 일주(日柱)를 생조(生助)하는 년지(年支) 해(亥) 중의 임수(壬水)가 용신(用神)이고, 용신(用神)을 돕는 시지(時支) 유(酉) 중의 신금(辛金)이 희신(喜神)이다.

이 사주는 재(財)가 많아 신약(身弱)이 되었으니 재다신약(財多身弱)이다. 재다신약(財多身弱) 사주는 비겁(比劫)이 용신(用神)이고, 인수(印綬)가 희신(喜神)이라는 것을 염두해두기 바란다.

戊 丁 甲 戊　　四
申 卯 寅 辰　　柱

이 사주는 정일주(丁日柱)가 인(寅)월에 태어나 인(寅) 중의 갑목(甲木) 본기(本氣)가 투출(透出)했으니 정인격(正印格)으로, 득령(得令)·득지(得地)하고 인묘진(寅卯辰) 인수(印綬) 방국(方局)을 이루어 신강(身强)사주가 되었다. 강한자는 억제해야 한다고 했으니 시지(時支)의 신(申) 중 경금(庚金)으로 많은 목(木)을 억제하여 용신(用神)으로 정하니 토(土)가 희신(喜神)이 된다.

2. 억부용신(抑扶用神)

사주가 신강(身强)하면 식상(食傷)이나 재(財)로 설(泄)하거나 관성(官星)으로 극제(剋制)하는데, 이것을 설기(泄氣)와 설상(泄傷)이라 하고, 반대로 신약(身弱)하면 비겁(比劫)이나 인수(印綬)로 도와야 하는데 이것을 방조(幇助)와 생조(生助)라 한다.

신강(身强)사주는 재관식(財官食)으로 설상(泄傷)하고, 신약(身弱)사주는 인비(印比)로 방조(幇助)한다.

乙 戊 丙 癸　　　四
卯 辰 辰 亥　　　柱

이 사주는 진(辰)월 무(戊)일생으로 득령(得令)·득세(得勢)하고 월간(月干) 병화(丙火)가 생무토(生戊土)하여 신강(身强)사주가 되었고, 진(辰) 중 을목(乙木)이 정관(正官)으로 시간(時干)에 투출(透出)했으니 정관격(正官格)이 된다. 강한자는 억제해야 한다고 했으니 시천간(時天干)의 을목(乙木) 정관(正官)이 용신(用神)이 되고, 년상(年上) 계수(癸水)가 희신(喜神)이 된다. 따라서 수목운(水木運)은 길하여 만사형통하고, 화토운(火土運)은 불길하여 만사불통이다.

```
丙 壬 辛 乙      四
午 寅 巳 丑      柱
```

이 사주는 사(巳)월 임수(壬水)로 실령(失令)하고 식상(食傷)과 재(財)가 지나치게 왕성하여 신약(身弱)사주가 되었고, 월령(月令)의 사(巳) 중 병화(丙火)가 시상(時上)에 투간(透干)하여 편재격(偏財格)이 된다. 약한자는 도와주어야 하므로 월상(月上) 신금(辛金)이 년지(年支)의 축(丑) 중 신금(辛金)에 통근(通根)하여 일주(日柱) 임수(壬水)를 생부(生扶)하여 용신(用神)으로 등장하니 방조(幫助)하는 금수운(金水運)이 길하다.

3. 조후용신(調候用神)

만물이 음양오행(陰陽五行)과 기후의 영향을 받아 생명을 유지하는 것처럼 사주도 기후의 영향을 중요시 하는데, 이것을 조후용신(調候用神)이라고 한다. 조후(調候)관계는 월령(月令)에서 한난(寒暖)을 살핀다. 난조(暖燥)가 지나치면 우로로 윤택하게 하고, 한습(寒濕)이 지나치면 태양의 열로 따뜻하게 해야 한다. 이것은 생극제화(生剋制化)의 법은 아니지만 기후의 조화에 따라 운명의 흥망성쇠가 작용하므로 조후용신(調候用神)은 중요하다.

예를 들어 겨울철인 해자축(亥子丑)월 경신(庚辛)일생이 라면 추운 겨울 태생이라 따뜻함이 필요하니 화(火)가 조후용신(調候用神)이 되고, 여름철인 사오미(巳午未)월 갑을(甲乙)일에 태어났으면 뜨거운 폭염에 나무가 말라 불에 타는 형상으로 수(水)가 필요하니 수(水)가 조후용신(調候用神)이 된다. 이렇게 조후용신(調候用神)은 기후의 한난조습(寒暖燥濕)을 살펴 정하는 것이다. 자세한 것은 조후법(調候法)과 궁통보감(窮通寶鑑)을 참고하기 바란다.

```
丙 乙 辛 辛    四
戌 亥 丑 丑    柱
```

이 사주는 을(乙)일생이 엄동에 태어나 축(丑) 중의 신금(辛金) 칠살(七殺)이 투간(透干)하여 매우 왕성한데, 시상(時上) 병화(丙火)가 술(戌) 중 정화(丁火)에 착근(着根)·제금(制金)하고 있어 엄동설한에 태양인 병화(丙火)가 추위를 녹여주니 조후용신(調候用神)이 된다. 한편 병화(丙火)가 강한 금(金)을 억제하고 있으니 억부용신(用神)도 된다. 목화운(木火運)은 길하고 토금운(土金運)은 흉하다.

```
甲 辛 癸 壬    四
午 丑 丑 辰    柱
```

이 사주는 축(丑)월 신금(辛金)일생이 축(丑) 중 계수(癸水)가 월상(月上)에 투간(透干)하여 식신격(食神格)이고, 겨울인 해자축(亥子丑)월이니 금한수량(金寒水凉)이 되어 토(土)가 얼어버렸다. 따라서 따뜻한 불을 얻어 녹여야 하므로 시지(時支) 오(午) 중의 정화(丁火)가 조후용신(調候用神)이 된다. 목화운(木火運)은 길하고 금수토운(金水土運)은 흉하다.

4. 통관용신(通關用神)

두 개의 상극(相剋)된 오행(五行)이 대등하게 대립되어 막혀 있을 때 중간에서 통하게 해주는 것을 통관용신(通關用神)이라 한다. 예를 들어 금(金)과 목(木)이 금극목(金剋木)으로 싸우고 있는데 중간에 수(水)가 있으면 금생수(金生水)·수생목(水生木)으로 상생(相生)되어 화해되니 수(水)가 통관용신(通關用神)이 된다.

■ 금목(金木)이 상극(相剋)으로 대립되면 수(水)가 통관용신(通關用神)이 된다.

■ 목토(木土)가 상극(相剋)으로 대립되면 화(火)가 통관용신(通關用神)이 된다.

■ 토수(土水)가 상극(相剋)으로 대립되면 금(金)이 통관용신(通關用神)이 된다.

■ 수화(水火)가 상극(相剋)으로 대립되면 목(木)이 통관용신(通關用神)이 된다.

■ 화금(火金)이 상극(相剋)으로 대립되면 토(土)가 통관용신(通關用神)이 된다.

예 1)　己 丁 丙 丁
　　　　酉 丑 午 酉

이 사주는 오(午)월 정(丁)일생으로 오(午) 중의 정화(丁火) 본기(本氣)가 투간(透干)하여 화(火)가 왕성한데, 지지(地支)에 유유(酉

酉)·유축(酉丑)의 3금(金)과 병정오(丙丁午)의 3화(火)가 끊임없이 서로 싸우고 있다. 그러나 시천간(時天干) 기토(己土)가 오(午) 중의 기토(己土)에 통근(通根)하여 화생토(火生土)·토생금(土生金)으로 잘 통관(通關)시키니, 식신생재격(食神生財格)으로 기토(己土)가 통관용신(通關用神)이 된다.

예2)　辛辛辛辛　　　예3)　壬壬壬壬
　　　卯卯卯卯　　　　　　寅午寅午

예2)의 사주는 모두 금목(金木)이고, 예3)은 모두 수화(水火)로 구성되어 있으나, 일간(日干)의 세력이 약하여 모두 종재격(從財格)이 된다. 따라서 통관(通關)으로 사주를 해결하는 것이 아니라, 다음에 설명할 종재격(從財格)에 의해 간명해야 한다는 것을 미리 말해둔다.

5. 병약용신(病藥用神)

사주에 있는 병을 제거해주는 것을 병약용신(病藥用神)이라 한다.
예를 들어 신약(身弱)사주가 인성(印星)에 의존해 생(生)을 받고 있는데, 인수(印綬)를 극상(剋傷)시키는 재성(財星)이 있으면 재성(財星)이 병(病)이 되고, 병(病)이 되는 재성(財星)을 제거하는 비견(比肩)과 겁재(劫財)가 약(藥)이 된다. 또 신강(身强)사주가 식상(食傷)에 의존해 기쁘게 설기(泄氣)되고 있는데, 식상(食傷)을 극상(剋傷)시키는 인성(印星)이 있으면 인성(印星)이 병(病)이 되고, 병

(病)인 인성(印星)을 제거하는 재성(財星)이 약(藥)이 된다.

　병(病)이 있어도 약(藥)이 있으면 중화되어 순조롭게 발전할 수 있다. 그러나 병(病)이 있는데 약(藥)이 없으면 가난이나 고질병이 따르는 등 만사가 불성이다. 이런 사주는 약운(藥運)이 올 때까지는 발전을 기대할 수 없다.

- 토(土)가 병이면 목(木)이 약이다.
- 목(木)이 병이면 금(金)이 약이다.
- 금(金)이 병이면 화(火)가 약이다.
- 화(火)가 병이면 수(水)가 약이다.
- 수(水)가 병이면 토(土)가 약이다.

　오언독보(五言獨步)에서는 「사주에 유병(有病)이라야 방위귀(方爲貴)요, 무병(無病)이면 불시기(不是奇)라. 격(格) 중에 여거병(如去病)이면 재록(財祿)이 희상수(喜相隋)라」고 했나. 이것은 병약상제(病藥相制)를 말하는 것으로, 사주에 병이 있으면 귀하게 되나 병이 없으면 평범한 민초이고, 사주에 병이 있는데 약운(藥運)을 만나 병이 제거될 때 재록(財祿)이 기쁘게 따라 부귀하게 된다는 뜻이다. 자세한 것은 명리정종정해(命理正宗精解)를 참고하기 바란다.

用
神

藥　　病

甲 丁 己 壬　　　四
辰 丑 酉 戌　　　柱

이 사주는 정(丁)일생이 유(酉)월에 태어났으니 실령(失令)하고, 토왕(土旺)에 금(金)이 득령(得令)하고, 유축금(酉丑金)으로 금재(金財)가 왕성하다. 기토(己土)가 투출(透出)하고, 일주(日柱) 정화(丁火)는 많은 토금(土金)으로 설기(泄氣)가 심하지만, 심약한 정화(丁火)는 술(戌) 중의 정화(丁火)에 통근(通根)했고, 시천간(時天干) 갑목(甲木)이 진(辰) 중의 을목(乙木)에 착근(着根)하여 생화(生火)한다.

그러나 다시 살펴보면 토금(土金)이 왕성하고 목화(木火)가 약하다. 약자는 도와주어야 하니 년상(年上) 임수(壬水)가 시상(時上) 갑목(甲木)을 생(生)한다. 관인상생(官印相生)으로 임수(壬水)가 귀성(貴星)인데, 중간에서 기토(己土) 식신(食神)이 임수(壬水) 관성(官星)을 극(剋)하며 가로막고 있다. 길성(吉星)이 작용하려고 할 때 그 길성(吉星)을 제압하는 것이 병(病)이 된다. 여기서는 월간(月干) 기토(己土)가 병(病)이다. 그리고 그 병(病)을 제거하는 것이 보약이 되는데 기토병(己土病)을 제거하는 것은 갑을목(甲乙木)이다. 따라서 시천간(時天干) 갑목(甲木)이 약용신(藥用神)이니 갑인(甲寅)·을묘(乙卯) 대운(大運)에 대부대귀할 것이다.

이상으로 용신(用神)을 정하는 방법을 들어보았다. 총정리하면 격국용신(格局用神)·병약용신(病藥用神)·통관용신(通關用神) 모두가 억강부약(抑强扶弱)의 원리를 따르고 있다. 다시 말하면 강자는 억제하고, 약자는 도와주는 생극제화(生剋制化)의 원리에 지나지 않는다는 뜻이다. 따라서 너무 어렵게 생각하지 말고 「억강부약(抑强扶弱)에 중화지도(中和之道)」라는 한 마디를 기억하여 용신법(用

神法)에 활용하기 바란다.

- 색자(塞者)는 통관(通關)시킨다.
- 한냉자(寒冷者)는 온난으로 중화시킨다.
- 염열자(炎熱者)는 수량으로 중화시킨다.
- 고조자(枯燥者)는 윤습으로 중화시킨다.
- 습량자(濕凉者)는 건조로 중화시킨다.

6. 조후법(調候法)

조후(調候)는 자연계의 천기나 기온과 같은 것으로 오행(五行)의 한난조습(寒暖燥濕)은 다음과 같다.

- 천간(天干)의 금수(金水) 경신임계(庚辛壬癸)는 한(寒)하고, 지지(地支)의 금수(金水) 신유해자(申酉亥子)는 습(濕)하다.
- 천간(天干)의 토(土) 무기(戊己)는 한난(寒暖)의 중간에 위치하고, 지지(地支)의 토(土) 술미(戌未)는 조(燥)하고, 축진토(丑辰土)는 습(濕)하다.
- 천간(天干)의 목화(木火) 갑을병정(甲乙丙丁)은 난(暖)하고, 지지(地支)의 목화(木火) 인묘사오(寅卯巳午)는 조(燥)하다.
- 추동절은 한습(寒濕)하고 춘하절은 난조(暖燥)하다.
- 사주가 지나치게 한습(寒濕)하면 난조운(暖燥運)으로 가야 길하고, 지나치게 난조(暖燥)하면 한습운(寒濕運)으로 가야 길하다.

- 사주가 지나치게 한습(寒濕)하거나 난조(暖燥)하면 억부용신법(抑扶用神法)이나 병약용신법(病藥用神法)을 따르지 않고 조후용신법(調候用神法)을 따른다.
- 목화(木火)는 양(陽)으로 난조(暖燥)하고, 금수(金水)는 음(陰)으로 한습(寒濕)하다.

甲 甲 甲 甲 　　四
戌 寅 戌 戌 　　柱

이 사주는 지나치게 난조(暖燥)하니, 한습(寒濕)의 금수운(金水運)을 만나야 발복한다.

辛 壬 辛 辛 　　四
丑 寅 丑 丑 　　柱

이 사주는 지나치게 한습(寒濕)하니, 목화(木火)의 난조운(暖燥運)을 만나야 형통한다.

2. 내팔격(內八格) 용신(用神)

1. 정관격(正官格) 용신(用神)

	多星	用神	吉運	凶運
身弱 四柱	財星	印比劫	印劫	財官
	官星	印綬	印劫	財官
	食傷	印綬	官印	食財
身强 四柱	比劫	官星	財官	印比
	印綬	財星	食財	印比
	食傷	財星	財官	比劫

(예) 정관용관격(正官用官格)

```
戊 己 甲 癸    四
辰 未／寅 丑    柱
   (甲丙戊)
```

이 사주는 본기(本氣) 갑목(甲木)이 투간(透干)하여 정관격(正官格)이다. 갑목(甲木)은 득령(得令)·득세(得勢)하여 왕성하고, 기토일주(己土日柱)도 미(未) 중 정화(丁火)로 온난을 얻고, 시주(時柱) 무진(戊辰)이 방조(幫助)하여 신주(身主)도 왕성하다. 따라서 관왕(官旺)한 것을 좋아하니 월천간(月天干)의 갑목(甲木) 정관(正官)이 용신(用神)이 되는데, 년천간(年天干)의 계수(癸水)가 축(丑) 중의 계수(癸水)에 통근(通根)하여 용신(用神) 갑목(甲木)을 생(生)하니 더욱더 아름다운 사주가 되었다. 비겁(比劫)이 많아 신강(身强)사주가 되어 관(官)으로 용신(用神)을 삼으니 재관운(財官運)에 부귀를 누리고, 인비운(印比運)에는 패망한다.

2. 정편재격(正偏財格) 용신(用神)

	多星	用神	吉運	凶運
身弱 四柱	財星	比劫	比劫	食財
	官星	印綬	印比	財官
	食傷	印綬	印比	食財
身强 四柱	比劫	食傷, 官星	食傷, 官星	印比
	印綬	財星	食傷	印比, 官星

(예) 신왕재왕격(身旺財旺格)

```
庚 庚 己 乙     四
辰 申 卯 未     柱

    (乙甲)


          ★
壬 癸 甲 乙 丙 丁 戊     大
申 酉 戌 亥 子 丑 寅     運
      ★ ★
```

이 사주는 경금일주(庚金日柱)가 묘(卯)월에 태어났고, 묘(卯) 중의 을목재(乙木財)가 투출(透出)하여 묘미(卯未)에 착근(着根)하고 있어 재(財)가 매우 왕성하다. 경금일주(庚金日柱)가 묘(卯)월에 실령(失令)하여 약해 보이나, 다행히도 일지(日支) 신금(申金)에서 건록(建祿)을 얻어 유근(有根)하였고, 또 시주(時柱)에서 경진(庚辰)이 보강하여 약중신강(弱中身强)이 되어 인성(印星)은 필요하지 않고, 신왕(身旺)으로 재(財)를 충분히 감당할 수 있으니 을목재(乙木財)가 용신(用神)이 된다. 자(子)·을해(乙亥)·갑(甲) 대운(大運)에 광산왕으로 백만거부를 자랑하다, 광복과 함께 술운(戌運)에 파가영락(破家零落)하고, 신운(申運)에 세상을 하직한 왕의순(王義淳) 광주(鑛主)의 사주이다.

3. 정편인격(正偏印格) 용신(用神)

	多星	用神	吉運	凶運
身弱 四柱	財星	比劫	比劫	食傷財
	官星	印綬	印比	財官
	食傷	印綬	印比	食傷
身强 四柱	比劫	官星, 食傷	官星, 食傷	印比
	印綬	財星	食傷	官印, 比劫

(예) 인수용재격(印綬用財格)

丙 乙 甲 癸　　 四

戌 丑 子 亥　　 柱

(癸壬)

이 사주는 자(子) 중에 계수(癸水)가 투간(透干)하여 인수격(印綬格)이 분명하다. 그런데 인수(印綬)는 다시 지지(地支)에 해자축(亥子丑)으로 인수국(印綬局)을 이루니 천지가 인수(印綬)로 구성되어 인성(印星)이 많아 신강(身强)사주가 되었다. 따라서 인다신강(印多身强) 사주이며 재성(財星)이 용신(用神)이다. 시지(時支) 술(戌) 중의 무토(戊土)가 용신(用神)이고, 시천간(時天干) 병화(丙火)가 무토(戊土) 용신(用神)을 생(生)하고 있으니 병화(丙火)가 희신(喜神)이다. 여기서 병화(丙火)는 동짓달 엄동에 조후용신(調候用神)으로도 사랑받으니 동일가애(冬日可愛)라고도 한다. 무토(戊土)는 왕성한 수(水)를 막아 부목(浮木)을 방지하니, 화토운(火土運)은 길하고 금수운(金水運)은 흉하다.

4. 식신격(食神格) 용신(用神)

	多星	用神	吉運	凶運
身弱四柱	財星	比劫	印比	食財
	官星	印綬	印比	財官
	食傷	印綬	官印	食財
身强四柱	印綬	財星	食傷	印比
	比劫	財星	食傷	印比
	財星	官星	財官	印比

(예) 식신생재격(食神生財格)

```
癸 戊 戊 庚    四
亥 申 寅 戌    柱


乙 甲 癸 壬 辛    大
酉 申 未 午 巳    運
      ★ ★
67 57 47 37 27
```

이 사주는 인(寅)월 무(戊)일생으로 무토(戊土)가 투출(透出)하고, 인(寅)은 축토(丑土)의 기(氣)가 있고, 년지(年支)에 술토(戊土)가 있어 중강격(中强格)이다. 그러나 비견(比肩)은 격(格)을 취하지 않으니 가장 강한 것으로 정해야 한다. 인해(寅亥)를 목(木)으로 생각해야 하나, 인목(寅木)은 일지(日支) 신금(申金)에게 충(沖)되어 용신(用神)으로 쓰지 못한다. 다음으로 금(金)을 살펴보니 경금(庚金)이 투출(透出)하여 일지(日支) 신(申)에 건록(建祿)으로 통근(通根)하니 식신격(食神格)으로 볼 수 있고, 식신(食神) 경금(庚金)은 다시 계해수(癸亥水)를 생(生)하니 식신생재격(食神生財格)으로 생부(生扶)하는 오미운(午未運)에 수백 억을 치부한 이병철 회장의 사주이다.

5. 편관격(偏官格) 용신(用神)

	多星	用神	吉運	凶運
身弱 四柱	財星	比劫	印比	食財
	官星	印綬	印比	財官
	食傷	印綬	印綬	食傷
身强 四柱	比劫	官星	財官	印比
	印綬	財星	食財	官印
	官星	食傷	食傷	官印

(예) 편관격(偏官格：七殺格)

癸 癸 庚 己　　四
亥 丑 午/酉　　柱
　　　(丁己丙)

★
甲 乙 丙 丁 戊 己　　大
子 丑 寅 卯 辰 巳　　運
　　　　★

이 사주는 오(午) 중의 기토(己土) 중기(中氣)가 투간(透干)하여
편관격(偏官格)이 되었다. 계수(癸水)가 오(午)월에 실령(失令)하여
신약(身弱)사주이나, 유축해(酉丑亥)로 금수국(金水局)을 이루고
경금(庚金)이 월천간(月天干)에 투출(透出)하여 신약(身弱)이 변하

여 신강(身强)사주가 되어 재관(財官)이 용신(用神)이 된다. 기토(己土) 편관(偏官)은 경금(庚金) 인성(印星)에게 설기(泄氣)되어 약해 보이나, 오화(午火)에 득령(得令)·착근(着根)하고, 오(午) 중의 정화(丁火)가 생(生)하고 있어 편관(偏官)도 왕성하다. 이 사람은 재관운(財官運)인 병인(丙寅) 대운(大運)에 육군대장이 되었다가, 을운(乙運)에 용신(用神) 기토(己土) 편관(偏官)을 충극(沖剋)하여 퇴역한 장군이다.

6. 상관격(傷官格) 용신(用神)

	多星	用神	吉運	凶運
身弱四柱	財星	比劫	印比	財官
	官星	印綬	印比	財官
	食傷	印綬	官印	食財
身强四柱	比劫	官星	財官	印比
	印綬	財星	食傷, 財星	印比

1. 가상관격(假傷官格)

```
丙 乙 辛 壬    乾
子 亥 亥 辰    命


癸 壬        大
丑 子        運
14 4
```

이 사주는 수기왕양(水氣旺洋)하고 인수(印綬)가 태왕(太旺)하여 우선 설기(泄氣)시켜야 하는데, 다행히 시천간(時天干)에 병화(丙火)가 있어 가상관격(假傷官格)이 되었다. 따라서 식재운(食財運)은 길하고 인비운(印比運)은 대흉한데, 일찍 임자(壬子) 수왕운(水旺運)에 들어 용신(用神) 병화(丙火)를 극파(剋破)하여, 여섯 살 되던 정유(丁酉)년에 유금(酉金)은 생수(生水)하고, 용신(用神) 병화(丙火)가 유(酉)에서 사궁(死宮)이 되어 수영을 하다 익사했다.

이 사주는 수다부목(水多浮木)의 상으로 토(土)를 만나 범람을 막아야 부목(浮木)을 방지할 수 있다. 그러나 토운(土運)은 오지 않고 수왕(水旺)에 다시 임자(壬子) 수왕운(水旺運)을 만나고, 유년(流年)인 정유(丁酉)년에 유금(酉金)이 생수(生水)하고, 용신(用神) 화토(火土)가 유(酉)에서 사궁(死宮)이 되어 명을 다했다고 본다. 옛글에 「가상관(假傷官)이 행인수운(行印綬運)이면 파료상관(破了傷官)하여 필사(必死)라」고 했는데 이 말에 적합한 사주이다.

- 「가상관(假傷官)이 행인수운(行印綬運)이면 파료상관(破了傷官)하여 필사(必死)라」. 이것은 가상관격(假傷官格)에 인수운(印綬運)이 와서 상관(傷官)을 극파(剋破)하면 반드시 사망한다는 뜻이다.

- 「진상관(眞傷官)이 행상관운(行傷官運)이면 필멸(必滅)이라」. 이것은 진상관(眞傷官)이 상관운(傷官運)을 또 만나면 패망한다는 뜻이다.

- 「상관상진(傷官傷盡)에 최위기(最爲奇)요」. 이것은 진상관격(眞傷官格)인데 인수(印綬)가 상관(傷官)을 상진(傷盡)하면 형통한

다는 뜻이다.

■「가상관(假傷官)이 상관운(傷官運)이 오면 필발(必發)이라」. 이 것은 가상관격(假傷官格)인데 상관운(傷官運)이 오면 반드시 발 전한다는 뜻이다.

2. 진상관격(眞傷官格)

```
乙 丙 己 戊     四
未 戌 未 寅     柱

癸 甲 乙 丙 丁 戊     大
丑 寅 卯 辰 巳 午     運
```

이 사주는 병화(丙火) 일주(日柱)가 미(未)월에 태어났고, 미(未) 중의 을목(乙木)과 기토(己土)가 투출(透出)했다. 그러나 본기(本 氣) 제1의 원칙에 따라 기토(己土)로 격(格)을 취하니 진상관격(眞 傷官格)이 된다. 천간(天干)과 지지(地支) 모두가 식상(食傷)이라 인비(印比)의 도움을 받기 전에는 소생할 길이 없다. 다행히 시천 간(時天干) 을목(乙木)이 미(未) 중에 뿌리를 내려 병화(丙火)를 생(生)하고 있으니, 시상(時上) 을목(乙木)이 일주지용신(日柱之用 神)으로 인수(印綬)를 기뻐하고, 상관격(傷官格)인데 인수(印綬)가 용신(用神)이면 상관용인격(傷官用印格)이라고 한다.

을묘(乙卯)·갑인(甲寅) 대운(大運)에 인수(印綬) 용신(用神)을 보강하여 귀부인이 되었다가, 축운(丑運)이 들면서 축(丑) 중의 신금(辛金)이 미(未) 중의 을목(乙木)을 충파(沖破)하니, 용신(用神) 을목(乙木)의 뿌리가 끊어져 수명을 마쳤다. 이처럼 시천간(時天干) 을목(乙木)이 많은 토(土)를 제압하면 그 을목(乙木)을 일장당관(一將當關)하니 군사자복(群邪自伏)하는 사주라고 한다.

5. 외격(外格)

1. 곡직인수격(曲直仁壽格)

곡직인수격(曲直仁壽格)은 갑을일주(甲乙日柱)가 인묘(寅卯)월에 태어나고, 지지(地支)가 모두 인묘진(寅卯辰) 동방목(東方木)이거나, 해묘미(亥卯未) 목국(木局)을 이루고, 경신신유(庚辛申酉)의 관살(官殺)이 없으면 성립된다. 예를 들면 다음과 같은 사주이다.

예 1)   예 2)   예3)

丙 甲 丁 甲   丙 乙 己 乙   甲 甲 癸 壬
寅 辰 卯 寅   子 亥 卯 未   子 辰 卯 寅

- 곡직인수격(曲直仁壽格)은 자비심과 도덕심이 높고, 만인을 구조하니 타인의 존경을 받는다.
- 곡직인수격(曲直仁壽格)은 목(木)이 용신(用神)이고, 수(水)가 희신(喜神)이다. 화(火)를 보면 왕성한 목(木)을 순하게 설기(泄氣)하여 기쁘니, 수목화(水木火)가 용신(用神)과 희신(喜神)이

되는 것이다.

■ 곡직인수격(曲直仁壽格)은 금관살(金官殺)을 만나면 왕성한 목(木)을 역하니 대흉하고, 토재(土財)를 만나면 군비쟁재(群比爭財)로 손재손처(損財損妻)하니 매우 불길하다.

■ 곡직인수격(曲直仁壽格)은 원격(元格)에 화(火)가 있어 용신(用神)이 되면 토운(土運)을 만나도 화식신(火食神)이 생토재(生土財)하여 식신생재(食神生財)로 형통하고, 화(火)가 용신(用神)인데 수운(水運)을 만나면 수화(水火)가 서로 싸우니 만사불통으로 구사일생한다.

```
癸 乙 己 乙    四
未 亥 卯 未    柱


壬 癸 甲 乙 丙 丁 戊    大
申 酉 戌 亥 子 丑 寅    運
```

이 사주는 을(乙)일생이 묘(卯)월 목왕절(木旺節)에 태어나 해묘미(亥卯未) 목국(木局)을 이루고, 천간(天干)에 계수(癸水)가 투간(透干)하여 금기(金氣) 관성(官星)이 하나도 없으니 곡직인수격(曲直仁壽格)이다. 해자축(亥子丑) 북방(北方) 수운(水運)에 부귀했으나, 신유술(申酉戌) 서방(西方) 금운(金運)에 재물과 명예가 송두리째 날아가고 불록지객(不祿之客)이 되었다.

甲甲乙己　　四
子寅亥卯　　柱

★★

戊己庚辛壬癸甲　　大
辰巳午未申酉戌　　運

　이 사주는 갑(甲)일생이 년월일지(年月日支)에 인해묘(寅亥卯) 목
국(木局)을 이루어 곡직인수격(曲直仁壽格)이 되었다. 천간(天干)
기토(己土)는 무근(無根)인데, 그 기토(己土)를 생조(生助)하는 화
토(火土)가 전혀 없다. 그런데 왕성한 군목(群木)에게 극상(剋傷)을
당하여 군비쟁재(群比爭財)가 된다. 그러나 대운(大運)에서 토운
(土運)을 만나지 않으면 평탄하고, 임수운(壬水運)은 왕희순세(旺
喜順勢)로 왕성한 목(木)을 돕고 있으니 길하고, 신유운(申酉運)은
월령(月令)의 해수(亥水)를 생(生)하여 상생(相生)·유통시키니 길
하다.

　대운(大運) 천간(天干)의 경신금(庚辛金)을 만날 때 사주 원국(元
局) 천간(天干)에 수(水)가 없어 상생유통(相生流通)이 되지 않고,
천간(天干)의 왕성한 목기(木氣)를 충극(沖剋)시키니 왕기역세(旺
氣逆勢)로 매사에 곤욕과 관재까지 받게 된 것이다. 미대운(未大
運)은 미토(未土)가 사주 원국(元局)의 해묘(亥卯)와 삼합(三合)하
여 왕성한 목(木)을 도우니 왕희순세(旺喜順勢)하여 크게 발전했
고, 오대운(午大運)에는 오화(午火)가 왕성한 목기(木氣)를 뽑아 기
토(己土) 재(財)를 생(生)하니, 식신생재(食神生財)로 축재하여 거

부로 살았다.

　그러나 대운(大運) 기토(己土) 재운(財運)을 만나 사주 원국(元局)에 화(火)가 없어 상생유통(相生流通)이 되지 않고, 많은 목(木)이 토재(土財)를 극파(剋破)하여 군비쟁재(群比爭財)하니 일시(日時)에 재산을 잃고 자살했다.

　사주를 간명할 때는 유년(流年)의 간지(干支)와 사주 원국(元局)의 간지(干支)를 대조한다. 지지(地支)는 지지(地支)끼리, 천간(天干)은 천간(天干)끼리 대조하여 상생유통(相生流通)과 상극(相剋) 관계를 살피는 궁통(窮通)의 묘법을 알아야 한다.

2. 염상격(炎上格)

　염상격(炎上格)은 병정일주(丙丁日柱)가 인사오술(寅巳午戌)월에 태어나고, 지지(地支) 모두가 사오미(巳午未) 남방(南方)을 이루거나 인오술(寅午戌) 화국(火局)을 이루고, 임계해자(壬癸亥子)의 관살(官殺)이 없으면 성립된다. 특히 여름철인 사오(巳午)월생은 더욱 귀하게 된다.

예1)　　　　　　　　　예2)

乙 丙 丙 丁　　四　　乙 丙 丁 戊　　四
未 寅 午 巳　　柱　　未 午 巳 戌　　柱

■ 염상격(炎上格)은 화(火)가 용신(用神)이고 목(木)이 희신(喜神)이다. 목화(木火)는 왕성한 화(火)를 생조(生助)하니 기뻐하

고, 토(土)는 왕성한 화(火)를 순하게 설기(泄氣)하니 기뻐한다.

■ 염상격(炎上格)은 왕희순세(旺喜順勢)의 원리로 목화토운(木火土運)은 대길하다.

■ 염상격(炎上格)은 수(水)를 만나면 왕성한 화(火)를 거역하니 왕기역세(旺氣逆勢)의 원리로 대흉하다.

■ 염상격(炎上格)은 금재(金財)를 만나면 군비쟁재(群比爭財)하니 패망한다. 그러나 원격(元格)에서 토(土)가 용신(用神)이면 식신 생재(食神生財)로 만사형통하고, 목운(木運)을 만나면 용신(用神) 토(土)를 극상(剋傷)하니 만사불통이다.


```
甲 丙 乙 丁    四
午 戌 巳 未    柱


戊 己 庚 辛 壬 癸 甲    大
戌 亥 子 丑 寅 卯 辰    運
```


이 사주는 사(巳)월 병(丙)일생으로 화왕절(火旺節)에 태어나 지지(地支)에 사오미(巳午未) 남방(南方)을 이루고, 수(水)가 전혀 없으니 염상격(炎上格)이 된다. 임인(壬寅)·계묘(癸卯) 대운(大運)에 명예가 올라간 것은 대운(大運) 천간(天干)에 임계수(壬癸水)가 있어도 사주 원국(元局)에 갑을목(甲乙木)이 투간(透干)하여, 임계수(壬癸水)는 탐생망극(貪生忘剋)하는 원리로 병정화(丙丁火)를 극(剋)하지 않고 갑을목(甲乙木)을 생(生)하고, 갑을목(甲乙木)은 다시 병정화(丙丁火)를 생(生)하여 순으로 상생(相生)시켰기 때문이다. 신축운(辛丑運)은 소흉이나 자운(子運)은 대흉할 것이다.


```
甲 丙 丁 戊      乾
午 寅 巳 午      命


癸 壬 辛 庚 己 戊     大
亥 戌 酉 申 未 午     運
```


이 사주는 병(丙)일생이 사(巳)월 화왕절(火旺節)에 태어나 지지(地支)에 사오인오(巳午寅午)로 화국(火局)을 이루고, 수(水)가 전혀 없으니 염상격(炎上格)이 된다. 초년의 무오(戊午)·기미운(己未運)까지는 부잣집에서 태어나 귀동자로 자랐다. 그러나 중년 대운(大運)인 금수(金水) 서북운(西北運)에 집안이 몰락하여 가난하게 살다가, 해운(亥運)에 왕신(旺神) 사화(巳火)를 충극(沖剋)하여 사망했다.

3. 가색격(稼穡格)

가색격(稼穡格)은 무기(戊己)일생이 진술축미(辰戌丑未)월에 태어나고, 지지(地支)가 모두 진술축미(辰戌丑未)이거나 사주가 모두 토(土)이고, 갑을인묘(甲乙寅卯)의 관살(官殺)이 없으면 성립된다. 만일 목(木) 관살(官殺)이 있으면 파격(破格)이 된다.

■ 가색격(稼穡格)은 충효 정직한 인품으로 영화를 누리며 수복을

겸비한다.

■ 가색격(稼穡格)은 토(土)가 용신(用神)이고, 화(火)가 희신(喜
神)이다. 다른 격(格)에서는 일주(日柱)가 태왕(太旺)하면 태왕
의설(太旺宜洩)로 설기(泄氣)하는 것을 기뻐하나, 가색격(稼穡
格)은 설기(泄氣)하는 금(金)을 두려워 한다.

■ 가색격(稼穡格)이 목(木) 관살(官殺)을 만나면 왕성한 토(土)를
거역하여 왕기역세(旺氣逆勢)로 대흉하다.

■ 가색격(稼穡格)이 수재(水財)를 만나면 군비쟁재(群比爭財)하니
파가영락(破家零落)하기 쉽다. 그러나 사주 원국(元局)에 금식
신(金食神)이 있어 용신(用神)이면 수재(水財)를 만나도 식신생
재(食神生財)로 형통하고, 화운(火運)을 만나면 화금(火金)이 서
로 싸워 패망한다.

```
己 戊 辛 己      四
未 辰 未 未        柱


甲 乙 丙 丁 戊 己 庚      大
子 丑 寅 卯 辰 巳 午      運
```

이 사주는 미(未)월 무(戊)일생으로 토왕절(土旺節)에 태어나 천
지가 토(土)이다. 월천간(月天干) 신금(辛金)이 용신(用神)이나 왕
토(旺土)에 묻혀 가색격(稼穡格)이 되는데, 왕토(旺土)를 설기(泄
氣)하는 신금(辛金)에게 정신이 쏠린다. 경오(庚午)·기사대운(己
巳大運)은 화토운(火土運)으로, 가색격(稼穡格)의 희용신(喜用神)

인 화토(火土)를 도와 왕희순세(旺喜順勢)로 크게 발전했다. 그러나 정묘(丁卯)·병인운(丙寅運)에는 대운(大運)의 천간(天干) 병정화(丙丁火)가 사주의 월천간(月天干) 신금(辛金)을 극파(剋破)하고, 대운(大運)의 지지(地支) 인묘목(卯木)은 토(土)의 왕세를 역하니 왕기역세(旺氣逆勢)로 고생이 많았다. 게다가 을축(乙丑)·갑자(甲子)운도 기신운(忌神運)이 되어 설상가상이 되었다.

```
己 戊 丙 戊     四
未 戌 辰 戌     柱


癸 壬 辛 庚 己 戊 丁     大
亥 戌 酉 申 未 午 巳        運
```

이 사주는 무(戊)일생이 월천간(月天干) 병화(丙火) 외에는 모두 토(土)로 구성되어 있으니 가색격(稼穡格)이다. 월천간(月天干)에 병화(丙火)가 투출(透出)했으니 기신(忌神) 갑을목운(甲乙木運)이 와도 생병화(生丙火)하고, 병화(丙火)는 생무토(生戊土)하여 왕기역세(旺氣逆勢)가 아니니 편안하다. 탐생망극(貪生忘剋)으로 목(木)이 화(火)를 생(生)하고, 화(火)는 토(土)를 생(生)하니 관인상생(官印相生)이 되어 오히려 귀하게 된다. 사오미(巳午未) 남방운(南方運)에 일간(日干) 무토(戊土)가 생기를 얻어, 한때 국방부 요직에서 이름을 떨쳤다. 그러나 신유운(申酉運)으로 향하여 왕성한 토(土)를 설기(泄氣)할 때 퇴직하게 되었고, 가업도 패하여 곤고함을 면하지 못했다. 다른 격(格)들은 태왕(太旺)할 때 설기(泄氣)하면 좋으나, 가색격(稼穡格)은 설기(泄氣)를 두려워 하기 때문에 흉하다. 임대운(壬大運)은 군토(群土)가 임수재(壬水財)를 만나 서로 싸우니 군비쟁재(群比爭財)로 사망했다.

4. 종혁격(從革格)

종혁격(從革格)은 경신일주(庚辛日柱)가 가을에 태어나 지지(地支)가 모두 신유술(申酉戌) 서방금(西方金)이거나 사유축(巳酉丑) 금국(金局)이고, 병정사오(丙丁巳午)의 관살(官殺)이 없으면 성립된다. 신유(申酉)월생은 더욱더 귀하게 된다.

■ 금(金)이 용신(用神)이고 토(土)가 희신(喜神)이다.
■ 관살(官殺) 화(火)를 대기(大忌)하고 수(水)를 만나면 왕성한 금신(金神)을 설기(泄氣)하여 길하고, 목(木)을 만나면 서로 싸워 대기(大忌)하나, 수(水)가 용신(用神)이면 식신생재(食神生財)로 만금의 가치가 있다.
■ 성격은 불의를 용납하지 않으며 의를 따른다.
■ 토금수운(土金水運)은 길하고 화운(火運)은 흉하다.

庚 庚 丙 辛　　四
辰 申 申 酉　　柱

壬 辛 庚 己 戊 丁　　大
寅 丑 子 亥 戌 酉　　運

이 사주는 경(庚)일생이 신(申)월 금왕절(金旺節)에 태어나 만국
이 금(金)이다. 신진(申辰) 반수국(半水局)하여 설기(泄氣)하는데
월천간(月天干) 병화(丙火)가 투간(透干)하여 병(病)이 되나, 년간
(年干)의 신금(辛金)이 유정하게 합(合)되어 흉이 길로 변했다. 금
수상관격(金水傷官格)이니 병화(丙火)가 희신(喜神)인 것 같으나
종혁격(從革格)에 희용신(喜用神)을 토금수(土金水)로 보아야 정격
(正格)이 된다.

무술(戊戌)·기운(己運)의 15년 동안 아버지와 형제가 권력을 누
렸으며, 자신도 외국유학까지 하여 해자운(亥子運)에 크게 성공했
고, 네 명의 자식도 출세했다. 그러나 축운(丑運) 자(子)년에 경금
(庚金) 자신이 사궁(死宮)에 들고, 축(丑)에 입묘(入墓)하여 세상을
하직하고 말았다.

癸 辛 庚 癸　　四
巳 酉 申 酉　　柱

甲 乙 丙 丁 戊 己　　大
寅 卯 辰 巳 午 未　　運

이 사주는 신금(辛金)일이 금왕절(金旺節)인 신(申)월에 태어나
만국이 금(金)이고, 사유신유(巳酉申酉)로 금국(金局)을 이루어 종
혁격(從革格)이 되었다. 그러나 대운(大運)이 토금운(土金運)으로
가야만 성공할 수 있는데, 사오미(巳午未) 남방운(南方運)과 인묘
진(寅卯辰) 동방운(東方運)으로 향하니 성공할 수 있겠는가.

전왕격(專旺格)은 대개 진격(眞格)이 되기 어렵고, 대운(大運)도 길 운(吉運)을 만나야 발전한다. 종혁격(從革格)에는 토금수(土金水)가 희용신(喜用神)이니 매사에 신경을 써 활용하기 바란다.

```
乙 庚 庚 癸      四
酉 戌 申 酉      柱


甲 乙 丙 丁 戊 己      大
寅 卯 辰 巳 午 未      運
```

이 사주는 경금일주(庚金日柱)가 금왕절(金旺節)인 신(申)월에 태어나고, 지지(地支)에 신유술(申酉戌) 금국(金局)을 이루었으니 종혁격(從革格)이다. 사오미(巳午未) 남방(南方) 화운(火運)에 용신(用神)과 상반되어 되는 일 없이 병으로 고생했고, 진운(辰運)이 들면서 신진(申辰) 수국(水局)을 이루니 병이 되는 술(戌) 중의 정화(丁火)를 제거하고 습토(濕土)인 진토(辰土)가 용신(用神) 금(金)을 생(生)하여 발전하다가 인운(寅運)에 금절어인(金絶於寅)하여 사망했다.

5. 윤하격(潤下格)

윤하격(潤下格)은 임계일주(壬癸日柱)가 해자축진(亥子丑辰)월에 태어나고, 지지(地支)가 모두 해자축(亥子丑) 북방(北方)이거나 신자진(申子辰) 수국(水局)이고, 무기술미(戊己戌未)의 관살(官殺)이 없으면 성립된다.

- 수(水)가 용신(用神)이고 금(金)이 희신(喜神)이다.
- 목(木)을 만나면 왕성한 수(水)를 설기(泄氣)하니 길하고, 관살(官殺) 토(土)를 만나면 왕성한 수(水)를 역세(逆勢)하니 흉하다.
- 화(火)는 재(財)이므로 많은 수(水)에 쟁재(爭財)되어 불길하나, 목(木)이 용신(用神)이면 식신생재(食神生財)하여 길해진다.
- 단정하며 인의를 중하게 여기는 고매한 성품으로, 평생 큰 재난 없이 지낼 수 있는 고귀하고도 다복하다.

壬 癸 辛 壬　　四
子 丑 亥 子　　柱

★

戊 丁 丙 乙 甲 癸 壬　　大
午 巳 辰 卯 寅 丑 子　　運

　이 사주는 계(癸)일생이 지지(地支)에 해자축(亥子丑) 수국(水局)을 이루었으니 윤하격(潤下格)이다. 임자계(壬子癸)의 초년운은 용신운(用神運)으로 부귀한 가문에서 태어나 귀동자로 호화스럽게 자랐고, 갑인(甲寅)·을묘운(乙卯運)의 20여 년 동안은 왕수(旺水)를 순하게 설기(泄氣)하므로 부중유기(富中有氣)로 일발 출세했다. 그러나 병진운(丙辰運)에는 군비쟁재(群比爭財)하고, 수(水) 본신(本身)이 수고(水庫)인 진(辰)에 입묘(入墓)하여 사망했다. 부귀와 영

화도 잠시 잠깐이니 희기신(喜忌神)의 동태를 잘 살펴서 간명해야
한다.

```
辛 癸 辛 壬      四
酉 酉 亥 申      柱


丙 乙 甲 癸 壬     大
辰 卯 寅 丑 子     運
```

 이 사주는 계(癸)일생이 수왕절(水旺節)인 해(亥)월에 태어나고, 5
금(金) 3수(水)로 양신성상격(兩神成象格)이 되나, 용신(用神)은 금
수목(金水木)으로 같다. (예)와 같이 갑인(甲寅)·을묘(乙卯) 대운
(大運)에 왕수(旺水)를 설(泄)하여 성공했으나, 병운(丙運)에 군비
쟁재(群比爭財)로 패망하고, 진운(辰運)에 왕수(旺水) 입묘(入墓)로
사망했다.

6. 종재격(從財格)

 종재격(從財格)은 일주(日柱)가 쇠약한데 재(財)월에 태어나고, 지
지(地支)가 모두 재지(財支)이거나 재국(財局)을 이루고, 천간(天
干)에는 생재자(生財字)만 있고, 일간(日干)을 돕는 생왕기(生旺氣)
가 하나도 없으면 성립된다.

■ 갑을(甲乙)일생이 쇠약하고 무기진술축미(戊己辰戌丑未)가 모두

있으면 종재격(從財格)이다.

■ 병정(丙丁)일생이 쇠약하고 신유술사유축(申酉戌巳酉丑)이 모두 있으면 종재격(從財格)이다.

■ 무기(戊己)일생이 쇠약하고 해자축신자진(亥子丑申子辰)이 모두 있으면 종재격(從財格)이다.

■ 경신(庚辛)일생이 쇠약하고 인묘진해묘미(寅卯辰亥卯未)가 모두 있으면 종재격(從財格)이다.

■ 임계(壬癸)일생이 쇠약하고 사오미인오술(巳午未寅午戌)이 모두 있으면 종재격(從財格)이다.

■ 재(財)가 용신(用神)이고 식신(食神)이 생재(生財)하니 식상(食傷)이 희신(喜神)이다.

■ 생조(生助)하는 인비(印比)는 모두 기신(忌神)이 되고 관살(官殺)은 방해함이 없으니, 식재관운(食財官運)은 길하고 인비운(印比運)은 흉하다.

■ 성격은 남달리 의협심이 강하다.


```
庚 丁 庚 戊      四
戌 酉 申 申      柱


丙 乙 甲 癸 壬 辛      大
寅 丑 子 亥 戌 酉      運
```

이 사주는 정화(丁火)가 금왕절(金旺節)에 태어났고, 생조(生助)의

기(氣)가 한 점도 없고, 지지(地支)는 신유술(申酉戌) 금국(金局)을 이루고, 년천간(年天干) 무토(戊土)는 본신(本身) 정화(丁火)를 설기(泄氣)하여 금재(金財)를 생(生)하니, 정화(丁火) 혼자서는 많은 재(財)를 감당하기 어려워 자신을 포기하고 금재(金財)를 따라야 하기 때문에 종재격(從財格)이 된다. 종재격(從財格)의 용신(用神)은 식재(食財)라고 했으니, 토금운(土金運)은 길하고 관살(官殺)이 되는 수운(水運)도 왕성한 금재(金財)를 순하게 설기(泄氣)하니 길하다. 인비운(印比運)은 불길하니 목운(木運)은 생왕기(生旺氣)로 종(從)함을 방해하여 불길하고, 화운(火運)은 종(從)하는 화(火)를 도와 왕재금(旺財金)을 극(剋)하니 대흉하다.

乙 壬 庚 丙　　四
巳 午 寅 寅　　柱

丁 丙 乙 甲 癸 壬 辛　　大
酉 申 未 午 巳 辰 卯　　運

이 사주는 임(壬)일생이 뿌리가 없고, 목화(木火)가 왕성하여 종재격(從財格)이 된다. 종재격(從財格)도 식상(食傷)이 있어야 식신생재(食神生財)하여 귀격(貴格)이 된다. 종재격(從財格)에서는 인성(印星)이 병(病)이 되는데, 년천간(年天干) 병화(丙火)가 인오사(寅午巳)에 유근(有根)하여 월천간(月天干) 경금(庚金) 인성(印星)을 극파(剋破)하니, 병(病)이 되는 인성(印星) 경금(庚金)이 무력(無力)하다. 이 사주에서는 경금(庚金)이 병(病)이 되고 병화(丙火)가 약신(藥神)이 되므로, 목화(木火) 용신(用神)으로 사오미(巳午未) 남방(南方) 화운(火運)에서 고시에 합격했고, 마침내 차관의 자리까지 오른 대귀한 사주이다. 신운(申運)이 오면 용신(用神) 병화(丙火)의 뿌리 인목(寅木)을 극충(剋沖)하고, 병(病)이 되는 경금(庚金)이 건록(建祿)으로 통근(通根)하니 대흉하다.

- 「병약상제(病藥相制)에 대성약운(大成藥運)하고, 병운(病運)이 중래(重來)면 신귀천세(身歸泉世)라.」 이것은 사주에 병(病)이 있으면 약운(藥運)에 대성하고, 병(病)이 있는데 병운(病運)이 오면 귀천세(歸泉世)한다는 뜻이다.

- 「사주유병(四柱有病)에 막봉병운(莫逢病運)하라, 병중무구(病重無救)하니 신등옥경(身登玉京)이라.」 이것은 사주에 병(病)이 있으면 병운(病運)을 만나지 말라. 약운(藥運)이 오지 않으면 세상을 뜨게 된다는 뜻이다.

- 「사주유병(四柱有病)은 부귀지본(富貴之本)인데 제거병(除去病)이면 위귀(爲貴)하고, 무구(無救)이면 위빈(爲貧)이라.」 이것은 사주에 병(病)이 있는데 약운(藥運)을 만나면 부귀하고, 약운(藥運)을 만나지 못하면 가난을 면하기 어렵다는 뜻이다.

- 「사주무병(四柱無病)이면 평상지인(平常之人)인데 운행가병(運行加病)이면 약석(藥石)이 무구(無救)이다.」 이것은 사주에 병(病)이 없으면 보통사람이지만 운에서 병(病)을 만나면 백약이 무효하다는 뜻이다.

7. 종살격(從殺格)

종살격(從殺格)은 관살(官殺)이 왕성하여 일주(日柱)가 쇠약하고, 인성(印星)과 비겁(比劫)의 방조신(幇助神)이 없어 약하고, 일주(日柱) 무근(無根)에 전국이 관살(官殺)이면 성립된다.

- 갑을(甲乙)일생이 최약(最弱)이고, 신유술(申酉戌)이나 사유축(巳酉丑)이 모두 있으면 종살격(從殺格)이 된다.
- 병정(丙丁)일생이 최약(最弱)이고, 해자축(亥子丑)이나 신자진(申子辰)이 모두 있으면 종살격(從殺格)이 된다.
- 무기(戊己)일생이 최약(最弱)이고, 인묘진(寅卯辰)이나 해묘미(亥卯未)가 모두 있으면 종살격(從殺格)이 된다.
- 경신(庚辛)일생이 최약(最弱)이고, 사오미(巳午未)나 인오술(寅午戌)이 모두 있으면 종살격(從殺格)이 된다.
- 임계(壬癸)일생이 최약(最弱)이고, 무기진술축미(戊己辰戌丑未)가 모두 있으면 종살격(從殺格)이 된다.

- 관살(官殺)이 용신(用神)이고 재성(財星)이 희신(喜神)이다.
- 인수(印綬)가 관살(官殺)을 설기(泄氣)하여 생신(生身)함을 꺼리고, 비겁(比劫)도 항살(抗殺)하니 꺼린다.
- 종살격(從殺格)은 재관(財官)이 용신(用神)으로 재관운(財官運)은 길하고, 인비식운(印比食運)은 흉하다.
- 온화한 성품으로 수복을 겸비한다.

```
乙 乙 辛 戊      四
酉 丑 酉 辰      柱


乙 丙 丁 戊 己 庚      大
卯 辰 巳 午 未 申      運
```

이 사주는 을(乙)일생이 금왕절(金旺節)인 유(酉)월에 태어나고, 간지(干支)에 토금재관(土金財官)이 많고, 음간(陰干)은 종세(從勢)함을 기뻐하니 종살격(從殺格)이 된다. 시천간(時天干) 을목(乙木)이 용신(用神)인 것 같으나, 절지(絶地)에 앉은 비겁(比劫)은 용신(用神)이 될 수 없고 종(從)하는데 오히려 아픔이 될 뿐이다. 무운(戊運) 30세 이전은 왕성한 살을 순세로 도와 길했으나, 오정병(午丁丙) 화운(火運)은 용신(用神) 왕살(旺殺)을 극(剋)하여 재난이 많았다. 앞으로 을묘운(乙卯運)이 오면 왕살(旺殺) 신유금(辛酉金)을 천충지충(天沖支沖)하여 명을 다하리라고 본다.

```
甲 辛 丁 丁      四
午 巳 未 未      柱
```

이 사주는 신금(辛金)일생이 미(未)월인 염천에 태어나 화(火)가 왕성한데, 사오미(巳午未) 남방(南方) 화국(火局)을 이루니 하나 있는 신금(辛金)이 의지할 곳이 없다. 음간(陰干)은 종세(從勢)함을 기뻐하니 왕성한 살을 따라 종살격(從殺格)이 된다. 시천간(時天干) 갑목(甲木)은 왕성한 화(火)의 연료가 되어 생화(生火)하니 더욱더 아름답다. 목화운(木火運)에서는 크게 발전하나 수운(水運)과 토금운(土金運)은 대흉하다. 대운(大運)은 사오미(巳午未) 인묘진(寅卯辰)으로 역행(逆行)한다.

8. 종아격(從兒格)

종아격(從兒格)은 일주(日柱)가 매우 약하고, 관인(官印)이 없고, 사주 전체가 식상(食傷)으로만 구성되면 성립된다.

■ 식상(食傷)과 재성(財星)이 용신(用神)이고, 인성(印星)과 관살(官殺)이 기신(忌神)이 된다.
■ 특수한 기능의 소유자로 교만하며 남에게 지는 것을 싫어한다.

```
癸 辛 壬 壬      四
亥 酉 子 子      柱
   建
   祿

戊 丁 丙 乙 甲 癸      大
午 巳 辰 卯 寅 丑      運
```

이 사주는 자(子)월 신(辛)일생으로 수(水) 식상(食傷)이 태왕(太旺)하여 일지(日支) 유금(酉金)이 전록(專祿)으로 용신(用神)이 되는 것 같다. 그러나 천지만국이 수(水) 식상(食傷)이라 부득이 종아(從兒)한다. 따라서 일지(日支) 유금(酉金)이 종아격(從兒格)에 방해가 되므로 병신(病神)이 된다. 초년인 계축(癸丑)운은 용신(用神)의 대운(大運)이므로 부유한 집안에서 태어나 부모님의 사랑 속에 성장하고, 갑운(甲運)도 왕수(旺水)를 순하게 설기(泄氣)하므로 일찍 발전하고, 을묘운(乙卯運)은 왕수(旺水)를 설기(泄氣)하며 병성(病星)이 되는 일지(日支) 유금(酉金)을 충거(沖去)하니 더욱더 발전한다. 병운(丙運)은 큰 흠은 없으나 진운(辰運)이 들면서 병신(病神) 유금(酉金)을 생합(生合)하고, 왕수(旺水)가 진(辰)에 입묘(入墓)하는데 년운(年運) 무술(戊戌)년에 왕수(旺水)를 충극(沖剋)하여 왕기역세(旺氣逆勢)로 사망했다.

```
丁 丁 戊 辛      四
未 未 戌 未      柱


壬 癸 甲 乙 丙 丁      大
辰 巳 午 未 申 酉      運
```

이 사주는 정(丁)일생이 술(戌)월 토왕절(土旺節)에 태어나고, 지지(地支)가 모두 토(土)이고, 무토(戊土)가 월상(月上)에 투출(透出)하니, 약한 일간(日干) 정화(丁火)는 식상(食傷) 토(土)를 따라 종아격(從兒格)이 되었다. 정유(丁酉)·병신운(丙申運)은 병정화(丙丁火)가 왕성한 토(土)를 순세로 생(生)하고, 신유금(申酉金)은 다시 왕성한 토(土)를 순하게 설기(泄氣)하니, 부유한 집안에서 태어나 행복하게 성장한다. 을대운(乙大運)은 왕성한 토(土) 용신(用神)을 극(剋)하여 가업이 기울었고, 미운(未運)은 평탄하나 갑대운

(甲大運)에 다시 패가하고, 오운(午運)은 대길하나 계운(癸運)과 임운(壬運)은 대흉하다.

9. 종왕격(從旺格)

종왕격(從旺格)은 사주가 모두 또는 대부분이 인성(印星)과 비겁(比劫)으로 구성되면 성립된다. 만일 관살(官殺)이 있으면 파격(破格)이 되고, 인성(印星)보다 비겁(比劫)이 더 많으면 종왕격(從旺格)이 된다.

■ 비겁(比劫)이 용신(用神)이고, 인수(印綬)는 희신(喜神)이다.
■ 인비운(印比運)을 만나면 크게 성공하고, 재관운(財官運)을 만나면 크게 실패한다.

乙 甲 乙 癸　　四
亥 寅 卯 卯　　柱

己 庚 辛 壬 癸 甲　　大
酉 戌 亥 子 丑 寅　　運

이 사주는 갑(甲)일생이 목왕절(木旺節) 묘(卯)월에 태어났고, 득령(得令)·득세(得勢)·득지(得地)하고, 극설신(剋洩神)은 하나도 없고, 천지만국이 인비(印比)로 비겁(比劫)이 인성(印星)보다 더 많으니 종왕격(從旺格)이 되었다.

초년 갑인운(甲寅運)에 부유한 집안에서 태어나 성장했고, 계축운(癸丑運)에서 고시에 합격했다. 여기서 축(丑)은 오행(五行)으로는 토(土)이나, 북방(北方) 습토(濕土)이니 사주의 시지(時支) 해(亥)와 합(合)되어 수(水)로 본다.

임자(壬子)·신해운(辛亥運)에 대귀하는데 신해운(辛亥運)에서 신금(辛金)은 목기(木氣)와 상극(相剋)이 되나, 사주 원국(元局)의 년천간(年天干) 계수(癸水)를 생(生)하여 탐생망극(貪生忘剋)으로 무사했고, 경술대운(庚戌大運)에는 토금(土金)이 왕성하여 용신(用神) 목(木)과 극충(剋沖)되어 파직되고 사망했다.

```
甲 丙 甲 丙    四
午 午 午 午    柱


庚 己 戊 丁 丙 乙    大
子 亥 戌 酉 申 未    運
```

이 사주는 병일주(丙日柱)가 오(午)월 화왕절(火旺節)에 태어났고, 지지(地支)에 4개의 양인(羊刃)이 있으니 종왕격(從旺格)이다. 을미병운(乙未丙運)까지는 부유한 집안에서 태어나 어려움이 없었고, 신운(申運)에는 군비쟁재(群比爭財)로 인하여 질병으로 고생이 많았다. 정운(丁運)은 용신(用神) 화(火)를 도우니 대귀했으나, 유운(酉運)에는 크고 작은 재앙이 따랐고, 무술(戊戌)·기운(己運)에는 승진에 승진을 거듭하여 벼슬길이 순탄했고, 경자운(庚子運)에는 왕성한 화용신(火用神)이 자(子)에게 충(沖)되어 전사했다.

10. 종강격(從强格)

종강격(從强格)은 사주의 전부나 대부분이 인성(印星)과 비겁(比劫)이 차지하고, 비겁(比劫)보다 인성(印星)이 더 많으면 성립된다. 그러나 사주에 관살(官殺)이 있으면 파격(破格)이 되어 다른 격(格)으로 본다.

■ 인비(印比)는 용신(用神), 재관식(財官食)은 기신(忌神)이다.

```
壬 甲 壬 壬      四
申 子 寅 子      柱


戊 丁 丙 乙 甲 癸      大
申 未 午 巳 辰 卯      運
```

이 사주는 갑(甲)일생이 인(寅)월에 태어나 득령(得令)하였고, 년월(年月)과 시천간(時天干)에 임수(壬水)가 있고, 년(年)과 일지(日支)에 인수(印綬)가 있으니 득령(得令)·득지(得地)·득세(得勢)하여 최강명(最强命)이고, 비겁(比劫)보다 인성(印星)이 더 많으니 종강격(從强格)이 되었다. 그러나 시지(時支)에 신금(申金) 관살(官殺)이 있어 아픔이 되는데 일지(日支) 자수(子水)와 삼합(三合)되어 수(水)로 변하니 방해되지 않는다.

초년 계묘(癸卯)·갑진을운(甲辰乙運)에는 부모님의 사랑 속에서 풍족하게 자랐으나, 사운(巳運)은 식상운(食傷運)으로 인성(印星)

과 상극(相剋)이 되며 인사신(寅巳申) 삼형(三刑)을 만나니 부모님이 모두 돌아가셨고, 병오운(丙午運)은 수화(水火)가 서로 싸우니 패가하며 사망했다. 희용신(喜用神)은 인비(印比)로 수목(水木)이고, 기신(忌神)은 재관식(財官食)으로 토금화(土金火)이다. 종강격(從强格)은 식상(食傷)이 인수(印綬)와 충극(沖剋)되니 대흉하다는 것을 명심하기 바란다.

11. 화격(化格)

1. 갑기합화토격(甲己合化土格 : 化土格)

갑기합화토격(甲己合化土格)은 갑(甲)일생이 기(己)월이나 기(己)시에 태어나거나, 기(己)일생이 갑(甲)월이나 갑(甲)시에 태어나고, 월지(月支)에 진술축미(辰戌丑未)가 있고, 갑을인묘(甲乙寅卯)의 관살(官殺)이 없으면 성립된다.

■ 화(火)가 용신(用神), 토금(土金)이 희신(喜神), 갑을인묘(甲乙寅卯)의 관살(官殺)이 기신(忌神)이다.

```
己 甲 戊 己    四
巳 戌 辰 丑    柱


庚 辛 壬 癸 甲 乙 丙 丁    大
申 酉 戌 亥 子 丑 寅 卯    運
```

이 사주는 갑(甲)일생이 천지만국이 토(土)인데, 년시(年時)에 2개의 기토(己土)가 있어 투합(鬪合)이 염려된다. 그러나 년천간(年天干) 기토(己土)는 월건(月建)을 사이로 서로 떨어져 있어 합(合)을 해도 무정하고, 시천간(時天干) 기토(己土)는 가까이에서 합(合)하여 유정으로 종화(從化)하니 화토격(化土格)으로 화토(火土)가 용신(用神)이다. 화토운(火土運)은 길하나 경금운(庚金運)이 오면 정합(情合)하는 갑목(甲木) 충거(沖去)로 인하여 격(格)을 파(破)하면 명을 다한다. 화격(化格)에서는 합화(合化)하는 오행(五行)을 대운(大運)이나 년운(年運)에서 충극(沖剋)하면 대흉운이 되어 사망하는 경우가 많다.

2, 을경합화금격(乙庚合化金格 : 化金格)

을경합화금격(乙庚合化金格)은 화금격(化金格)이라고도 하며, 경(庚)일생이 을(乙)월이나 을(乙)시에 태어나거나 을(乙)일생이 경(庚)월이나 경(庚)시에 태어나 신유(申酉)월에 해당하고, 병정사오(丙丁巳午)의 관살(官殺)이 없으면 성립된다.

- 토(土)가 용신(用神), 금수(金水)가 희신(喜神), 병정사오(丙丁巳午)의 관살(官殺)이 기신(忌神)이다.
- 토금운(土金運)은 길하고 화운(火運)은 흉하다.

```
乙 庚 辛 癸    四
酉 申 酉 丑    柱
```

이 사주는 양금(陽金)일생으로 종(從)하지 않고, 년천간(年天干)에 계수(癸水)가 있고, 강하면 설기(泄氣)를 기뻐하므로 시간(時干)을 목(乙木)이 상통되어 상관용재격(傷官用財格)으로 보기 쉽다. 그러나 왕성한 금(金)에 하나 있는 계수(癸水)는 탁한 물에 불과하니 용신(用神)이 되지 못하고, 을경(乙庚)이 합(合)하여 종화격(從化格)이 된다. 아무리 양(陽)일생이라도 유정합(有情合)이 있으면 종화격(從化格)이 되는데 문제가 없다.

3. 병신합화수격(丙辛合化水格 : 化水格)

병신합화수격(丙辛合化水格)은 화수격(化水格)이라고도 하며, 병(丙)일생이 신(辛)월이나 신(辛)시에 태어나거나, 신(辛)일생이 병(丙)월이나 병(丙)시에 태어나고, 월지(月支)가 신자진해(申子辰亥)월이고, 사주에 관살(官殺)이 없으면 성립된다.

■ 금(金)이 용신(用神), 수목(水木)이 희신(喜神), 화토(火土)가 기신(忌神)이다.

壬 辛 丙 甲　　四
辰 酉 子 申　　柱

이 사주는 월천간(月天干)에 병화(丙火)가 있으니 병신합화수(丙辛合化水)로 화수격(化水格)이 되고, 무술기축미(戊戌己丑未)가 하나도 없으니 병신합화수격(丙辛合化水格)이 된다. 금수운(金水運)

에는 발복하나 토운(土運)은 불길하다.

$$
\begin{array}{cccc}
丙 & 辛 & 壬 & 甲 \\
申 & 酉 & 申 & 申
\end{array}
\qquad
\begin{array}{c}
四 \\
柱
\end{array}
$$

이 사주는 지지(地支)가 모두 금(金)이니 전왕(專旺)사주로 종혁격(從革格)처럼 보이나, 병화(丙火)가 시천간(時天干)에 유정합(有情合)되어 병신합화수격(丙辛合化水格)이고, 월천간(月天干) 임수(壬水)가 병신합화수(丙辛合化水)를 방해할 것 같으나 떨어져 있으니 순으로 변한다. 이 사주는 만국이 금(金)이니 병신(丙辛)이 합수(合水)하여 금(金)을 따라 금수(金水)로 용신(用神)을 삼는다.

4. 정임합화목격(丁壬合化木格 : 化木格)

화목격(化木格)이라고도 한다. 정(丁)일생이 임(壬)월이나 임(壬)시에 태어나거나, 임(壬)일생이 정(丁)월이나 정(丁)시에 태어나, 월지(月支)가 인묘진(寅卯辰) 방합(方合)이나 해묘미(亥卯未) 삼합(三合) 월에 해당하고, 경신신유(庚申辛酉)의 관살(官殺)이 없으면 성립한다.

■ 목(木)이 용신(用神)이고, 수화(水火)가 희신(喜神)이다.
■ 수목화운(水木火運)은 길하고 관살(官殺)이 되는 금운(金運)은 흉하다.

```
丁 丁 壬 壬    四
未 卯 寅 辰    柱
```

이 사주는 정임(丁壬) 정임(丁壬) 두 쌍이 합(合)하고, 지지(地支)에서 인묘진(寅卯辰)이 동방목(東方木)을 이루니 목(木)을 따라 종화(從化)한다. 따라서 목(木)이 용신(用神)이며 수화(水火)가 희신(喜神)이니, 수목화운(水木火運)은 대길하고 금운(金運)은 흉하다. 성명학에도 희용신(喜用神)을 적용하는 것이 당연하다고 생각한다.

5. 무계합화화격(戊癸合化火格 : 化火格)

화화격(化火格)이라고도 한다. 무(戊)일생이 계(癸)월이나 계(癸)시에 태어나거나, 계(癸)일생이 무(戊)월이나 무(戊)시에 태어나, 월지(月支)가 사오미(巳午未) 방합(方合)이나 인오술(寅午戌) 삼합(三合) 월에 해당하고, 임계해자(壬癸亥子)의 관살(官殺)이 없으면 성립한다.

■ 목(木)이 용신(用神)이고, 화토(火土)가 희신(喜神)이다.
■ 목화토운(木火土運)은 길하고, 수운(水運)은 흉하다.

```
戊 癸 戊 癸    四
午 卯 午 巳    柱

乙 甲 癸 壬 辛 庚 己    大
丑 子 亥 戌 酉 申 未    運
```

이 사주는 계(癸)일생이 오(午)월 화왕절(火旺節)에 태어나 남녀가 쌍으로(戊癸, 戊癸) 합화화(合化火)하는데, 지지(地支)에도 화기(火氣)가 왕성하며 묘목(卯木)이 생화(生火)한다. 종진화격(從眞化格)으로 여자가 총명했으나 대운(大運)이 병사절(病死絶)로 흐르고, 월시(月時)에 양 도화살(桃花殺)이 있고, 일찍부터 금수운(金水運)을 만나 흉운이 되니 평생 천한 직업에 종사했다.

12. 건록격(建祿格)

월지(月支)에 건록(建祿)이 있으면 건록격(建祿格), 일지(日支)에 건록(建祿)이 있으면 전록격(專祿格), 시지(時支)에 건록(建祿)이 있으면 귀록격(歸祿格) 또는 귀시격(歸時格)이라 한다.

(1) 건록격(建祿格)의 용신(用神)

	多星	用神	吉運	凶運
身弱四柱	財星	比劫	印比	財官
	官星	印綬	印比	財官
	食傷	印綬	印比	食傷財
身强四柱	印星	財星	食傷財	印比
	比劫	官星	財官	印比
	食傷有	財星	食傷財	印比
	官星有	財星	食傷財	比劫
	財星有	官星	財星	印比

```
丁 乙 己 庚      四
丑 卯 卯 寅      柱


丙 乙 甲 癸 壬 辛 庚      大
戌 酉 申 未 午 巳 辰      運
```

이 사주는 년월일(年月日)이 인묘묘(寅卯卯)로 구성되어 비겁(比劫)이 태왕(太旺)하니 신강(身强)사주이다. 년천간(年天干)의 경금(庚金) 정관(正官)이 용신(用神)이고, 시상(時上) 정화(丁火)가 병신(病神)으로 기신(忌神)이 된다. 초년 경진(庚辰)·신사(辛巳) 대운(大運)은 길하였고, 임운(壬運)은 병신(病神) 정화(丁火)를 합거(合去)하여 아픔을 제거하니 명예와 재물이 풍족했고, 오운(午運)은 병신(病神) 정화(丁火)가 건록(建祿)을 얻고 용신(用神) 경금(庚金)이 욕패지(浴敗地)가 되며 기신(忌神) 정화(丁火)의 극(剋)을 받아 대흉운으로 상배(喪配)했고, 갑운(甲運)은 겁재운(劫財運)으로 손재가 많았고, 신운(申運)은 용신(用神) 경금(庚金)이 건록(建祿)을 얻어 그동안 잃어버린 재산을 모두 찾고 재혼도 했다. 을운(乙運)은 용신(用神) 경금(庚金)을 합거(合去)하여 불길한 운이나 신유서방금운(申酉西方金運)이 되어 별탈없이 평탄했고, 병운(丙運)인 갑오(甲午)년에는 경금(庚金) 용신(用神)이 상하여 세상을 떠났다.

13. 전록격(專祿格)

```
戊 庚 辛 丙      四
寅 申 丑 午      柱


戊 丁 丙 乙 甲 癸 壬    大
申 未 午 巳 辰 卯 寅      運
```

　이 사주는 경신(庚申)일에 태어났으니 전록격(專祿格)으로 득령(得令)하였고, 3금(金) 2토(土)로 일주(日柱)가 왕성하다. 왕성하면 관성(官星)이 용신(用神)이 되는데, 관성(官星) 병화(丙火)를 월간(月干) 신금(辛金)이 합거(合去)하여 힘이 없고, 엄동에 인오화(寅午火)가 조후(調候)하며 연금해야 하는데, 초년 인묘갑운(寅卯甲運)은 희신운(喜神運)으로 흥함이 없었고, 진운(辰運)은 고생이 많았고, 을사(乙巳)·병오운(丙午運)은 희용신(喜用神) 운으로 엄동에 화용신(火用神)이 왕성해지니 공무원으로 명예가 올라갔고, 58세 정운(丁運)에는 용신(用神) 병화(丙火)를 합거(合去)한 신금(辛金)을 극제(剋制)하니, 병화(丙火)가 편관(偏官)으로 권력을 발휘하여 국회의원이 되었다. 그러나 무신운(戊申運) 이후는 기신운(忌神運)으로 불행이 따를 것이다.

14. 귀록격(歸祿格)

```
丁 戊 戊 丁     四
巳 子 申 卯     柱
```

```
辛 壬 癸 甲 乙 丙 丁     大
丑 寅 卯 辰 巳 午 未       運
```

이 사주는 무(戊)일생이 사(巳)시에 태어나 건록(建祿)을 얻어 귀록격(歸祿格)이 되었다. 지지(地支)의 묘신자(卯申子)로 설기(泄氣)하여 신약(身弱)사주가 되었다. 용신(用神)은 화(火), 희신(喜神)은 목(木), 기신(忌神)은 금수(金水)이다. 초년 30여 년은 사오미(巳午未) 남방(南方) 화운(火運)이라 부모덕으로 편안하며 공무원으로 입신했다. 갑운(甲運)도 희신운(喜神運)으로 관인상생(官印相生)하여 길하다.

그러나 진운(辰運)부터는 신자진(申子辰) 수국(水局)이 용신(用神)인 화인성(火印星)을 극(剋)하니 대흉하여 관재를 당했으며, 재산상으로 크게 패하였다. 인묘진(寅卯辰) 동방(東方) 목운(木運)에는 멀리서 인성(印星)을 생(生)하나 인묘(寅卯) 두상(頭上)에 임계수(壬癸水) 기신(忌神)이 개두하여 길함이 적었다. 목(木)은 희신(喜神)으로 화(火)를 동반하면 크게 발전하나, 수(水)와 같이 오면 습목(濕木)으로 생화(生火) 능력이 떨어진다는 것을 명심하기 바란다.

15. 양인격(羊刃格)

양인살(羊刃殺)은 녹전일위(祿前一位)이고, 음일간(陰日干)은 양인살(羊刃殺)로 보지 않는다. 포태법(胞胎法)으로 양인살(羊刃殺)은 제왕지(帝旺地)이고, 음인살(陰刃殺)은 관대지(冠帶地)가 된다.

(1) 양인격(羊刃格)의 용신(用神)

	多星	用神	吉運	凶運
身弱四柱	財星	比劫	印比	財官
	官星	印綬	印比	財官食
	食傷	印綬	印比	財官食
身强四柱	印星	財星	食財	印比
	比劫	官星	財官	印比
	食傷有	財星	食財	印比
	財星有	官星	財官	比劫

```
庚 甲 乙 戊      四
午 戌 卯 戌      柱


壬 辛 庚 己 戊 丁 丙      大
戌 酉 申 未 午 巳 辰      運
```

이 사주는 갑(甲)일생이 묘(卯)월에 태어나 양인격(羊刃格)이 되었다. 묘(卯) 중의 을목(乙木)이 월간(月干)에 투간(透干)하여 겁재(劫財) 양인(羊刃)이라 하는데, 시천간(時天干)의 경금(庚金) 칠살(七殺)이 양인(羊刃)과 합(合)하니 양인합살격(羊刃合殺格)으로 귀명(貴命)이다. 목(木)은 강하고 금살(金殺)은 약하니 제살(制殺)은 필요하지 않고, 년간(年干)의 무토(戊土) 재성(財星)으로 경금(庚金) 칠살(七殺)을 도와주니 길하다.

그러나 년천간(年天干) 무토(戊土)가 지지(地支) 술토(戌土)에 뿌리를 내려 경금(庚金)을 생(生)할 것 같으나, 사주 원격(元格)에 수(水)가 없어 조토(燥土)가 되니 경금(庚金)을 생(生)하지 못한다. 따라서 정사(丁巳)·무오(戊午)·기미운(己未運)인 30여 년 동안 관재도 많았고, 만사가 침체되어 고생하다 경신운(庚申運)부터 순풍을 만나 편안하게 생활했다.

그러나 경신운(庚申運)부터 벼슬길에 올라 고관으로 행세해야 하는데, 사주 원국(元局)에 수(水)가 하나도 없어 대격(大格)이면서도 대격(大格)이 되지 못한 사주이다. 양인합살격(羊刃合殺格)은 양인(羊刃)과 칠살(七殺)이 합(合)을 이루는 것인데, 이 격(格)에서는 시천간(時天干)의 경금(庚金) 칠살(七殺)과 묘(卯) 중의 을목(乙木)과 을경(乙庚)으로 합(合)한 것을 말한다.

지금까지 내팔격(內八格)과 외격(外格)에 해당하는 종격(從格), 화격(和格), 녹격(祿格), 양인격(羊刃格) 등 20여 가지의 격(格)을 설명했다. 강한 것은 억제하고 약한 것은 도와주는 것이 용신법(用神法)의 묘리이며 철칙이다. 그러나 워낙 태강하여 감히 누를 수 없는 힘을 가졌다면 건드리지 않고 힘을 돋구어 주거나 강한 힘을 순리로 빼는 것이 현명하다. 종격(從格)은 신강(身强)이냐 신약(身弱)이냐를 떠나, 사주의 대부분을 차지하고 있는 육친의 기세에 따라 용신(用神)을 정하는 것이다.

8장. 육신론(六神論)

1. 비견(比肩)

- 분록(分祿)이라고도 하고, 분산·이별·분가·투쟁 등과 동업운을 본다.
- 비견(比肩)이 길신(吉神)이면 주식회사나 대중협조사업 등 공동사업이 길하다. 삼합(三合)이니 육합(六合)이 있으면 더욱더 길하다.

2. 겁재(劫財)

- 모살(耗殺)이라고도 하고, 비견(比肩)과 같이 투쟁·손재·탈재 등으로 본다.
- 겁재(劫財)가 왕성하면 교만하며 자존심이 강하다.
- 겁재(劫財)가 흉신(凶神)이면 투자사업은 반드시 실패하고, 길신(吉神)이라 해도 봉급생활이 무난하다.

3. 식신(食神)

■ 의식주와 사업성, 봉록으로 보니 봉급생활도 길하다.

■ 식신(食神)이 유기(有氣)하면 체구가 풍만하고, 마음이 원만하나 호색의 기질이 있다.

■ 직업으로는 교육계 · 의약계 · 역술 · 요식업 등이 길하다.

■ 식신(食神)이 관(官)을 만나면 식극관(食剋官)하니 생산업은 실패한다.

■ 식신(食神)이 재(財)를 만나면 식신생재(食神生財)하니 금융업이 길하다. 식신(食神)이 생재(生財)하니 식신(食神)은 조폐공사의 역할로 돈줄과 같다고 할 수 있다. 식신(食神)은 그물이요 생선은 재물과 같으니, 식신(食神)이 있어야만 재물복도 있다. 그물이 있어야 고기를 잡을 수 있는 것과 같은 이치로 보면 이해가 빠를 것이다.

4. 상관(傷官)

■ 도살(盜殺)이라고도 하고, 경쟁이나 방해살로 본다.

■ 교만하나 머리가 좋다. 발명가에서 많이 나타난다.

■ 직업은 상관(傷官)이 생재(生財)하니 생산업이 길하다. 만일 말솜씨가 유창하면 정치계통이 길하다.

■ 상관(傷官)은 상할상(傷) 자와 벼슬관(官) 자로 정관(正官)을 극파(剋破)하나, 총명하며 준수하여 문학과 사상에도 탁월하다.

5. 정재(正財)

■ 재백(財帛)이라고도 하고, 가옥이나 전토 등의 부동산과 현금으

로 본다.

■ 직업은 재(財)가 왕성하면 금융업이나 현금사업 등이 길하다.

6. 편재(偏財)

■ 유동적인 재산으로 보니 동산과 횡재수로 보고, 외교·상인 등 으로도 본다.

■ 편재(偏財)가 공망(空亡)이나 충파(沖破)를 만나면 작은 상인에 지나지 않는다.

■ 편재(偏財)가 길신(吉神)이면 운수업·금융업·투기업 등이 길 하다.

■ 비겁(比劫)이 기신(忌神)이면 비극재(比剋財)하는 원리와 같이 현금사업은 실패한다.

■ 다정다감하며 사교적이다.

7. 정관(正官)

■ 품위와 명예, 권세 등으로 본다.

■ 공직에 있으면 행정관, 기업체에서는 중역을 나타낸다.

8. 편관(偏官)

■ 귀살(鬼殺)이라고도 한다. 편관격(偏官格)이 격(格)이 좋으면 영 웅호걸이 되나, 불리하면 소인노복에 불과하다.

■ 직업은 군인·경찰·검찰 등 강한 직업이나 기술직이 적합하다.

9. 정인(正印)

- 문창성(文昌星)이니 문예·교육·언론 등이 길하다.
- 관인상생(官印相生)이 되면 공무원이나 회사의 중역, 정치계 등이 길하다.

10. 편인(偏印)

- 효살(梟殺)이라고도 한다.
- 편중된 학문으로 문예·서화·철학·기술·언론·정치·중개업·의약업·교육자·점술 등이 길하다.

9장. 상생(相生)과 상극(相剋)

  사주추명학은 상생상극(相生相剋)의 원리를 얼마나 이해하느냐에
따라 진도가 달라진다.

1. 상생(相生)

(1) 인생비(印生比)
  인성(印星)은 나와 비견(比肩)과 겁재(劫財)를 생(生)한다. 어머니
는 나와 나의 형제를 낳고 도와주므로 비겁(比劫)이 많으면 인성
(印星)이 약하다.

(2) 비생식(比生食)
  나와 비겁(比劫)은 식신(食神)과 상관(傷官)을 생(生)하며 도와주
니, 식상(食傷)이 많으면 일주(日柱)가 약하다.

(3) 식생재(食生財)

식상(食傷)은 정재(正財)와 편재(偏財)를 생(生)하며 도와주니, 재성(財星)은 식상(食傷)에 의해 성장한다.

(4) 재생관(財生官)

재성(財星)은 정관(正官)과 편관(偏官)을 생(生)하며 도와주니, 관성(官星)은 재(財)에 의지하면서 살아간다.

(5) 관생인(官生印)

관성(官星)은 정인(正印)과 편인(偏印)을 생(生)하며 도와주니, 인성(印星)은 관성(官星)이 있어야 힘을 쓴다.

2. 상극(相剋)

(1) 비극재(比剋財)

나와 비겁(比劫)은 정편재(正偏財)를 극(剋)하며 다스리니, 비겁(比劫)이 많으면 쟁재(爭財)한다.

(2) 재극인(財剋印)

정편재(正偏財)는 인성(印星)을 극(剋)하며 다스리니, 재성(財星)이 많으면 인성(印星)이 약하다.

(3) 인극식(印剋食)

정편인(正偏印)은 식상(食傷)을 극(剋)하며 다스리니, 인성(印星)

이 많으면 식상(食傷)이 약하다.

(4) 식극관(食剋官)

식상(食傷)은 정편관(正偏官)을 극(剋)하며 다스리니, 식상(食傷)
이 많으면 관성(官星)이 약하다.

(5) 관극비(官剋比)

관성(官星)은 나와 비겁(比劫)을 극(剋)하여 무력하게 만든다.

Ⅲ부. 응용편

1장. 단식감정(單式鑑定)

1. 선조봉사에 성의 없는 사주

부모에게 효도하고 불효하는 것도 사주팔자에 나타난다. 다음에 해당하는 사람은 선조봉사에 성의가 부족한 사람이다. 지금까지 공부한 상생(相生)과 상극(相剋), 육친화현법(六親化現法)을 염두하면서 여러 가지 합(合)과 살(殺)을 활용한다면 추리할 수 있을 것이다.

(1) 일간(日干)이 생년(生年)을 충극(沖剋)하는 사주

생일(生日)은 자신이고 생년(生年)은 선조를 나타내니, 일간(日干)이 생년(生年)을 충극(沖剋)하는 것은 자신이 선조를 극(剋)하는 형상으로 선조봉사에 성의가 없다.

(2) 생년(生年)과 생월(生月)이 형충(刑沖)이나 공망(空亡)된 사주

庚 壬 癸 丙　　四
子 寅 巳 寅　　柱

이 사주는 일천간(日天干) 임수(壬水)가 년천간(年天干) 병화(丙火)를 극(剋)하고, 일지(日支) 인(寅)이 월지(月支) 사(巳)를 인사(寅巳)로 형(刑)하니, 조상덕을 잊고 선조봉사에 성의가 없다.

丙 甲 乙 戊　　四
寅 戌 卯 辰　　柱

이 사주는 일천간(日天干) 갑목(甲木)이 년천간(年天干) 무토(戊土)를 상충(相沖)하고, 일지(日支) 술토(戌土)도 년지(年支) 진토(辰土)를 상충(相沖)하니 선조봉사에 성의가 없다. 선조 뿐 아니라 상사에게도 불충하다.

2. 고향을 떠나는 사주

(1) 생년(生年)이나 생일지(生日支)에 지살(地殺)이 있는 사주

지살(地殺)과 역마(驛馬)는 돌아다니는 것을 뜻하니, 사주에 역마(驛馬)나 지살(地殺)이 있으면 이곳 저곳으로 떠도는 형상이 된다.

(2) 생일(生日)과 생월(生月)이 상충(相沖)·상형(相刑)·원진(怨嗔)이 되는 사주

생일(生日)은 내몸, 생월(生月)은 부모궁, 상충(相沖)과 상형(相刑)은 이탈·배반·이별 등을 나타내니, 부모를 떠나 타향살이를 하는 것이다.

(3) 역마살(驛馬殺)이나 지살(地殺)이 많거나 월령(月令)이 공망(空亡)된 사주

월건(月建)은 부모궁으로 기초이며 기반이고, 공망(空亡)은 파괴로 황폐함을 나타내니, 월지(月支)가 공망(空亡)되면 고향을 떠나는 것은 당연한 이치이다.

甲 丙 戊 壬　　四
午 申 申 寅　　柱

이 사주는 생년(生年)에 지살(地殺)과 월일(月日)에 역마(驛馬)가 있어, 30세 전에 외항선원으로 이국만리로 떠났다. 그후로도 객지에서 풍파를 면하지 못했다.

己 壬 戊 庚　　四
酉 寅 寅 申　　柱

이 사주는 년(年)에 지살(地殺) 신금(申金)이 있고, 월일(月日)에 인(寅) 역마(驛馬)가 있어 평생 객지에서 풍파를 겪으며 고생했다.

3. 부모형제와 화목하지 못한 사주

(1) 생일(生日)과 생월(生月)이 형충파해(刑沖破害)되거나 원진(怨嗔)이 되는 사주

앞에서 설명한 것과 같이 일주(日柱)는 자신인데, 부모형제궁인 월지(月支)를 형충파해(刑沖破害)하거나 원진(怨嗔)이 있으면 충돌과 언쟁, 배반과 이탈, 무은과 무례로 이해심이 없다. 원진(怨嗔)이란 반목과 불화를 만드는 흉신(凶神)이다. 사주추명학(四柱推命學)을 연구한다는 것은 길함과 흉함을 미리 추리하여 생활에 유익하게 하자는 깊은 뜻이 있는 것이다.

```
乙 甲 戊 庚      四
亥 午 子 午      柱
```

이 사주는 월지(月支) 자(子)와 일지(日支) 오(午)가 상충(相沖)하고, 천간(天干)에서 일월(日月)의 갑무(甲戊)가 충극(沖剋)하고 있으니 부모형제와 불화하였다.

```
庚 庚 辛 乙      四
辰 戌 巳 亥      柱
```

이 사주는 일월(日月)이 사술(巳戌)로 원진(怨嗔)이 되어 부모형제간에 매우 불화하였다. 년(年)에 지살(地殺)과 월(月)에 역마(驛馬)가 들었으니 초년부터 객지에서 풍파를 겪어야 하는 운명이고,

천간(天干)과 지지(地支)가 모두 충(沖)이 되어 정(靜)함이 없으니 의지할 곳 없는 파란만장한 팔자이다.

4. 아버지가 흉사(凶死)하는 사주

(1) 갑진(甲辰)일생이나 을미(乙未)일생 사주

(2) 편재성(偏財星)이 백호대살(白虎大殺)에 해당하는 사주

앞에서 설명한 것과 같이 백호대살(白虎大殺)은 견혈광지신(見血光之神)으로 피를 본다는 매우 흉한 살로, 급살(急殺)과 악살(惡殺)을 나타내니 육친법(六親法)에 따라 활용한다. 편재(偏財)는 아버지에 해당하니 아버지의 흉사(凶死)로 보는 것이다.

```
壬 戊 乙 己      四
戌 辰 亥 丑      柱
```

이 사주는 무(戊)일생으로 시천간(時天干) 임수(壬水)가 편재(偏財)로 아버지이다. 임술(壬戌)로 백호대살(白虎大殺)이 되고, 임무(壬戊)로 천충(天沖)이 되고, 진술(辰戌)로 지충(地沖)이 되어 아버지가 피살되었다. 숙부·고모·처첩도 편재(偏財)에 해당한다.

```
甲 甲 甲 壬      四
子 辰 辰 戌      柱
```

이 사주는 갑진(甲辰)일생이 편재(偏財)가 백호대살(白虎大殺)이
되어, 아버지가 병원에서 수술 중에 많은 출혈로 세상을 떠났다.

```
壬 癸 丁 庚        四
戌 酉 亥 辰        柱
```

이 사주는 계(癸)일생이 아버지 편재(偏財) 정화(丁火)가 술(戌)
중에 있고, 그 술(戌)이 다시 임술(壬戌) 백호대살(白虎大殺)이 되
어 아버지가 흉사(凶死)했다.

5. 부모님의 수명 판단법

- 야생부선망(夜生父先亡)하고, 주생모선망(晝生母先亡)한다.
- 부모성의 왕쇠(旺衰)로 판단한다. 부성(夫星)인 편재(偏財)가 쇠
  하면 아버지를 먼저 잃고, 모성인 인성(印星)이 쇠하면 어머니
  를 먼저 잃는다.
- 비겁운(比劫運)에 극부(剋父), 재운(財運)에 극모(剋母)한다.

(1) 부선망 : 12세, 경술(庚戌)년에 아버지가 돌아가심

```
壬 癸 丁 己        四
子 未 丑 亥        柱
```

★
癸甲乙丙　　大
酉戌亥子　　運
31 21 11　1
★
壬辛庚己　　年
子亥戌酉　　運
14 13 12 11

　이 사주는 기토(己土)가 투출(透出)하여 편관격(偏官格)이다. 엄동
태생으로 해자축(亥子丑) 수국(水局)을 이루니 병정화(丙丁火)의
온난과 무기토(戊己土)의 제방이 시급하다. 사오미(巳午未) 남방
(南方)이 필요하나 서북운(西北運)으로 흐르니, 유랑객의 팔자로
평생 노고에 시달리는 명이 되었다. 수토(水土)가 매우 왕성하니
미온의 정화(丁火) 편재(偏財)마저 생존할 가능성이 전혀 없다.

　사주에서 월천간(月天干)의 부성(夫星) 편재(偏財) 정화(丁火)기
실령(失令)했으나, 일지(日支) 미(未)의 정화(丁火)에 통근(通根)하
여 아름답게 보인다. 그러나 월령(月令)의 축(丑)과 축미(丑未)가
상충(相沖)되어, 미(未) 중의 정화(丁火)가 축(丑) 중의 계수(癸水)
에게 극파(剋破)를 당하니, 근절되어 정화(丁火) 편재(偏財)는 쇠약
이 되고 말았다. 을해대운(乙亥大運)에 편재(偏財) 정화(丁火)가 겁
재(劫財) 해운(亥運)으로 들어가니 편재(偏財) 정화(丁火)의 생존
이 어렵게 되었다.

　을해대운(乙亥大運)에 을목(乙木)이 투간(透干)하여 정화(丁火)

편재(偏財)를 생(生)할 것 같이 보이나, 12세인 경술(庚戌)년에 을목(乙木)은 경금(庚金)과 을경(乙庚)으로 합(合)하니, 탐합망생(貪合忘生)의 원리로 편재(偏財)가 되는 정화(丁火)를 돌볼 겨를이 없는데, 유년(流年) 세지(歲支) 술토(戌土)가 사주 원국(元局)의 일지(日支) 미(未)와 월지(月支) 축(丑)과 축술미(丑戌未) 삼형(三刑)을 이루니, 12세 되는 경술(庚戌)년 3월 22일 오후 8시에 진술축미(辰戌丑未) 4충(沖)으로 아버지가 돌아가셨다. 임자(壬子)시 밤 태생으로 아버지가 먼저 돌아가신 것으로 본다.

丁	庚	己	戊	四
丑	辰	未	午	柱

癸	壬	辛	庚	大
亥	戌	酉	申	運
37	27	17	7	

이 사주는 축(丑)시인 밤에 태어나 부선망(父先亡) 사주가 되었다. 부성(父星)이 쇠약하여 불리하니 유년(流年) 비겁운(比劫運)에 아버지가 돌아가셨다.

경일주(庚日柱)의 부성(父星) 편재(偏財) 갑목(甲木)은 천간(天干)에 투출(透出)하지 않았고, 지지(地支)에 암장(暗藏)된 것도 없다. 부성(父星) 편재(偏財) 갑목(甲木)은 년지(年支) 오(午)에 사(死)하고 월령(月令) 미(未)에 입묘(入墓)하여, 부성(父星)인 갑목(甲木) 편재(偏財)는 천기(天氣)와 지기(地氣)를 얻지 못하여 의지할 곳이 없으니, 부성(父星) 편재(偏財) 갑목(甲木)이 쇠약하다. 경금(庚金)의 생모 정인(正印) 기토(己土)는 월천간(月天干)에 투간(透干)·득령(得令)·득세(得勢)·득지(得地)하여 왕성하니, 부쇠모왕(父衰母旺)으로 부선망(父先亡) 사주가 된 것이다.

초년 대운(大運)인 비겁운(比劫運)에 아버지가 병고에 시달리다가, 경신대운(庚申大運) 비견(比肩)으로 극왕(極旺)하고, 13세 경오(庚午)년에 천간(天干) 경금(庚金)이 부성(父星) 갑목(甲木)의 칠살(七殺)로 갑목(甲木)을 충극(沖剋)하고, 갑목(甲木) 편재(偏財)가 오(午)에서 사궁(死宮)이 되어 아버지가 36세로 요절하였다.

乙	己	丙	甲	四
亥	酉	寅	午	柱

庚	己	戊	丁	大
午	巳	辰	卯	運
34	24	14	4	

이 사주에서는 계수(癸水) 편재(偏財)가 부성(父星)인데 약하다. 유년(流年) 비겁운(比劫運)에 극부(剋父)한다. 여기서는 절손관계를 유의해야 한다.

이 사람은 계수(癸水) 편재(偏財) 부성(父星)이 불투불장(不透不藏)으로 아버지와 인연이 박한 사주가 되었다. 시지(時支)에 있는 해수(亥水)는 아버지 계수(癸水)의 뿌리가 되기는 하나, 24세 기사대운(己巳大運)에 사해(巳亥) 상충(相沖)으로 부성(父星)의 뿌리마

저 끊어지고 말았다. 기사대운(己巳大運) 을미(乙未)년에 천간(天干)과 지지(地支)의 비견(比肩)이 쟁재(爭財)하여 아버지가 돌아가셨다. 비겁운(比劫運)에 극부극재(剋父剋財)하고 재운(財運)에 극인(剋印)한다(比剋財, 財剋印).

6. 본남편과 해로하지 못하는 사주

(1) 상관(傷官)이 태왕(太旺)한데 관살(官殺)이 약한 사주

관살(官殺)이 미약한데 상관(傷官)이 많아 관살(官殺)을 극(剋)하면 본남편과 해로하지 못한다.

(2) 관살(官殺)이 혼잡한데 억제하지 못하는 사주

관살(官殺)이 혼잡한데 식상(食傷)이 미약하여 많은 관살(官殺)을 억제·중화시키지 못하면 본남편과 해로하지 못한다.

(3) 금수(金水)가 태왕(太旺)하여 한냉한데 화(火)가 없는 사주

경신(庚辛)일이나 임계(壬癸)일생이 신유술해자축(申酉戌亥子丑)월에 태어나 금수(金水)가 매우 한냉한데, 화(火)를 얻지 못하면 본남편과 해로하지 못한다.

(4) 토(土)일생이 화(火)가 왕성한데 수(水)가 없어 화염토조(火焰土燥)한 사주

사오미(巳午未)월 무기(戊己)일생이 염천에 충분한 수(水)를 얻지 못하여 조토(燥土)가 되면 본남편과 해로하지 못한다.

(5) 고난살(孤鸞殺)이나 과숙살(寡宿殺)이 있는 사주

고난살(孤鸞殺)이나 과숙살(寡宿殺)이 있으면 본남편과 해로하지
못한다.

```
丙 丙 戊 辛      坤
申 辰 戌 未      命
```

이 사주는 병(丙)일생이 상관(傷官)이 태왕(太旺)하고 관살(官殺)
이 부족하여 남편을 잃었다. 식신(食神)도 두세 개 이상이면 상관
(傷官)으로 변한다.

```
癸 丁 癸 癸      坤
卯 巳 亥 丑      命
```

이 사주는 정(丁)일생이 해(亥)월에 태어나 해축(亥丑)으로 수국
(水局)하고, 계(癸) 3개가 투간(透干)하여 관살(官殺) 혼잡인데, 제
(制)가 부족하여 3번이나 결혼했다.

```
壬 壬 乙 己      坤
寅 戌 亥 亥      命
```

이 사주는 임(壬)일생이 해(亥)월에 태어나 한냉한데 화(火)를 얻

지 못하고, 일지(日支)에 과숙살(寡宿殺)이 있다. 초혼에 실패하고 재혼한 사주이다.

7. 본처와 해로하지 못하는 사주

(1) 시천간(時天干)에 상관(傷官)이 있는 사주
시천간(時天干)에 있는 상관(傷官)은 아내궁에 득위(得位)하여 편재(偏財)를 생(生)하니, 편처(偏妻)인 첩이나 애인을 생왕(生旺)하게 한다.

(2) 일시(日時)가 상충(相沖)되는 사주
일간(日干)은 기신(己身)이고 일지(日支)는 아내의 자리이고, 일시(日時) 상충(相沖)은 충돌이나 이탈을 나타낸다. 따라서 일(日)과 시(時)가 상충(相沖)하면 부부가 다툼이 많아 헤어지게 된다.

(3) 시상(時上)에 편재(偏財)가 있고, 인수(印綬)가 왕성한 사주
일간(日干) 자신이 시간(時干)을 극(剋)하는 것을 시상(時上) 편재(偏財)라고 하는데, 인수(印綬)가 왕성하면 나를 생(生)하여 나로 하여금 아내를 극(剋)하게 만든다.

(4) 비견(比肩)과 겁재(劫財)가 많아 쟁재(爭財)하는 사주
비견(比肩)과 겁재(劫財)는 나와 같은 것을 나타내니, 형제자매가 힘을 합하여 나의 아내를 극(剋)하는 상이다. 다시 말해 사주에 비견(比肩)과 겁재(劫財)가 많으면 아내와 이별한다.

(5) 일시(日時)가 형충(刑沖)되거나 고진살(孤嗔殺)이 있는 사주

(6) 임계(壬癸) 년월 무기(戊己)일생과 천간(天干)과 지지(地支)가 같은 비겁(比劫)이 된 사주

```
丁 甲 庚 丙        坤
卯 戌 寅 寅        命
```

이 사주는 시상(時上)에 상관(傷官)이 있어 재성(財星)이 매우 약한데, 비겁(比劫)이 많아 군비쟁재(群比爭財)가 되었다. 본처와 사별하고 재혼했으나 또 실패했다.

```
丁 癸 壬 己        坤
巳 未 申 亥        命
```

이 사주는 인수(印綬)가 득령(得令)하고, 토(土)의 생(生)를 받아 인수(印綬)가 왕성한데, 다시 시상(時上)에 편재(偏財)가 있어 본처와 이별했다. 시지(時支)가 공망(空亡)되면 본처와 해로하기 어렵고, 재성(財星)이 공망(空亡)되면 아내와 재물복이 작다.

```
癸 戊 癸 壬        坤
丑 申 丑 戌        命
```

이 사주는 임(壬)년 계(癸)월 무(戊)일생으로 본처와 해로하지 못하고 3번이나 결혼한 사람이다.

8. 남편이 익사하거나 주벽이 있는 사주

1. 여자가 갑을(甲乙)일생이고 수왕(水旺)하며 금(金) 관살(官殺)이 약하면, 수다금침(水多金沈)이 되어 남편에게 수액(水厄)이나 주벽이 따른다.
2. 여자가 병정(丙丁)일생이고 수(水) 관살(官殺)이 형충(刑沖)되거나 백호대살(白虎大殺)에 해당하면, 남편에게 수액(水厄)이나 흉사(凶死)가 따른다.
3. 여자가 무기(戊己)일생이고 수(水)가 왕성하며 목(木) 관살(官殺)이 약하면, 수다부목(水多浮木)이 되어 남편에게 수액(水厄)이 따른다.
4. 여자가 경신(庚辛)일생이고 수(水)가 왕성하며 화(火) 관살(官殺)이 약하면, 수다화식(水多火熄)이 되어 남편에게 수액(水厄)이 따른다.
5. 여자가 임계(壬癸)일생이고 수(水)가 왕성하며 토(土) 관살(官殺)이 약하면, 수다토류(水多土流)가 되어 남편에게 수액(水厄)이 따른다.

하나의 육친만을 대입시키지 말고 범위를 넓혀 간명에 임하기 바란다.

2장. 복식감정(複式鑑定)

1. 사주 감정하는 순서

1. 사주의 네 기둥을 정확하게 정한다.

2. 사주의 대운(大運)과 세수(歲數)를 정확하게 산출한다.

3. 일주(日柱)의 강약과 왕쇠를 정확하게 판단한다.

4. 월령(月令)을 기준으로 격국(格局)을 정한다.

5. 용신(用神), 희신(喜神), 기신(忌神)을 정한다.

6. 제살(諸殺)과 십이운성(十二運星)을 각 육신에 대입시켜 찾는다.

7. 사주의 순수와 청정, 청탁관계와 귀천고저를 파악한다.

8. 각 육친과 위치에 의해 표시되는 육친관계를 찾아 정한다.

9. 대운(大運)·년운(年運)·월운(月運)의 길흉을 정한다. 이때 생극제화(生剋制化)와 용신(用神)을 기준으로 한다. 여러 가지 살(殺)은 부차적으로 활용한다.

10. 감정의 순서를 정한 후 부모운·학업운·관운·재물운·자손운·성격운·직업운·건강운 등을 분석하며 판단한다.

2. 세운(歲運) 길흉

1. 세운(歲運)과 용신(用神)을 상대시켜 대운(大運)도 용신(用神)과 길이 되고, 년운(年運)도 용신(用神)과 길이 되면 대길하고, 용신(用神)이 대운(大運)과 년운(年運)을 상극(相剋)시키면 대흉하다.
2. 당년의 간지(干支)가 용신(用神)에게 유리하면 대길하고, 불리하면 대흉하다.
3. 용신(用神)으로 당년운을 보는데, 천간(天干)은 길하고 지지(地支)는 형충파해(刑沖破害) 등으로 불리하면 길흉이 겹쳐서 발생한다. 이때는 월(月)을 살펴 길월과 흉월로 구분하여 판단한다.
4. 대운(大運)과 용신(用神)이 길해도 일주(日柱)와 대운(大運)이 형충파해(刑沖破害)되면 노력만큼 성과가 없으니 실패한다.
5. 용신(用神)과 대운(大運)을 상대시켜 대운(大運)이 길하더라도 년운(年運)이 대운(大運)을 상극(相剋)하면 하극상이니 흉하다. 태세(太歲)와 대운(大運)이 상생(相生)이 되면 길하고, 상극(相剋)이 되면 흉하다.
6. 일년의 신수를 볼 때도 사주의 일천간(日天干)을 당년 태세(太歲)의 천간(天干)과 대결시키고, 육친을 찾아 용신(用神)과 당년 태세(太歲)의 천간(天干)과 대결시켜, 상생(相生)이 되면 길하고 상극(相剋)이 되면 흉하다.

예를 들어 경금일주(庚金日柱)가 목(木)이 용신(用神)이고, 금년 태세(太歲)가 정묘(丁卯)년이라면 육친으로는 정관(正官)년이 된다. 용신(用神) 목(木)과 금년 태세(太歲) 정묘(丁卯)를 대결시켜

보니, 목생화(木生火)로 상생(相生)이 되어 길년(吉年)이다. 용신(用神) 목(木)과 태세(太歲)의 천간(天干) 정화(丁火)가 목생화(木生火)로 상생(相生)이 되어 길하니, 명예와 권세 등에 좋은 일이 있다고 간명하면 된다.

여기서 좀더 자세하게 추리한다면 용신(用神) 목재(木財)가 정관(正官)인 정화(丁火)에게 설기(泄氣)를 당하니, 명예와 권세는 얻겠으나 재물손실은 면하기 어렵다. 경일주(庚日柱)의 정묘(丁卯)년운을 다시 정리하면, 길운(吉運)으로 명예와 권세는 얻으나 재물손실이 있다.

3. 유년(流年) 길흉

용신(用神)의 상생상극(相生相剋)으로 판단한다. 암기하도록 한다.

(1) 비견(比肩)이 용신(用神)인데 비견(比肩)년을 만나면

인인성사(人因成事)의 년운(年運)으로, 대인관계가 원활하고 귀인의 도움으로 만사가 순조롭다. 사업을 확장하거나 부모나 친구로부터 독립한다.

(2) 비견(比肩)이 기신(忌神)인데 비견(比肩)년을 만나면

인인손재(人因損財)의 년운(年運)으로, 대인관계가 원만하지 못하여 친구나 부모형제, 사회로부터 배신을 당한다. 만사가 순조롭지 못하고 사업이 축소되거나 패업의 길로 들어선다. 비극재(比剋財)

로 손재가 따른다.

(3) 겁재(劫財)가 용신(用神)인데 겁재(劫財)년을 만나면

부모·친구·선배 등의 도움으로 만사가 형통하는 년운(年運)이다. 겁재(劫財)는 칠살(七殺)을 합거(合去)하니 칠살(七殺)로 인한 신병이나 관재가 호전된다.

(4) 겁재(劫財)가 기신(忌神)인데 겁재(劫財)년을 만나면

손재손처(損財損妻)·부도·언쟁·구설 등이 일어난다.

(5) 식신(食神)이 용신(用神)인데 식신(食神)년을 만나면

식신(食神)이 생재(生財)하니 재산이 늘고 사업이 번창한다. 신용이 회복되고 총각은 결혼한다. 매사가 순조로우니 동토해동지상(冬土解凍之象)의 운이다.

(6) 식신(食神)이 기신(忌神)인데 식신(食神)년을 만나면

유흥으로 인하여 바람이 나고 구설이 따르며 건강도 나빠진다.

(7) 상관(傷官)이 용신(用神)인데 상관(傷官)년을 만나면

상관(傷官)이 생재(生財)하니 재산이 늘어난다.

(8) 상관(傷官)이 기신(忌神)인데 상관(傷官)년을 만나면

상관(傷官)이 정관(正官)을 극파(剋破)하니, 벼슬이 상하여 관(官)이 쇠하면 낙직된다. 손재·중상·송사가 따르니 항상 조심해야 하는 년운(年運)이다. 예상치 않은 도둑을 만나 손재가 따르니 도적 상관지상(盜賊傷官之象)의 년운(年運)이라고 할 수 있다. 여자는 남편에게 남자는 자식에게 액운이 따른다.

(9) 편재(偏財)가 용신(用神)인데 편재(偏財)년을 만나면

횡재수가 있으니 목돈이 들어오고, 독신남은 재혼하고, 남자는 여자의 도움을 받고, 재물이 들어오는 운이다. 재백전화지상(財帛錢貨之象)으로 상인은 장사가 잘 된다.

(10) 편재(偏財)가 기신(忌神)인데 편재(偏財)년을 만나면

손재손처(損財損妻)의 운으로 애정문제가 일어나고, 손재만 따르니 부운지재모비상패지상(浮雲之財耗肥傷敗之象)의 운이다.

(11) 정재(正財)가 용신(用神)인데 정재(正財)년을 만나면

신용이 회복되고 사업이 번창하며 재산이 늘어난다. 총각은 결혼하고, 남자는 여자의 도움을 받는다. 사업의 번창으로 재물이 들어오니 재백진화교역지상(財帛錢貨交易之象)의 운이다.

(12) 정재(正財)가 기신(忌神)인데 정재(正財)년을 만나면

신용이 떨어지고 사업이 축소된다. 여자나 재물로 인하여 몸을 다치며 명예가 떨어지는 운이니 이성과 대인관계를 조심해야 한다.

(13) 정관(正官)이 용신(用神)인데 정관(正官)년을 만나면

명예와 권세가 따르는 운으로, 실직자는 직장을 구하고 출마자는 당선되며 응시자는 합격한다. 신용이 회복되니 직장인은 신임을 얻어 승진하고, 공무관계는 순조롭다. 관권명리지상(官權名利之象)으로 입신출세하는 운이다.

(14) 정관(正官)이 기신(忌神)인데 정관(正官)년을 만나면

편관(偏官)년과 비슷하다. 관액을 만나 가업이 기운다.

(15) 편관(偏官)이 용신(用神)인데 편관(偏官)년을 만나면

실직자는 직장을 구하고, 직장인은 승진하고, 독신녀는 재혼한다.

(16) 편관(偏官)이 기신(忌神)인데 편관(偏官)년을 만나면

투쟁·관재·구설·이별·투병 등이 따른다. 관재구설지상(官災口舌之象) 또는 투병신음지상(鬪病伸吟之象)의 운이다.

(17) 정인(正印)이 용신(用神)인데 정인(正印)년을 만나면

학술·시험·매매·개업·확장 등 문서관계가 순조롭다. 문서득리지상(文書得利之象)의 운이다.

(18) 정인(正印)이 기신(忌神)인데 정인(正印)년을 만나면

모든 문서관계가 불리하다. 문서사기나 문서관리의 소홀 등으로 상사의 도움을 받고, 문서거래에 경사가 있다. 신규사업은 유망하고, 명예 향상, 미제사건에 대한 소송이 해결된다. 분묘이장, 족보정리 등 조상과 관계되는 일을 적극적을 하게 된다.

4. 월운(月運) 길흉

용신(用神)의 상생상극(相生相剋)으로 판단한다. 암기하도록 한다.

(1) 비견(比肩)이 용신(用神)인데 비견(比肩)월을 만나면

신규사업·동업운·부동산 매매 등이 원활하다.

(2) 비견(比肩)이 기신(忌神)인데 비견(比肩)월을 만나면

비극재(比剋財)의 원리로 손재·손처·손부 등이 따르고, 직업의 실패도 따른다.

(3) 겁재(劫財)가 용신(用神)인데 겁재(劫財)월을 만나면

직업변동·부동산 매매 등에 길하다.

(4) 겁재(劫財)가 기신(忌神)인데 겁재(劫財)월을 만나면

손재운으로 실물수가 있고, 시비와 구설이 따른다.

(5) 식신(食神)이 용신(用神)인데 식신(食神)월을 만나면

식신생재(食神生財)하니 신규사업으로 재산이 늘고, 좋은 배우자를 만난다. 실직자는 직장을 구하고, 여자는 자손의 경사가 생긴다.

(6) 식신(食神)이 기신(忌神)인데 식신(食神)월을 만나면

유흥으로 인한 풍파가 일어나고, 손재도 따른다.

(7) 상관(傷官)이 용신(用神)인데 상관(傷官)월을 만나면

신용이 회복되고, 환자는 건강이 좋아진다.

(8) 상관(傷官)이 기신(忌神)인데 상관(傷官)월을 만나면

교통사고·중상모략·질병 등이 따른다. 직장인은 직장을 잃을 수 도 있다.

(9) 정재(正財)가 용신(用神)인데 정재(正財)월을 만나면

재산이 늘며 남자는 결혼한다. 재생관(財生官)의 원리로 구직자는 직장을 구한다.

(10) 정재(正財)가 기신(忌神)인데 정재(正財)월을 만나면

유흥으로 인한 손재가 따르고, 아내를 잃을 수도 있다.

(11) 편재(偏財)가 용신(用神)인데 편재(偏財)월을 만나면

재산이 늘며 남자는 여자의 도움을 받고, 연애를 시작하는 운이다.

(12) 편재(偏財)가 기신(忌神)인데 편재(偏財)월을 만나면

손재손처(損財損妻)하는 운으로 심하면 부부가 이별할 수도 있다.

(13) 정관(正官)이 용신(用神)인데 정관(正官)월을 만나면

취업·승진·결혼·명예 등이 따른다.

(14) 정관(正官)이 기신(忌神)인데 정관(正官)월을 만나면

직업실패·남편과의 이별·아내의 가출·음독 등이 따른다.

(15) 편관(偏官)이 용신(用神)인데 편관(偏官)월을 만나면

취업·승진·결혼·득남 등 경사가 따른다.

(16) 편관(偏官)이 기신(忌神)인데 편관(偏官)월을 만나면

관청의 구설이 따르거나 질병으로 신음한다. 기혼여자는 간부가 생겨 남편과 이별하기도 한다.

(17) 정인(正印)이 용신(用神)인데 정인(正印)월을 만나면

학술·시험·승진·사업확장·부동산매입 등의 경사가 따른다.

(18) 정인(正印)이 기신(忌神)인데 정인(正印)월을 만나면

문서관계는 불리하나 편인(偏印)보다는 작용이 약하다.

(19) 편인(偏印)이 용신(用神)인데 편인(偏印)월을 만나면

정인운(正印運)과 비슷하나 정인(正印)보다는 작용이 약하다.

(20) 편인(偏印)이 기신(忌神)인데 편인(偏印)월을 만나면

문서관계가 불리하다. 학술실패, 사기로 인한 손재 등이 따르는 운이다. 도둑이나 소매치기 등을 조심하라.

5. 실제감정·1

지금까지 설명했듯이 사주추명학(四柱推命學)의 원리는 오행(五
行)의 생극제화(生剋制化)와 태과불급(太過不及)을 판단하고, 육친
과 십이운성(十二運星)을 대입시키면서 합(合)과 살(殺)을 풀어가
면 된다. 사주를 감정하는 순서를 염두하면서 격국(格局)과 용신
(用神)을 정하고, 유년(流年) 해설과 월운(月運) 해설을 적극적으로
활용한다면 충분히 감정할 수 있으리라고 본다.

```
戊 甲 甲 癸      四
辰 辰 寅 酉      柱


戊 己 庚 辛 壬    大
申 酉 戌 亥 子    運
51 41 31 21 11
```

1. 격(格)

인(寅) 중의 무병갑(戊丙甲) 중에서 무갑(戊甲)이 투간(透干)했으
나, 갑목(甲木)은 비견(比肩)이니 격(格)으로 취하지 못한다. 시천
간(時天干)의 무토(戊土) 편재(偏財)로 격(格)을 취하니 편재격(偏
財格)이다.

2. 강약(强弱)

일간(日干) 갑목(甲木)이 득령(得令)·득지(得地)·득세(得勢)했

으니 신강(身强)사주이다.

3. 용신(用神)

우선 재관(財官)을 보니 유금(酉金) 관(官)보다 무진토(戊辰土) 재(財)가 더 왕성하다. 강한 것은 억제해야 하나, 약한 년지(年支)의 유금(酉金) 관(官)으로 목왕절(木旺節)의 왕목(旺木)을 감당하기 어려우니, 왕성한 무진토(戊辰土) 재(財)로 왕목(旺木)을 설기(泄氣)한다. 약한 유금(酉金) 관(官)을 토생금(土生金)으로 생(生)하니 왕성한 무진토(戊辰土)가 용신(用神)이 된다.

따라서 신왕재왕(身旺財旺)의 대길한 사주로 왕목(旺木)을 설기(泄氣)하니, 용신(用神) 무진토(戊辰土)를 생(生)하는 화(火)가 희신(喜神)이고, 왕목(旺木)을 억제하는 금운(金運)도 길하다. 화토금(火土金)이 희용신(喜用神)이고 수목(水木)은 기신(忌神)이니, 화토금운(火土金運)은 크게 발전하나 수목운(水木運)은 불길하다.

4. 성격

편재격(偏財格)으로 다정다감하고 인자하며 신의가 있다. 신왕재왕(身旺財旺)하니 부자 사주이다.

5. 육친(六親)

어머니인 계수(癸水) 정인(正印)이 아버지인 무토(戊土) 편재(偏財)와 간합(干合)하여 부모가 다정하다. 그러나 인수(印綬)가 기신(忌神)에 해당하는데 도화살(桃花殺)과 병지(病地)에 앉았으니, 어머니로 인한 풍파·질병·이별 등이 따른다. 어머니에 해당하는 계수(癸水)는 명관암관(明官暗官)으로 많은 합(合)을 이루고 있다.

일지(日支) 아내는 용신(用神)으로 양호한 편이나, 진진(辰辰)이 자형(自刑)이고 갑진(甲辰)이 백호대살(白虎大殺)에 해당하여 이별은 면하기 어렵다.

자녀는 시주(時柱)에 득위(得位)하여 용신(用神)으로 강하니 건장하게 성장할 것이다.

6. 직업

오행(五行)으로 토(土)는 재(財)이고 용신(用神)에 해당하니 토건업이 길하다. 그 다음으로 편재(偏財)는 유통의 재산이며 외교상인성이다. 따라서 금융업 · 무역업 · 관광업 · 운수업 등이 길하다.

7. 세운희기(歲運喜忌)

갑목일주(甲木日柱)가 신강(身强)하며 토(土)가 용신(用神)이다. 토금운(土金運)은 대길하고 수목운(水木運)은 불길하다. 화운(火運)도 용신(用神)을 생조(生助)하는 희신운(喜神運)으로 양호하다.

■ 임자운(壬子運)

계축(癸丑) · 임자운(壬子運)은 수운(水運)으로 흉하나, 사주 원국(元局)의 시천간(時天干) 무토(戊土)가 임계수(壬癸水)를 억제하니, 부모의 보살핌 속에서 학업에는 어려움이 없었다. 그러나 자운(子運)이 들면서 진(辰)과 자진(子辰)으로 삼합(三合)하고, 기신(忌神) 수(水)가 왕성해지고, 년지(年支) 택묘(宅墓) 유금(酉金) 희신(喜神)을 파(破)하니, 가업이 기울고 학업도 부진해졌다.

■ 신해운(辛亥運)

천간(天干) 신운(辛運)은 양호하나 지지(地支) 해운(亥運)은 인해(寅亥)가 합목(合木)하여, 기신(忌神) 목(木)이 왕성해지니 가정에 변화가 생기고 경제사정이 나빠졌다. 정유(丁酉)·무술(戊戌)년은 희용신(喜用神)의 해로 재산상의 이득이 많고, 기해(己亥)년은 평운이고, 경자(庚子)년은 수왕(水旺)하여 불길하다.

■ 경술운(庚戌運)

31세 이후는 토금운(土金運)으로 저절로 부귀할 운이다. 그러나 경술대운(庚戌大運)은 갑경충(甲庚沖)·진술충(辰戌沖)으로 천충지충(天沖支沖)이 되어, 변동과 부부 이별수가 따른다.

■ 기유운(己酉運)

41세부터는 토금(土金) 용신(用神)의 운으로 경영사가 순탄하여 발전을 거듭한다.

■ 무신운(戊申運)

51세 이후도 용신운(用神運)으로 대길할 운이다. 그러나 51세 계해(癸亥)년과 52세 갑자(甲子)년에는 수목(水木) 기신(忌神)이 왕성하여 부도수표로 애로가 중첩된다. 60세 임신(壬申)년과 61세 계유(癸酉)년에도 문서를 조심해야 한다.

6. 실제감정 · 2

甲甲癸戊　　四
子午亥申　　柱

己戊丁丙乙甲　　大
巳辰卯寅丑子　　運

1. 격(格)

해(亥) 중의 무갑임(戊甲壬) 중 무토(戊土)가 년천간(年天干)에
투간(透干)하여 편재격(偏財格)이다.

2. 강약(强弱)

재관(財官)은 힘이 없고 인수(印綬)인 수(水)가 왕성하니 신강(身
强)사주이다.

3. 용신(用神)

겨울철 갑목(甲木)으로 화(火)가 조후용신(調候用神)이다. 일지(日
支) 오화(午火)로 용신(用神)을 삼으니, 자오(子午)로 상충(相冲)되
어 용신(用神) 오화(午火)가 무력(無力)하다. 그러나 시천간(時天
干) 갑목(甲木)이 해(亥)월에 통근(通根)하여 오화(午火) 용신(用
神)을 생조(生助)하니 약함이 조금은 보강된다.

4. 성격

지의지상(知義之象)으로 인자하다.

5. 육친(六親)

부모는 유정하나, 무토(戊土) 편재(偏財) 아버지가 해(亥)월에서 실령(失令)하고, 병지(病地)에 앉아 있으니 아버지의 건강이 염려된다. 인수(印綬) 어머니가 득위(得位)하여 집안일은 어머니가 주장한다. 아내궁은 용신(用神)으로 오(午)에서 왕성하니, 현숙하며 내조는 많으나 일시(日時)가 상충(相沖)되어 이별수가 있다.

자식은 이로우나 신금(申金) 편관(偏官) 자식이 해(亥)월에서 실령(失令)하고, 신(申) 중의 경금(庚金) 편관(偏官) 자성(子星)이 해(亥)에서 병지(病地)가 되니 자식의 건강이 염려된다.

6. 직업운

지의문명지상(知義文明之象)으로 학문이 높다. 교육·문학·법조계등에서 출세한다.

7. 세운희기(歲運喜忌)

화토(火土)가 용신(用神)이니 목화토운(木火土運)에는 크게 발전하나 금수운(金水運)은 불길하다. 조후용신(調候用神)은 동일가애(冬日可愛)로 화(火)가 용신(用神)이고, 용신(用神)을 생(生)하는 것이 희신(喜神)이라 했으니, 화(火) 용신(用神)을 생(生)하는 목(木)이 희신(喜神)이다. 억부용신법(抑扶用神法)에서는 강한 것은 억제하고 약한 것은 도와야 한다고 했다. 따라서 이 사주에서는 강한 수(水)를 억제하는 토(土)가 억부용신(抑扶用神)이 된다. 예를 들어 수다부목(水多浮木)이면 토(土)를 만나야 정착한다.

■ 을축운(乙丑運)

을목(乙木)은 용신(用神) 화(火)를 생(生)하는 희신운(喜神運)이나, 축운(丑運)은 습토(濕土)가 되어 생금(生金)한다. 금(金)으로 다시 생수(生水)하여 목기(木氣)를 왕성하게 만들고, 해자축(亥子丑)으로 수국(水局)을 이루니 소길한 운이다. 가난 속에서도 학업만은 계속할 수 있다.

■ 병인운(丙寅運)

희신(喜神)과 용신운(用神運)으로 대길하다. 대학에 들어가 갑술(甲戌)년인 27세에 고등고시에 합격한다. 27세 갑술(甲戌)년은 당년의 지지(地支) 술(戌)이 일지(日支) 오(午)와 대운(大運)의 지지(地支) 인(寅)과 인오술(寅午戌) 삼합(三合) 화국(火局)을 이루어 용신(用神) 화(火)가 매우 왕성하고, 당년 태세(太歲) 천간(天干) 갑목(甲木)과 대운(大運) 병화(丙火)가 용신(用神)을 방조(幇助)하는 희신(喜神)이 되어 고등고시에 합격한 것이다. 희신운(喜神運)과 용신운(用神運)은 만사형통으로 크게 발전하고, 기신운(忌神運)은 만사침체로 고통이 따른다. 희용신(喜用神)이 기신(忌神)의 공격을 받아 격파(格破)되면 불록지객(不祿之客)으로 염라대왕이 부른다고 하니, 희기신(喜忌神)의 행장을 명찰하여 간명하기 바란다.

■ 정묘운(丁卯運)

병인운(丙寅運)과 같이 용신(用神) 목화운(木火運)으로 대길하다.

31세 무인(戊寅)년은 무토(戊土)가 월천간(月天干) 기신(忌神) 계수(癸水)를 억제하고, 인목(寅木)은 생화(生火)하며 인오(寅午)로 반합(半合)하여 용신(用神) 화(火)를 돕는다. 대길한 운으로 승진하고 아들도 낳았다.

32세 기묘(己卯)년은 길운(吉運)이나 묘목(卯木)이 인목(寅木)처럼 생화(生火)하는 능력이 약하다. 큰 경사는 없으나 큰 화액도 없는 즐거운 해이다.

33세 경진(庚辰)년은 경금(庚金)이 일간(日干) 갑목(甲木)을 충(沖)하고, 지지(地支)의 진(辰)은 신자진(申子辰) 삼합(三合) 수국(水局)을 이루어 용신(用神)을 극파(剋破)하니 대흉하다. 그러나 대운(大運)의 정화(丁火)가 경금(庚金)을, 묘목(卯木)이 진토(辰土)를 억제하니 소흉이나 자식이 병에 걸려 근심이 떠날 날이 없다. 자식이 병에 걸린다는 것은 갑목(甲木)의 자식 편관(偏官) 경금(庚金)이 포태법(胞胎法)으로는 수(水)에서 병지(病地)가 되고, 금(金)은 대장과 폐에 해당하기 때문이다. 그리고 수다금침(水多金沈)이니 수액(水厄)도 조심해야 한다.

34세 신사(辛巳)년은 천간(天干) 신금(辛金)이 용신(用神)에게 불리하나, 대운(大運) 정화(丁火)가 신금(辛金)을 억제하고, 지지(地支) 사화(巳火)에 용신(用神) 화(火)가 녹왕(祿旺)하여 영전한다.

35세 임오(壬午)년은 천간(天干) 임수(壬水)는 용신(用神)에게 불리하고, 지지(地支) 오화(午火)는 용신(用神)에게 이로우니 바길반흉이다.

36세 계미(癸未)년은 임오(壬午)년과 같다.

37세 갑신(甲申)년은 천간(天干) 갑목(甲木)은 희신(喜神)이나, 지지(地支) 신금(申金)은 기신(忌神)으로 불리하다. 그러나 대운(大運)이 목화(木火)로 길운(吉運)이니 평범하다.

38세 을유(乙酉)년은 전년인 갑신(甲申)년과 같다. 그러나 자오묘유(子午卯酉)의 4충(沖)이 되어 관재로 인하여 크게 놀랄 일이 생긴다.

39세 병술(丙戌)년은 천간(天干)과 지지(地支)가 모두 용신(用神)에게 이로우니 승진 등 경사가 따른다.

40세 정해(丁亥)년은 천간(天干) 정화(丁火)는 용신(用神)에게 이롭고, 지지(地支) 해수(亥水)는 기신(忌神)으로 용신(用神)에게 불리하니 반길반흉이다. 정해(丁亥)년의 월운(月運)을 보면 다음과 같다.

임인(壬寅)·계묘(癸卯)월 : 인수(印綬)월로 기신(忌神)월이니 문서가 불리하다. 모든 문서를 조심하고, 매매나 보증 등은 보류하는 것이 좋다.

갑진(甲辰)·을사(乙巳)월 : 희용신(喜用神)의 달로 기신(忌神) 해수(亥水)를 충거(沖去)하니 이동수가 있고, 부업 정도로 사업을 시작하면 협조자가 나온다. 유보했던 매매도 호조로 성사된다.

병오(丙午)·정미(未)월 : 화왕절(火旺節)로 길하다.

7. 실제감정 · 3

```
己 己 庚 戊    四
巳 亥 申 午    柱


丙 乙 甲 癸 壬 辛    大
寅 丑 子 亥 戌 酉    運
56 46 36 26 16  6
```

1. 격(格)

신(申) 중의 무임경(戊壬庚) 중 본기(本氣) 경금(庚金) 상관(傷官)이 투간(透干)하여, 해수(亥水) 재(財)를 생(生)하니 상관생재격(傷官生財格)이다.

2. 강약(强弱)

기토일주(己土日柱)가 오(午)에서 선록(建祿)을 얻고, 사(巳)에서 세왕(帝王)을 얻어 통근(通根)하고, 다시 4개의 인비(印比)가 방조(幇助)하니 신강(身强)사주에 속한다.

3. 용신(用神)

신왕(身旺)한 토기(土氣)를 극설(剋洩)시켜야 하니, 경신금(庚申金)을 다시 설기(泄氣)시키는 수재(水財)가 희신(喜神)이다.

4. 육친(六親)

사주에 비겁(比劫)이 많은데 재(財)가 약하니 군비쟁재(群比爭財)하여 아버지운과 아내운이 약하고, 재인(財印)이 상충(相沖)하여 어머니와 아내 사이가 원만하지 못하니 중간에서 난처하다.

일시(日時)가 사해(巳亥)로 상충(相沖)되니 중혼할 사주로, 결혼을 늦게하는 것이 좋다. 일지(日支) 재성(財星)이 희신(喜神)에 해당하고 상관(傷官)이 생재(生財)하니 아내는 현숙하고, 자식은 갑목(甲木) 관(官)으로 해(亥)에서 장생(長生)을 얻어 자녀들도 대성한다.

5. 성격

상관생재격(傷官生財格)이니 명석하며 민첩하고, 화토(火土)가 중후하니 예의가 바르며 신의가 있다.

6. 직업

상관생재격(傷官生財格)으로 기업을 일으켜 큰 재벌로 발전한다. 재관인(財官印)의 삼기(三奇)가 사해(巳亥)로 상충(相沖)되니 정계 진출은 크게 기대하지 말라.

7. 세운희기(歲運喜忌)

금수운(金水運)은 길하고 화토운(火土運)은 불길하다. 목운(木運)은 화(火)를 동반하면 불길하고, 수(水)를 동반하면 평범하다.

■ 신유운(辛酉運)

용신운(用神運)으로 부모의 보살핌과 사랑 속에서 귀하게 자란다.

■ 임술운(壬戌運)

임대운(壬大運)은 길하고, 술토운(戌土運)은 가업이 기울어 가정 형편이 곤궁하다. 무인(戊寅)년 이후에는 이동이 많다.

■ 계해운(癸亥運)

30세 전후에 기업을 일으켜 재물을 모은다.

■ 갑자운(甲子運)

36세 계사(癸巳)년, 37세 갑오(甲午)년, 38세 을미(乙未)년에는 크고 작은 곤경은 있으나, 목(木)이 수(水)를 동반하여 평운이니 별탈 없이 지나간다.

■ 을축운(乙丑運)

48세 을사(乙巳)년은 칠살(七殺)이 겹치고, 기신(忌神) 화토(火土)가 왕성하고, 을사(乙巳)년 사화(巳火)가 사주의 일지(日支) 해재(亥財)를 충거(沖去)하니, 부부간의 이별이 염려된다.

49세 병오(丙午)년은 상관(傷官) 용신(用神)을 극파(剋破)하니 자녀의 근심이 있다. 화(火)가 금(金) 상관(傷官)을 극(剋)하면 상관(傷官)인 금(金)이 목관(木官)을 극(剋)하니 자녀의 근심으로 보는 것이다.

51세 무신(戊申)년과 52세 기유(己酉)년은 용신운(用神運)으로 다시 기업을 일으켜 성공한다.

■ 병인운(丙寅運)

57세 갑인(甲寅)년은 용신(用神) 경신금(庚辛金)을 천충지충(天沖支沖)하니 사업확장은 불리하다. 모든 일을 정리하고 은퇴하는 것이 좋다. 갑인(甲寅)년의 월운(月運)을 보면 다음과 같다.

병인(丙寅)·정묘(丁卯)월 : 정월은 천충지충(天沖支沖)으로 용신(用神)을 충(沖)하니 만사가 동결되고, 신상에 변화가 시작된다.

무진(戊辰)·기사(己巳)월 : 토(土) 기신(忌神)이 왕성하게 들어와 군비쟁재(群比爭財)하니 손재손처(損財損妻)가 따른다.

경오(庚午)·신미(辛未)월 : 용신(用神)의 달이나 용신(用神)이 미약하게 들어오니 회복이 어렵다.

임신(壬申)·계유(酉)월 : 희용신(喜用神)의 달로 생기는 얻으나 2·3·4월에 입은 손실의 휴유증으로 재기하기 어렵다.

8. 실제감정 · 4

```
庚 乙 癸 壬     四
辰 未 卯 申     柱


己 戊 丁 丙 乙 甲     大
酉 申 未 午 巳 辰     運
51 41 31 21 11  1
```

1. 격(格)

 관(官)이 인수(印綬)를 생(生)하고, 인수(印綬)가 일주(日柱)를 생(生)하니 관인상생격(官印相生格)이다. 외격(外格)으로는 건록격(建祿格)에 해당한다.

2. 강약(强弱)

 을목(乙木)이 득령(得令) · 득지(得地) · 득세(得勢)하여 신강(身强)사주이다.

3. 용신(用神)

 사주 천간(天干)에 인성(印星)이 2개나 투간(透干)하여 관(官)을 인화(印化)시키니 재성(財星)이 용신(用神)이다. 일지(日支)의 미토(未土) 재(財)가 용신(用神)이나, 묘미(卯未)로 반합(半合)하여 인비(印比)가 왕성하니 용신(用神)이 좀 약한 편이다. 그러나 용신(用神)은 토(土), 희신(喜神)은 화(火)이다. 따라서 화토운(火土運)은 길하고, 수목운(水木運)은 불길하다. 금운(金運)은 수(水)를 동반하면 불길하고, 화(火)를 동반하면 평운이다.

4. 성격

관인상생격(官印相生格)은 온후독실하며 신강(身强)하니 군자의 풍격을 지닌다.

5. 육친(六親)

초년 대운(大運)이 양호한 편으로 부모덕은 무난하다. 그러나 인수(印綬)인 임계수(壬癸水)가 신합(身合)하니 어머니가 두 분이다.

자식복은 시천간(時天干)에 정관(正官) 경금(庚金)이 투간(透干)하고, 진토(辰土) 재(財)가 관성(官星)을 생(生)하니 양호하다. 그러나 임계수(壬癸水)의 두 인성(印星)이 관성(官星)인 경금(庚金)의 기운을 설기(泄氣)시키고, 대운(大運)이 관성(官星)과 상반되는 식상운(食傷運)으로 가고 있으니 아들은 늦게 얻는다.

아내덕은 일지(日支) 아내궁의 재성(財星)이 용신(用神)이니 현숙하고 내조도 많이 받는다.

6. 직업

식신(食神)이 암장(暗藏)되어 있으니 실업계는 적합하지 않고, 재성(財星)이 용신(用神)이니 금융계통이 적합하다. 그러나 대운(大運)이 화토운(火土運)으로 양호하니 부업정도로 사업을 시작하면 길하다.

7. 세운희기(歲運喜忌)

화토운(火土運)은 양호하고, 수목운(水木運)은 불길하다. 금운(金運)은 수(水)를 동반하면 불길하고, 토(土)를 동반하면 평범하다.

■ 을사운(乙巳運)

17세 무자(戊子)년과 18세 기축(己丑)년에 인수(印綬)인 임계수(壬癸水)를 년운(年運)에서 합거(合去)하고 충거(沖去)하니, 어머니가 돌아가고 아버지의 사업도 부진하다.

■ 병오운(丙午運)

용신(用神)을 방조(幫助)하니 만사가 순조롭게 성사된다.

27세 무술(戊戌)년과 28세 기해(己亥)년은 재산이 늘며 좋은 배우자를 만난다.

30세 신축(辛丑)년은 일주(日柱)와 천충지충(天沖支沖)하고 관살(官殺)도 혼잡되니 상해나 실직 등 큰 변화가 온다.

31세 임인(壬寅)년은 문서로 인한 손재가 막심하다.

32세 계묘(癸卯)년은 수목(水木) 기신(忌神)이 왕성하니 임인(壬寅)년과 같이 손재·질병·불화 등으로 고전한다. 월운(月運)은 다음과 같다.

갑인(甲寅)·을묘(乙卯)월 : 비견(比肩)과 겁재(劫財)월로 기신(忌神)이 되니, 손재가 따르고 친구나 형제와 불화한다.

병진(丙辰)·정사(丁巳)월 : 화토(火土) 용신(用神)의 달로 식상생재(食傷生財)하니 재물을 모은다.

무오(戊午)·기미(己未)월 : 희용신(喜用神)의 달로 전월과 같이 재산이 들어온다.

경신(庚申)·신유(辛酉)월 : 기신(忌神)월이며 관살(官殺)월이니 자식의 우환이 따르고, 자신도 구설과 건강 등을 특별히 조심해야 한다.

임술(壬戌)·계해(癸亥)월 : 기신(忌神)월이며 인수(印綬)월로 보증·어음·계약 등 문서관계를 조심해야 한다.

갑자(甲子)·을축(乙丑)월 : 비견(比肩)과 겁재(劫財)월로 기신(忌神)이 되니, 인인손재(人因損財)의 운으로 형제나 친구로 인하여 손재가 따른다.

33세 갑진(甲辰)년은 겁재(劫財)년이며 기신(忌神)년으로 인인손재(人因損財)라 했으니, 남을 지나치게 믿지 말고 매사에 나서지 않으면 무난하고, 사업확장은 금물이다.

34세 을사(乙巳)년은 병오대운(丙午大運)이니 신규사업은 길하다.

35세 병오(丙午)년은 용신(用神)년으로 재산상의 이득은 많으나, 상관(傷官)년이니 자신의 건강과 구설, 자녀들의 건강을 조심해야 한다.

43세 갑인(甲寅)년과 44세 을묘(乙卯)년은 비겁(比劫)년으로 군비쟁재(群比爭財)한다. 손재손처할 운이니 재산관리와 부부간의 애정에 신경을 써야 한다.

 55세 병진(丙辰)년은 화토(火土) 용신(用神)의 해로 재산상의 이득이 많으나, 상관(傷官)년이니 건강과 구설을 조심해야 한다.
56세 정사(丁巳)년은 병진(丙辰)년과 같이 식신생재(食神生財)년으로 재산상의 이득이 많을 것이다.

9. 실제감정 · 5

壬 戊 己 甲　　四
戌 寅 巳 戌　　柱

癸 甲 乙 丙 丁　　大
亥 子 丑 寅 卯　　運
51 41 31 21 11

1. 격(格)

월령(月令)의 건록(建祿)을 따라 건록격(建祿格)이 된다.

2. 용신(用神)

 무토일주(戊土日柱)가 사(巳)월에 득령(得令)·득지(得地)·득세(得勢)하니 신강(身强)사주이다. 따라서 왕성한 토기를(土氣)를 억제하는 인목(寅木)이 용신(用神)이다. 그러나 용신(用神) 인목(寅木)을 생(生)하는 시천간(時天干)의 희신(喜神) 임수(壬水) 편제

(偏財)를 많은 비겁(比劫)이 극파(剋破)하여 용신(用神)이 약해 불길해 보이나, 대운(大運)이 수목운(水木運)으로 용신(用神)을 생조(生助)하니 3년 가뭄에 단비가 내리는 격으로 호운을 맞는다.

3. 육친(六親)

아버지인 편재(偏財) 임수(壬水)가 월지(月支)에서 천을귀인(天乙貴人)을 만나, 아버지가 사회적인 지위가 있으니 초년운(年運)이 양호한 것으로 보인다. 그러나 부성(父星)인 임수(壬水) 편재(偏財)를 비겁(比劫)이 파극(破剋)하니 아버지가 병약하고, 부성(父星)인 편재(偏財) 임수(壬水)가 백호대살(白虎大殺)에 해당하니 아버지와 떨어져 사는 것이 이롭다.

남편은 일지(日支) 용신(用神)으로 편관(偏官)이며 장생(長生)과 동주(同柱)하니, 의사·변호사·교수 등으로 사회적으로 물망이 있는 사람이다. 그러나 인술(寅戌)이 삼합(三合)되어 용신(用神) 편관(偏官)이 기신(忌神) 화(火)로 변하니, 종종 가정풍파를 겪을 것이다. 비록 희신(喜神)이 무력(無力)하기는 하나 대운(大運)이 양호하여 자식덕은 있고, 비견(比肩)이 합신(合身)하니 이복형제가 있다.

4. 성격

일지(日支)에 편관(偏官)이 있으니 영리하고, 토왕(土旺)하니 신의를 중히 여기나 대인관계는 원만하지 못하다.

5. 세운희기(歲運喜忌)

20세 이전은 다소 애로가 있으나, 21세 이후에는 대운(大運)의 지지(地支)가 수목(水木) 희용신(喜用神)의 운으로 가니 일찍 좋은 배우자를 만나 결혼한다. 삼합(三合)과 육합(六合)이 되는 갑오(甲午)년이나 정유(丁酉)년이 결혼에 길하다.

■ 기해(己亥)·경자(庚子)년

인운(寅運)에 속하여 수목(水木) 용신(用神)을 생부(生扶)하니 아들을 얻는다.

■ 신축(辛丑)년

왕성한 금신(金神)이 용신(用神) 목(木)을 억제하는 불길한 운으로 가정풍파가 있다.

■ 임인(壬寅)년·계묘(癸卯)년

희용신(喜用神)의 해로 부부가 화목하고 가업도 번창한다.

■ 갑진(甲辰)년·을사(乙巳)년

평길한 운이다.

■ 병오(丙午)년 정미(丁未)년

인수(印綬)년으로 남편과 자녀의 건강에 문제가 있다.

■ 무신(戊申)년 기유(己酉)년

기신(忌神)의 해로 일지(日支)에 용신(用神)과 남편인 인목(寅木)을 충(沖)하니 부부애정에 각별한 주의가 필요하다.

54세 무진(戊辰)년은 비견(比肩)의 해로 손재가 따른다. 월운(月運)을 열거하면 다음과 같다.

갑인(甲寅)월 을묘(乙卯)월 : 용신(用神)의 달로 남편에게 좋은 일
이 생긴다.

병진(丙辰)월 정사(丁巳)월 : 인수(印綬) 기신(忌神)의 달이니 보
증관계로 인한 손재가 있다.

무오(戊午)월 기미(己未)월 : 비겁(比劫) 기신(忌神)의 달이니 지
난 사(巳)월의 보증관계로 친구에게
거액의 사기를 당한다.

경신(庚申)월 신유(辛酉)월 : 상관(傷官) 기신(忌神)의 달로 지난
달의 손재사건으로 남편과 이혼까지
거론된다.

임술(壬戌)월 계해(癸亥)월 : 희신(喜神)의 달인 재(財)월이니 남
편에게 경사가 있고, 소액의 금전이
들어온다.

갑자(甲子)월 을축(乙丑)월 : 희신(喜神)의 달로 평길하다.

55세 기사(己巳)년, 56세 경오(庚午)년, 57세 신미(辛未)년까지는
대운(大運)이 길해도 년운(年運)이 불길하다. 매사에 심사숙고하며
내조와 건강관리에 힘쓰는 것이 최선이다.

3장. 지지(地支)의 상(象)과 작용

1. 자(子)

■ 쥐를 상징한다.

■ 생식력이 강하며 모성애가 남다르다.

■ 야행성이며 기회를 보아 객지로 나간다.

■ 북방(北方)이니 냉하다.

■ 신체로는 신장에 속하고, 요도인 생식기로 본다.

■ 자(子)일생은 인정이 있고 마음씨가 좋으며 눈물이 많다. 조용
함과 고독을 즐기나 명예를 좋아하여 밖으로 드러내는 것을 좋
아하고, 잘난척을 잘한다.

■ 자묘형(子卯刑)은 불행과 음란을 나타낸다. 자(子)가 있는데 묘
(卯)가 와서 형(刑)하면 망조가 든다.

2. 축(丑)

■ 소를 상징한다.

- 노력형으로 놀고 먹는 법이 없다. 인내심이 많아 조직생활에 잘 적응하며 인정이 많다. 성격은 겉으로는 차분한 것 같으나 급하다. 그러나 매사를 끈질기게 처리하는 능력이 있다.
- 꿈이 잘 맞는 편이고, 신명세계나 승려가 되는 경우도 많다.
- 부부궁이 불리하여 재혼하는 경우가 많다. 결혼은 남녀 모두 중매나 소개로 이루어지는 경우가 많다.

3. 인(寅)

- 범을 상징한다.
- 권위를 상징하니 높은 자리를 노리고, 잘 달린다.
- 성격은 온후하나 의심이 있고 타산적이다.
- 눈치가 빠르니 일견십지(一見十知)의 총명함이 있으나 가정적으로는 불행하다.
- 남자가 사주에 인인(寅寅)이 있으면 남의 일에 간섭을 잘한다.
- 여자가 사주에 인인(寅寅)이 있으면 신이 들리거나 과부가 되는 경우가 많다.

4. 묘(卯)

- 토끼를 상징한다.
- 민감하며 겁이 많고 온순하다. 독립심이 부족하여 남에게 의지하는 것을 좋아하며 마음을 잘주나 인덕이 없다. 토끼는 묵은 먹이를 싫어하니 외식을 좋아한다.
- 사주에 묘유술(卯酉戌)이 있으면 의약업이나 역술업이 길하다. 토끼털은 가늘고 부드러우니 유아복을 취급하는 경우도 많다.

- 사주에 묘(卯)가 있으면 남자는 상처형(喪妻形)이고, 여자는 생과부형으로 간부를 두는 경우도 있다.

5. 진(辰)

- 용을 상징한다.
- 출세의 별이며 영웅지신이다. 용을 영물로 생각하고 진(辰) 자를 이용하여 만든 용란(龍蘭 : 모자의 일종)을 출세하라는 의미에서 아이들에게 씌워주는 풍습이 있었다고 한다.
- 진토(辰土)가 재(財)이면 분식집을 많이 한다. 진자(辰子)는 탁주로 보고 신자(申子)는 맑은 물로 본다. 미장공·물탱크 공사·생수업 등이 길하다.

6. 사(巳)

- 뱀을 상징한다.
- 머리가 명석하며 판단력이 있다.
- 사(巳)는 오(午) 역마(驛馬) 앞에 있으니 역마살(驛馬殺)에 해당히고, 교통수난으로는 기차에 해당한다. 인신사해오미(寅申巳亥午未)는 모두 역마(驛馬)에 해당한다.
- 성격은 고상하고 머리는 민첩하다. 사교술과 동정심도 있으나 고집이 강한 것이 결점이다. 근심과 걱정이 많다.
- 사주에 사(巳)가 있으면 치아가 나쁘다. 사(巳)의 본기(本氣)는 병(丙)이며 병(病)이니 건강이 좋지 않다.
- 남자가 사주에 사사(巳巳)가 있으면 불과 관련된 직업을 갖는 경우가 많고, 아내를 잃는 경우도 많다.

- 여자가 사주에 사사(巳巳)가 있으면 스튜디어스가 많고, 독신녀
  도 많다.
- 인사(寅巳) 역마(驛馬)는 항공계통에 종사하는 사람이 많고, 신
  해(申亥)역마(驛馬)는 해운계통에 종사하는 사람이 많다.

7. 오(午)

- 말을 상징한다.
- 잘 뛰며 춤도 잘 춘다.
- 색정·사기·도적 등을 나타내고, 남자는 여자가 많다.
- 오(午)일생은 성격이 쾌활하며 교제를 잘하여 의외로 성공하는
  경우가 있으나, 주색으로 다시 곤궁에 빠지는 경우가 많다. 이익
  이 되는 사람에게는 잘하지만 손해가 될 듯하면 즉시 절교하는
  성질이 있고, 주작(朱雀)이니 말이 많아 실패하는 경우도 있다.
  남녀 모두 이성을 조심해야 한다.

8. 미(未)

- 양을 상징한다.
- 고집불통으로 독불장군격이고, 돌아다니는 것을 좋아한다.
- 고독·희생신·수술·침체 등을 나타낸다.
- 종교를 갖는 경우가 많으나 기독교는 얼마 안된다.
- 객지생활로 고독을 많이 느낀다.
- 미(未)일생은 격(格)이 좋으면 자비심이 있고, 정직하고 효심이
  깊으며 신용도 있다. 생각이 깊고 끈기가 있어 사물을 다루는데
  면밀하나, 큰 것을 노리다 기회를 놓치고 후회하는 경우도 있다.

때로는 자존심이 강하여 사람을 무시하는 경향이 있고, 남에게 베풀어도 인덕이 없다.

■ 부부궁은 박하여 실패하는 경우가 있다.

■ 남자가 사주에 미(未)가 있으면 평생 출세하지 못하고, 여자는 가난하며 근심 걱정이 떠나지 않는다.

■ 사주에 미(未)가 있는데 파격(破格)이 되면 심성이 온화하며 여성적이나 작은 일도 이루지 못한다. 평생 야당으로 불평과 불만 속에서 패륜아가 되기 쉽다.

■ 여자가 미(未)년생이고 화토(火土)가 많으면 조산하거나 낙태하는 경우가 많다.

9. 신(申)

■ 원숭이를 상징한다.

■ 재능·진출·변동·고독 등과 역마(驛馬)를 나타낸다.

■ 신(申)일생은 쾌활한 편으로 음침한 것을 싫어한다. 교제가 능하여 사람을 파고드는데는 남다르나, 만사에 자기 위주이니 오해를 받는 일이 많다. 고집을 버리고 융화에 노력해야 한다. 친절하며 약자를 도와주는 미덕은 있으나, 가정적으로는 논쟁이 많아 아내가 눈물을 많이 흘린다. 뒤를 생각하지 않고 전진하는 성격으로 간혹 길을 잃어 고독해지기 쉽다.

■ 신(申)은 돛배·선박·외항선·해군·배관·파이프류 등을 나타낸다.

■ 건강은 시력이 약하고 신기(神氣)가 있다.

■ 직업으로는 수사관·선원·분식집·양식집·공업·기능공 등이

길하다.

10. 유(酉)

- 닭을 상징한다.
- 유(酒)자, 계(鷄)자가 자원(字源)이다.
- 도화(桃花) · 상처 · 기계 · 금전 · 감금 등을 나타낸다.
- 유(酉)일생은 외유내강형이다. 생각이 깊고 교제가 능하며 친절하나, 화가 나면 참지 못하고 마음의 변화가 많다. 계획은 잘 세우나 실행하지 못한다.
- 대인관계는 유혹에 잘 넘어가 금전손해를 보는 경우가 많다.
- 부부궁은 원만한 사람도 있으나 화합이 되지 않아 남녀 모두 간부를 두는 경우가 많다.
- 손재주가 많으니 컴퓨터 · 계산기 · 집도의(執刀醫) · 디자인 · 유리제품 · 완구류 · 침술 · 기계조립 · 간판업 · 고리대금업 등에 종사하는 사람이 많다.
- 사주에 유사(酉巳)가 있으면 남자는 자동차나 기계와 관계가 있고, 여자는 고리대금업과 관계가 많다.
- 사주에 유신(酉申)이 있으면 선박 내의 주방장과 관계가 있다.
- 사주에 유오(酉午)가 있으면 닭집과 관계가 있다.
- 사주에 유금(酉金)과 진(辰)이 있으면 주류업과 관계가 있다.
- 유(酉)월생 남자는 토건건축업과 관계가 있고, 공부한 사람은 교육자와 관계 있다.
- 유(酉)월생 여자는 식당이나 돈놀이와 관계가 있다.
- 사주에 유해오(酉亥午)가 있으면 목욕탕업과 관계가 있다.

- 사주에 축오유(丑午酉)가 있으면 정육점이나 축산물 가공업과 관계가 있다.
- 사주에 유금(酉金)이 있는데 축(丑)이 반합(半合)되고 격(格)이 혼탁하면 화류계로 나가기 쉽다.
- 사주에 사유오(巳酉午)가 있으면 돈놀이를 하다 망조가 들고, 결혼문제도 시끄럽다.

11. 술(戌)

- 개를 상징한다.
- 포용력이 있고 배신하지 않는다.
- 기계·기술·목재·섬유·지물업 등을 나타낸다.
- 개처럼 주위력이 비상하며 꼼꼼하다. 감각력이 빠른 편이나 겁이 많은 것이 약점이다. 망설이다 기회를 놓치는 경우가 많다.
- 술(戌)일생은 정직하며 예의가 바르고 착실하다. 외유내강형으로 고집이 강하여 남의 말을 잘 듣지 않으나, 귀가 얇아 속임수에 잘 넘어가기도 하고 의심을 잘한다. 요행심이 있어 투기성이 있는 것을 좋아한다.
- 부부간의 정이 약하니 생리사별하는 경우가 많다.
- 직업은 기술직·창고보관업·수집상·경비원·역술업·바느질·무녀·승려 등이 적합하고, 운동으로는 꼴키퍼가 적격이다.
- 남자가 사주에 술(戌)이 있으면 광산업·석수공·종교인 등으로 나가는 경우가 많고, 인덕이 없다.
- 여자가 사주에 술(戌)이 있으면 역술인·무당·바느질·노동판 잡역 등 천직에 종사하는 경우가 많고, 재물복이 없다.

■ 술해(戌亥)는 천문(天門)이니 시봉(詩逢)이나 일지(日支)에 있으면 도사나 승려가 된다.

12. 해(亥)

■ 돼지를 상징한다.

■ 대해수(大海水)를 나타내므로 불안·허송세월·외국행 등으로 본다.

■ 해(亥)일생은 강골이며 기상이 있고 정직하다. 난관에 봉착해도 참아넘기는 기질이 있어 성공하나, 강한 고집 때문에 실패하기도 한다. 성격이 급하고 화를 잘내며, 돌봐주고도 욕을 먹는 경우가 많다.

■ 해해자형(亥亥自刑)은 건달지신으로 아무것도 하지 않으려는 경향이 있고, 외국으로 나가는 경우가 많다. 남자는 호걸이나 한량이 많고, 여자는 쌍둥이를 낳는 경우가 많다.

■ 사주에 해(亥)가 있으면 곡물상·언론계·출판계 등에서 출세하는 사람이 많다.

■ 축오(丑午)가 있는데 자(子)가 오면 음독자살을 기도한다.

4장. 천간(天干)의 상(象)과 작용

(1) 갑목(甲木)

양목(陽木)으로 동량의 목(木)이다. 흙을 다루는 쟁기나 경운기로 보고, 목생화(木生火)하니 연료로도 본다.

(2) 을목(乙木)

음목(陰木)으로 활목(活木)이다. 넝쿨·화초·뱀장어·실 등으로 보고, 나무는 산소를 공급하니 바람으로도 본다.

(3) 병화(丙火)

양화(陽火)로 태양과 같은 자연의 열이다. 쇠를 녹이는 용광로로 본다.

(4) 정화(丁火)

음화(陰火)로 별빛이나 인위적인 불로 본다. 등불·촛불·대장간의 불·용광로·숯불 등으로 본다.

(5) 무토(戊土)

양토(陽土)로 태산·성단토·화분·화로 등으로 본다.

(6) 기토(己土)

음토(陰土)로 전원토·옥토·전답·평야·야산·모래밭 등으로 본다. 무기토(戊己土)는 물이 있어야 만물이 자란다.

(7) 경금(庚金)

양금(陽金)으로 고철·강철·도검류·광물·달·서리·우물 등으로 본다.

(8) 신금(辛金)

음금(陰金)으로 경금속·금광·보석·전지가위·과일 등으로 본다.

(9) 임수(壬水)

양수(陽水)로 호수·바다·강·연못·구름·저장고·냉장고 등으로 본다.

(10) 계수(癸水)

음수(陰水)로 도랑물·이슬·비 등으로 본다.

1. 천간(天干)과 천간(天干)의 조화

(1) 갑견경(甲見庚)·경견정(庚見丁)

갑목(甲木)의 큰 재목은 경금(庚金)인 톱이나 대패로 다듬어지고, 경금(庚金)의 무딘 날은 정화(丁火)의 대장간에서 재생된다. 따라서 갑목(甲木)의 큰 재목은 경금(庚金)을 만나야 다듬어져 제품으로서 가치가 있고, 다듬는 과정에서 일그러진 경금(庚金)은 정화(丁火)를 만나야 재생되어 공구로서 기능을 발휘할 수 있다.

(2) 을견병(乙見丙)·재견계(再見癸)

을목(乙木)의 활목(活木)은 태양인 병화(丙火)를 만나고, 다시 계수(癸水)를 만나야 생육된다.

(3) 병견임(丙見壬)·무견신(戊見辛)

병화(丙火)의 태양은 호수에 비쳐야 자신의 재능을 발휘하고, 무토(戊土)의 큰 산에는 호수와 천연 과실이 있어야 바람직하다.

(4) 정견경(丁見庚)·경견갑(庚見甲)

정화(丁火)의 대장간은 경금(庚金)을 만나야 일거리가 생기고, 재생된 경금(庚金)은 갑목(甲木)의 큰 재목을 만나야 재능을 발휘할 수 있다.

(5) 무견갑(戊見甲)·재견임(再見壬)

무토(戊土)의 큰 산에는 나무를 심어야 산림이 울창하고, 울창한

산림 속에는 맑은 호수가 있어야 수원지로서 만인의 휴식처가 될수 있다.

(6) 기견갑(己見甲)·갑견계(甲見癸)

기토(己土)의 전답에는 갑목(甲木)의 종자를 심어야 하고, 파종된 갑목(甲木)의 종자는 계수(癸水)의 우로를 만나야 싹이 트고 성장할 수 있다.

(7) 경견정(庚見丁)·재견갑(再見甲)

경금(庚金)의 고철은 정화(丁火)의 용광로를 만나야 재생되어 기물을 이루고, 재생된 경금(庚金)은 갑목(甲木)의 큰 재목을 만나야 일거리가 생겨 재물을 얻을 수 있다.

(8) 신견병(辛見丙)·임장(壬藏)

신금(辛金)의 과일은 태양을 만나야 결실을 맺을 수 있고, 결실된 과일은 저장고인 임수(壬水)를 만나야 저장될 수 있다.

(9) 임견무(壬見戊)·재견갑(再見甲)

큰 산의 흙으로 강을 막아 댐을 건설하고, 건설된 댐 주변에는 나무를 심어야 사람들이 쉴 수 있다.

(10) 계견기(癸見己)·재견갑(再見甲)

우로인 계수(癸水)는 전답에 갑목(甲木)의 종자를 기르니, 계수(癸水)의 공이 돋보인다.

천간오행(天干五行)의 상과 작용을 적극적으로 활용하되, 격국(格局)과 용신(用神)을 떠나서는 안 된다. 다음 편에 기와 상을 활용한 감정실례를 들어가면서 설명하니 많이 연구하기 바란다.

5장. 기(氣)와 상(象)을 활용한 감정

```
辛 戊 戊 庚      坤
酉 戌 寅 辰      命


壬 癸 甲 乙 丙 丁      大
申 酉 戌 亥 子 丑      運
57 47 37 27 17 7
```

이 사주는 태산이 중중한데 수기(水氣)가 없으니 혈기가 부족하다. 년(年)과 시(時)에서 태산을 헐어내나, 수재(水財)가 없으니 노력을 많이 해도 공이 적은 유명무실한 사주이다. 년간(年干)의 식상(食傷)은 유산을 암시하나 공망(空亡)되고, 상관(傷官)이 년시(年時)에 병출(並出)하니 남편운이 박하다.

을해대운(乙亥大運)은 정관운(正官運)으로 결혼할 운이다. 그러나 년시상(年時上) 경신금(庚辛金)의 식상(食傷)이 관(官)을 극(剋)하니 결혼을 해도 같이 살기 어렵다. 남편과 가까이 있으면 몸이 아프고, 멀리 있으면 무사한 운이니 어찌 고독과 번민이 없겠는가.

갑술대운(甲戌大運)의 갑운(甲運)은 칠살(七殺)이 겹쳐 왕성하나, 경신금(庚辛金)의 식상(食傷)이 제살(制殺)하여 무난하다. 그러나 술운(戌運)은 비견(比肩)년인데, 남편의 재(財)로 남편인 인목(寅木)과 인술(寅戌)로 합(合)되니 가정불화가 염려되고, 토다목절(土多木切)하니 남편의 건강이 염려된다.

계유대운(癸酉大運)은 수재운(水財運)으로 통관(通關)되어 재산이 늘어나고, 자식도 유금(酉金)에 통근(通根)하니 부창자영(夫昌子榮)으로 사는 보람이 있다.

임신대운(壬申大運)은 재산이 늘어나며 남편에게도 길한 운이고, 신대운(申大運)은 식상(食傷) 경신금(庚辛金)이 더욱 왕성해지니 자식에게도 이롭다. 그러나 신금(申金)이 월지(月支) 인목(寅木) 관성(官星)을 충거(沖去)하니 남편과 사별한다.

여기서 기억해둘 것은 년상(年上)의 식상(食傷)은 유산을 암시하고, 약신(弱神)도 행운(行運)에서 통근(通根)되면 강해지고, 무토(戊土)가 수(水)가 없으면 목(木)을 말뚝처럼 두려워하고, 수기(水氣)를 혈기와 정기로 본다는 것이다.

己 壬 乙 乙　　四
酉 辰 酉 酉　　柱

辛 庚 己 戊 丁 丙　　大
卯 寅 丑 子 亥 戌　　運
56 46 36 26 16 6

이 사주는 년월(年月)에서 상관(傷官)이 병출(竝出)하니 총명하며 재능이 많다. 8월의 맑은 물이 암반으로 흐르니 아름다운 외모와 음성을 갖고 여성답게는 태어났다. 그러나 년월(年月) 시지(時支)에 목욕살(沐浴殺)이 있어 풍류를 즐기니 풍파와 기복이 많다. 상관살(傷官殺)은 총명하며 재능은 많으나, 부성(夫星)을 극(剋)하여 쇠약하게 만드니 남편과의 이별은 피할 길이 없다.

병술대운(丙戌大運)과 정해대운(丁亥大運)은 상관(傷官)이 생재(生財)하니, 부유한 집에서 태어나 부모의 사랑 속에서 성장한다.

무자대운(戊子大運)과 기축대운(己丑大運)은 득배(得配)하나 신왕관쇠(身旺官衰)이고, 자운(子運)에서 자진(子辰)이 수국(水局)하니 허약한 토관(土官)이 왕성한 수(水)에 유실되어, 꽃다운 28세 임자(壬子)년 무신(戊申)월에 남편이 익사한다.

삼지(三支) 백호(白虎)는 무정과 냉혹함을 암시하고, 유(酉)는 목욕살(沐浴殺)과 도화살(桃花殺)에 해당하니, 엄청난 풍파 속에서 어찌 평온함을 찾겠는가. 이 사주는 목화(木火)가 희용신(喜用神)이고, 금수(金水)가 기신(忌神)이다.

壬	辛	丁	甲	四
辰	亥	丑	戌	柱

辛	庚	己	戊	大
巳	辰	卯	寅	運
31	21	11	1	

이 사주는 금수(金水) 상관격(傷官格)으로, 임수(壬水) 상관(傷官)이 시천간(時天干)에 투간(透干)하여 축진해(丑辰亥)에 통근(通根)하니, 총명하며 재능이 많다. 앞에서는 임수(壬水) 상관(傷官)이 설기(泄氣)하고, 뒤에서는 정화(丁火) 칠살(七殺)이 갑목(甲木) 재성(財星)의 후원을 얻어 신금(辛金) 본신(本身)을 극(剋)하니 안정이 되지 않는 사주이다.

기묘대운(己卯大運)은 용신(用神)도 되고, 총명다재함을 암시하는 시천간(時天干)의 임수(壬水) 상관(傷官)을 대운(大運)의 기토(己土)가 극파(剋破)하니, 용신(用神)은 물론 정신도 혼탁하다.

정해(丁亥)년인 14세에는 태세(太歲)의 정화(丁火) 칠살(七殺)이 가중되고, 정해(丁亥)년 정미(丁未)월에 호신(護神)하는 용신(用神) 임수(壬水)를 정임(丁壬)으로 합거(合去)하니, 일주(日柱) 신금(辛金)은 칠살(七殺)인 3정(丁)의 공격을 받아 교통사고로 사망한다. 정미(丁未)월은 진술축미(辰戌丑未)의 4묘(墓)가 병출(並出)하여 토다금매(土多金埋)가 되니, 왕성한 토(土)가 신금(辛金)을 덮쳐 사망한 것으로 본다. 또 가상관격(假傷官格)으로 보면, 가상관(假傷官)이 인수운(印綬運)으로 가면 파료상관(破了傷官)하여 필사(必死)라 하는 말에 해당되는 사주이다.

※ 기억할 것

- 상관(傷官)은 총명다재를 나타낸다.
- 격(格)이 몸체라면 용신(用神)은 정신에 해당한다. 따라서 용신(用神)이 극파(剋破)되면 정신도 혼탁해진다.
- 칠살(七殺)은 호랑이처럼 무섭다.

- 신금(辛金)은 보석·연철·주옥 등에 해당하고, 정화(丁火)는 용광로에 해당한다.
- 금수상생(金水相生)이 있으면 용모가 아름답고 슬기롭다.
- 춘하 계수(癸水)는 감로수로 보고, 추동 계수(癸水)는 설상(雪霜)으로 본다.
- 갑을목(甲乙木)은 청룡(青龍), 병정화(丙丁火)는 주작(朱雀), 무토(戊土)는 구진(句陳), 기토(己土)는 등사(螣蛇), 경신금(庚辛金)은 백호(白虎), 임계수(壬癸水)는 현무(玄武)라 한다. 이것을 육신(六神)이라 하고, 사주팔자를 추리할 때는 사용하는 경우는 적으나 육효학(六爻學)에서 많이 활용한다.

```
丁 壬 辛 辛      四
未 申 丑 未      柱


丙 乙 甲 癸 壬      大
午 巳 辰 卯 寅      運
48 38 28 18 8
```

이 사주는 한곡(寒谷) 태생으로 육친의 인연은 금수(金水)처럼 한냉하나, 시천간(時天干) 정화(丁火)가 미(未) 중 정화(丁火)에 착근(着根)하여, 따스함을 감싸주니 생기는 잃지 않았다. 동남운(東南運)인 인묘진(寅卯辰)·사오미운(巳午未運)에 추운 골짜기에 봄이 오듯 따뜻한 행운(行運)을 맞을 것이다.

임인대운(壬寅大運)과 계묘대운(癸卯大運)의 임계운(壬癸運)은 엄동설한에 눈비가 내리니 햇빛을 보지 못한다. 그러나 인묘운(寅卯運)은 해동순풍으로 여상을 졸업하고 취업한다. 묘운(卯運)은 희신(喜神)인 상관운(傷官運)으로 재능을 배양하는 운이니 신임을 얻어 승진한다.

갑진대운(甲辰大運)과 을사대운(乙巳大運)의 갑운(甲運)은 식신생재(食神生財)로 명성을 얻고 결혼도 한다. 그러나 진운(辰運)은 수토(水土)의 묘고(墓庫)로 신관(身官)의 묘고(墓庫)가 되어 퇴직하는 등 불리함이 많다.

을사대운(乙巳大運)은 상관생재(傷官生財)로 재능을 발휘한다. 의류점을 경영하여 많은 재물을 모은다.

병오대운(丙午大運)과 정미대운(丁未大運)의 병오운(丙午運)에서 정운(丁運)까지 15년 동안은 엄동의 추운 골짜기에 봄이 찾아드니, 만사형통할 대운(大運)으로 부영자귀(夫榮子貴)한다.

※ 기억할 것

소후용신(調候用神)은 춘하추동이 순환하는 기후적인 조건을 잘 살펴 조절하는 신을 말한다. 한난(寒暖), 조습(燥濕), 과유(過猶), 불급(不及), 편고(偏枯) 등을 절후의 조화를 참작하면서 용신(用神)을 정한다는 뜻이다. 오행(五行)의 한난조습(寒暖燥濕) 편을 다시 한 번 익혀 용신(用神)을 잡는데 착오없기 바란다.

금수(金水)는 음(陰)으로 한습(寒濕)하고, 목화(木火)는 양(陽)으로 난조(暖燥)하다. 추동절은 한습(寒濕)하고, 춘하절은 난조(暖燥)하다. 한난조습(寒暖燥濕)의 사주는 억부(抑扶)나 병약(病藥)에 의지하지 않고 조후용신법(調候用神法)에 따른다.

丙 癸 庚 辛　　四
辰 亥 子 酉　　柱

癸 甲 乙 丙　　大
巳 午 未 申　　運
66 56 46 36

　이 사주는 엄동설한에 시천간(時天干)에 병화(丙火) 태양이 높이
뜨니, 얼어붙었던 만물이 생기를 얻은 격이다. 엄동에 태양을 만났
으니 한곡(寒谷) 출신이 귀인을 만나 큰 뜻을 이루는 형상이다. 금
수(金水)가 태왕(太旺)하니 지의(知義)를 겸비하고, 체력도 왕성하
다. 이 사주는 금수(金水)는 왕성하고, 목화(木火)는 약하다. 따라서
금수(金水)를 억제하는 화토운(火土運)에는 발전하고, 약한 화(火)
를 생(生)하는 목운(木運)과 화(火)가 왕성한 오미운(午未運)에는
크게 발전한다. 그러나 용신(用神) 병화(丙火)를 극(剋)하는 수운
(水運)이 불길하니 어찌 불귀의 객을 면할 수 있겠는가.

　계사대운(癸巳大運)의 계운(癸運)은 추운 골짜기에 눈비가 몰아
쳐, 귀인 병화(丙火)가 생기를 잃고 쇠퇴하니 손재손처가 따른다.
금수(金水)가 태왕(太旺)한데 계사대운(癸巳大運)에서 다시 계수
(癸水)가 들어오고, 수원(水源)이 되는 기신(忌神) 월천간(月天干)
경금(庚金)이 사(巳)에서 장생(長生)을 얻어 백천만류에 불귀하는
운명이다.

　66세 병인(丙寅)년에는 용신(用神)인 목화(木火)가 왕성하고 상관
(傷官)이 생재(生財)하니 재산이 늘어난다.

67세 정묘(丁卯)년에는 전년과 같이 대길하나, 편재운(偏財運)으로 병오(丙午)월은 자오묘유(子午卯酉)로 도화(桃花)가 만발하니 여색으로 인한 병고가 따른다.

72세 임신(壬申)년에는 용신(用神) 병화(丙火)가 극파(剋破)되고, 신자진수국(申子辰水局)으로 백천이 범람하니, 큰 물에 쓸려가는 형상이다. 임신(壬申)년 신해(辛亥)월에 부곡온천에서 심장마비로 사망했다.

행운(行運)이 용신운(用神運)으로 흘러 용신(用神)이 근왕(根旺)하면 만사형통으로 크게 발전하나, 행운(行運)에서 형충파해(刑沖破害)나 병사입묘(病死入墓)로 용신(用神)이 근절되고 기신(忌神)이 극성하면 명을 다한다.

丙 己 丙 壬　　四
寅 酉 午 戌　　柱

壬 辛 庚 己 戊 丁　　大
子 亥 戌 酉 申 未　　運
60 50 40 30 20 10

이 사주는 기토(己土)가 득령(得令)·득세(得勢)·득지(得地)하여 신왕(身旺)하고, 오(午) 중에 병화(丙火)가 투간(透干)하여 정인격(正印格)이다. 오(午)월 폭양에 년천간(年天干) 임수(壬水) 큰물을 만났으니 사막에서 오아시스를 만난 격이다. 임수(壬水)가 조후용신(調候用神)이고, 일지(日支) 유금(酉金)이 희신(喜神)이다.

정인격(正印格)이니 학문이 뛰어나며 예의가 바르다. 년천간(年天干)의 희신(喜神)이 정재(正財)이니 가문이 좋고 아버지덕도 크다. 그리고 일지(日支) 아내궁의 유금(酉金)은 희신(喜神)으로 수(水)를 생(生)하니, 아내의 내조가 산과 같이 높고 시아버지에게는 정성이 지극한 효부이다.

인오술(寅午戌) 인수국(印綬局)으로 학문이 높으며 교제에 능하고, 모사와 책략이 비범하니 정계에 진출하면 크게 성공할 수 있다.

10세 정미대운(丁未大運)에서는 년천간(年天干) 임수(壬水) 재(財) 용신(用神)을 합거(合去)하니 아버지와 일찍 사별한다.

20세 무신대운(戊申大運)은 길흉이 상반된다. 무토운(戊土運)은 겁재운(劫財運)으로 중상·모략·손재가 따르나, 신운(申運)은 희신운(喜神運)으로 길하다.

30세 기유대운(己酉大運)은 무신대운(戊申大運)과 같다. 그러나 기운(己運)은 비견운(比肩運)으로 기신운(忌神運)에 해당하니, 시비와 분쟁으로 인한 손재가 따른다.

40세 경술대운(庚戌大運)은 반길반흉한 운이다. 경대운(庚大運)은 만사가 순조롭고, 술대운(戌大運)은 겁재운(劫財運)으로 손재가 따른다.

50세 신해(辛亥)대운은 희용신(喜用神)의 대운(大運)으로 식신(食神)이 생재(生財)하여 많은 재물이 들어온다.

60세 임자(壬子)운도 신해(辛亥)운과 같이 희용신(喜用神)의 대운(大運)으로 경영이 순조로워 많은 재물이 들어온다.

6장. 육친(六親)을 활용한 감정

```
甲甲甲戊    坤
戌申寅寅    命
```

이 사람은 여자가 양통(陽通)사주가 되어 남편운이 부실하다. 일
지(日支) 신금(申金)과 시지(時支) 술(戌)에서 경신금(庚辛金) 정
편관(正偏官) 부성(夫星)이 일주(日柱)와 신합(身合)하고 있으니
여러 번 결혼할 팔자이다. 일지(日支) 편관(偏官)이 역마(驛馬)가
되니, 국제결혼이나 해외출입을 하거나, 그렇지 않으면 남편이 운수
업에 종사한다.

역마살(驛馬殺)은 해외를 나타내니, 역마(驛馬) 관살(官殺)은 외국
남편·외국기관·운수업 등을 나타내고, 역마(驛馬) 재(財)는 외국
여자·외화 등을 나타내고, 역마(驛馬) 인수(印綬)는 외국어·유학
등을 나타낸다.

```
甲 甲 甲 戊    坤
戌 申 寅 寅    命
```

이 사주는 역마(驛馬) 신금(申金)이 삼형(三刑)을 이루어 본인이나 남편이 교통사고를 당한다. 만일 국제결혼을 한다면 식상(食傷)과 관(官)이 신주(身主)와 암합(暗合)하니 부정임신을 하는데, 역마(驛馬)인 신금(申金) 상관(傷官)이 서방금(西方金)이니 미국인과의 사이에 혼혈아가 있다.

인(寅) 중의 병화(丙火) 식신(食神) 자식은 본인과 충파(沖破)가 되어 별거하고, 술(戌) 중의 정관(正官) 신금(辛金)과 병신(丙辛)으로 암합(暗合)하니, 전 자식 병화(丙火)는 본남편 신금(辛金)과 동거하는 형상이 된다.

술(戌) 중의 정화(丁火) 상관(傷官) 자식은 편관(偏官)인 신(申) 중의 임수(壬水)와 같이 신합(身合)하니, 재가하여 낳은 정화(丁火) 자식과 재혼한 남편인 신금(申金) 편관(偏官)은 자신과 같이 산다.

```
戊 丙 戊 辛    乾
子 寅 戌 亥    命
```

이 사주는 병(丙)일생이 년천간(年天干)의 신금(辛金) 재(財)와 년지(年支)의 해수(亥水) 관(官)이 같이 임하여, 천간(天干)으로 병신(丙辛)이 합(合)하고 지지(地支) 인해(寅亥)로 합신(合身)한다. 따라서 고급 재정관리직인데 지살(地殺) 관(官)이 되어 외국계 무역회사에 근무한다.

생일(生日)에 급각살(急脚殺)이 있으니 신경통·교통사고·추락상 등으로 신음하고, 도화(桃花) 관(官)이 있으니 소실에서 아들을 얻는다. 정편재(正偏財)가 신합(身合)하여 본처와 기생첩을 같이 거느리고 살고, 도화(桃花) 관(官)이 자식궁에 득위(得位)하여 본처 자식보다 첩의 자식이 더 출세한다.

재관(財官)이 같이 있는데 신합(身合)하면 혼외 아들과 재정관리직으로 본다. 술해(戌亥)는 천문(天門)으로 고급학문·고급공무원 등을 나타낸다. 역마(驛馬)와 지살(地殺)이 있으면 외국과 관계시켜 보라.

```
乙 己 癸 己     乾
亥 巳 酉 巳     命
```

이 사주는 일주(日柱)가 매우 약하고, 시천간(時天干)의 살(殺)이 왕성하다. 공저가가 아니면 본처와 일찍 이별하고 재혼할 운명이다. 역마(驛馬) 재(財)가 있어 외화를 벌어들이나, 천라지망살(天羅地網殺)이 있으니 한 번 정도 옥고를 치르게 되고, 역마(驛馬) 해수(亥水)가 인수(印綬) 사화(巳火)를 충(沖)하니 어머니가 교통사고로 다친다. 그리고 고부갈등이 심한 사주로 입장이 난처한 경우가 많다. 천라지망살(天羅地網殺)은 진술사해(辰戌巳亥) 중에서 두 글자가 있으면 성립되고, 작용은 수옥살(囚獄殺)과 같다.

```
甲 庚 甲 戊    乾
申 寅 寅 辰    命
```

이 사주는 경(庚)일생이 갑갑인인(甲甲寅寅)을 놓아 재다신약(財多身弱)으로 일부다처의 상이 되었다. 일시(日時)가 인신(寅申)으로 상충(相沖)하니 부부가 별거하고, 역마(驛馬) 편재(偏財)가 있으니 국제연애나 외화를 벌어들이고, 편재(偏財)가 신합(身合)하니 재혼하여 재물과 자식을 같이 얻는 상이다. 편재(偏財)가 득세(得勢)하면 재혼할 명으로, 본처는 권리를 행사하지 못하고 첩이 가권을 잡는다.

(1) 동합(同合)

자자(子子), 축축(丑丑), 인인(寅寅), 묘묘(卯卯), 진진(辰辰), 사사(巳巳), 오오(午午), 미미(未未), 신신(申申), 유유(酉酉), 술술(戌戌), 해해(亥亥).

(2) 우합(隅合)

축인(丑寅), 진사(辰巳), 미신(未申), 술해(戌亥).

(3) 준삼합(準三合)

인오(寅午), 오술(午戌), 인술(寅戌), 신자(申子), 자진(子辰), 신진(申辰), 사유(巳酉), 유축(酉丑), 사축(巳丑), 해묘(亥卯), 묘미(卯未), 해미(亥未).

(4) 유합(類合)

인묘(寅卯), 묘진(卯辰), 인진(寅辰), 사오(巳午), 오미(午未),
사미(巳未), 신유(申酉), 유술(酉戌), 신술(申戌), 해자(亥子),
자축(子丑), 해축(亥丑).

(5) 암합(暗合)

자사(子巳), 축인(丑寅), 인술(寅戌), 묘신(卯申), 진사(辰巳),
오해(午亥), 미신(未申), 신진(申辰), 유사(酉巳), 술해(戌亥).

　이외에도 수많은 암합(暗合)이 있다. 그러나 모두 열거할 수 없으니 지장간(支藏干)을 염두하면서 적시적소에 활용하기 바란다.

```
丙 庚 辛 壬        坤
子 子 亥 戌        命


乙 丙 丁 戊 己 庚        大
巳 午 未 申 酉 戌        運
```

　이 사주는 금수(金水) 상관(傷官)으로 미모가 뛰어나고, 식상(食傷)이 유기(有氣)하니 온화한 성격으로 정이 많으며 마음이 바다와 같이 넓다. 그러나 관성(官星) 병화(丙火)가 수국(水局)에서 절(絶)하여 창기의 명이 되었다. 재혼해도 함께 살기 어렵고, 십중팔구는 상부(傷夫)한다. 여자가 경신(庚申)·경자(庚子)·경진(庚辰)·신해(辛亥)·기해(己亥)일생이면 유흥업으로 성공하는 경우가 많다.

이 사주는 1922년생으로 조후용신(調候用神)이 시상(時上) 병화(丙火)이니, 희신(喜神)은 목(木)이다. 억부용신(抑扶用神)은 토(土)이고, 대운(大運)은 술유신미오사(戌酉申未午巳)로 역행(逆行)한다.

壬 壬 庚 丙　　坤
子 辰 寅 午　　命

이 사주는 일지(日支)에 과숙살(寡宿殺)과 편관(偏官)이 있으니 재혼할 명이고, 식신(食神)이 신합(身合)하니 음식솜씨가 일품이다. 여자가 식신(食神)이 신합(身合)하면 음식솜씨가 좋으나, 식신(食神)이 충파(沖破)되면 음식솜씨가 없고, 젖량이 부족하고, 그릇을 잘 깨고, 자궁수술을 한다. 관식(官食)이 신합(身合)하니 인정이 많고 유정하나 부정한 임신을 하기도 한다. 재(財)가 신합(身合)하니 시어머니를 모시며 살고, 신왕재왕(身旺財旺)하니 재산복이 많다.

丁 丁 戊 甲　　乾
未 卯 辰 寅　　命

이 사주는 인묘진(寅卯辰) 목국(木局)으로 인수국(印綬局)과 무진미(戊辰未) 상관(傷官)으로 구성되어 학문과 예술방면에 뛰어나고, 일지(日支)에 도화살(桃花殺)이 있으니 첩을 둔다. 인수(印綬)는 어머니에 해당하는데 신합(身合)하니 어머니를 두 분 모실 팔자이고, 비견(比肩)은 형제에 해당하는데 신합(身合)하니 이복형제가 있다. 이 사주는 부모궁인 월주(月柱)에 백호대살(白虎大殺)인 무진(戊

辰)이 있어 부모가 흉사(凶死)한다. 부모와 따로 사는 것이 좋다.

여기서는 인수국(印綬局)은 학문을 나타내며, 식상(食傷)은 총명 다재함을 나타낸다는 것. 도화살(桃花殺)은 풍류와 색정을 나타내며, 패살(敗殺)과 목욕살(沐浴殺)이라는 것을 유념해야 한다. 그리고 어떤 육친이 신합(身合)하는가를 살펴야 한다.

己 丙 辛 甲　　坤
丑 戌 未 戌　　命

이 사주는 병정(丙丁)일생으로 진술축미(辰戌丑未)의 식상(食傷)을 아기집인 자궁에 비유한다. 따라서 축술미(丑戌未)로 자궁이 삼형살(三刑殺)을 만나니 자궁외 임신으로 고생한다. 모쇠자왕(母衰子旺) 사주는 자궁외 임신을 하고, 식상(食傷)이 형살(刑殺)을 만나면 유산되거나 수술로 아이를 낳는다. 식상(食傷)이 왕성하면 마음이 바다와 같이 넓고 착하나, 식극관(食剋官)의 원리로 보면 부부가 해로하기 어렵다.

모쇠자왕(母衰子旺)이란 일간(日干)은 약한데 식신(食神)과 상관(傷官)이 왕성한 것을 말한다. 형살(刑殺)은 도려낸다·수술한다·형사문제 등을 암시하니 앞에서 설명한 형살(刑殺)을 참고하기 바란다.

1. 복부지명(複夫之命)

여자사주에 관(官)의 묘고(墓庫)가 있는 것을 말하고, 이런 사주는 본남편과 해로하기 어렵다. 예를 들면 다음과 같다.

```
丁 戊 乙 辛      坤
巳 戌 未 酉      命
```

이 사주는 무토(戊土)일생으로 정관(正官) 남편은 을목(乙木)인데, 년천간(年天干)의 상관(傷官)인 신금(辛金)이 미(未)월에 득령(得令)하고, 년지(年支) 유금(酉金)에서 건록(建祿)을 얻어 착근(着根)·유기(有氣)하여, 월천간(月天干)의 부성(夫星)인 을목(乙木) 정관(正官)을 충극(冲剋)한다. 따라서 약한 관성(官星) 을목(乙木)은 목고(木庫)인 월지(月支) 미(未)에 입묘(入墓)하니, 남편과 사별하고 재혼한다.

※ 진술축미(辰戌丑未)는 사묘지(四墓地)이다.

- 진(辰) : 수토(水土)의 묘(墓)이며 고장지(庫藏地)이다.
- 술(戌) : 화토(火土)의 묘(墓)이며 고장지(庫藏地)이다.
- 축(丑) : 금(金)의 묘(墓)이며 고장지(庫藏地)이다.
- 미(未) : 목(木)의 묘(墓)이며 고장지(庫藏地)이다.

```
庚 甲 辛 甲      坤
午 寅 丑 子      命
```

이 사주는 갑목(甲木)일생으로 정관(正官) 남편은 월천간(月天干)의 신금(辛金)이고, 신금(辛金)인 정관(正官)의 묘지(墓地)는 월지

(月支)의 축(丑)이다. 사주에 관(官)의 묘지(墓地)가 있으면 복부지명(複夫之命)이 된다고 했다.

월천간(月天干)의 신금(辛金) 정관(正官) 본남편이 자신의 무덤 월지(月支) 축(丑)으로 들어가니 본남편과 사별했다. 그후 시천간(時天干)의 경금(庚金) 편관(偏官)을 따라 재혼했으나, 일시지(日時支) 인오(寅午)가 반합(半合)하여 화국(火局)을 이루니, 경금(庚金) 편부(偏夫)마저 상하여 사별하고 말았다. 복부지명(複夫之命)은 재혼을 해도 또 남편을 잃는 팔자라고 할 수 있다.

여기서 주의할 것은, 관살(官殺) 부성(夫星)이 반드시 묘지(墓地)에 있어야만 성립되는 것은 아니다. 관살(官殺) 부성(夫星)이 천간(天干)에 나타나지 않고, 관(官)의 묘고(墓庫)만 있어도 성립된다.

2. 탐재괴인(貪財壞印)

탐재괴인(貪財壞印)은 재(財)를 탐하여 인수(印綬)가 파괴된다는 뜻이다. 인수(印綬)는 학문·교육·종교 등을 나타내고, 재(財)는 재물을 나타낸다. 인수(印綬)와 재(財)는 상극(相剋)작용을 하니 재(財)가 왕성하면 학문이 모자라고, 인수(印綬)가 왕성하면 재(財)가 약하다. 부자는 글이 풍부하지 못하고, 글이 높은 학자는 재물이 풍부하지 못한 원리가 여기서 비롯된 것이다. 따라서 학자나 문인이 재물을 탐하면 명예가 손상되기 때문에, 인수(印綬) 용신(用神)으로 출세한 사람이 재운(財運)이 오면 뇌물죄를 범하기 쉽다.

■「인수쇠약(印綬衰弱)에 재견위구(財見危懼)인데, 탐재괴인(貪財

壞印)이면 기명(其命)이 심위(甚危)라.」 이것은 인수(印綬)가 약하면 재(財)를 두려워 하고, 재운(財運)이 와서 약한 인수(印綬)를 파괴하면 생명에 위험이 따른다는 뜻이다.

```
戊 丁 壬 壬    四
申 未 寅 戌    柱


丙 乙 甲 癸    大
午 巳 辰 卯    運
```

이 사주는 인(寅) 중의 무토(戊土)가 시천간(時天干)에 투출(透出)하여 상관격(傷官格)이다. 축인간(丑寅艮) 간토(艮土) 4토(土)로 설기(泄氣)가 심하고, 천간(天干)의 수(水)가 시지(時支) 신(申)에서 장생(長生)을 얻어 일주(日柱) 정화(丁火)를 극(剋)하니 신약(身弱)사주이다. 인수(印綬)가 용신(用神)이 되어 상관용인격(傷官用印格)이다. 그러나 시지(時支)의 신금(申金) 재(財)가 탐은 나지만 일주(日柱)가 약해 재(財)를 취하지 못하니 탐재괴인(貪財壞印)이 되고, 그 재(財)는 용신(用神) 목(木)의 아픔이 되고 말았다. 따라서 대운(大運) 묘갑운(卯甲運)에 발전하다, 사운(巳運)이 들면서 목(木) 용신(用神)이 사(巳)에서 아픔이 들고, 사(巳) 중의 경금(庚金)은 시지(時支) 신금(申金)과 합세하여 용신(用神)인 목(木) 인수(印綬)를 극(剋)하니, 용신(用神)이 손상하여 죽고 말았다. 이 사주는 상관격(傷官格)으로 관아지관헌을 극(剋)하여 능지죄로 사형을 당했다.

부록

1장. 길흉 즉시 감정법

1. 십이지(十二支) 암시표

天干	문의사항
子	재화, 대차, 구재, 계획
丑	소식, 서신, 전신
寅	약혼, 결혼, 연애, 재혼
卯	대인, 이사, 여행, 외출
辰	방문, 내객, 손님
巳	도난, 분실
午	가출, 도망, 실종
未	시험, 취직, 소망, 계획
申	관재, 분쟁, 소송
酉	우환, 질병
戌	매매, 가격등락, 계약여부
亥	임신, 출산

십이지(十二支)는 온 시간으로도 보고, 문의사항으로도 본다. 내정 시간은 각 지역의 정시법에 따른다.

2. 작괘 요령

 우선 내객이 몇 시에 왔는지, 몇 시에 문의했는지를 기억한다. 온 시간이나 문의한 시간의 지지(地支) 위에 무조건 천간(天干)의 갑(甲)을 붙여, 상담내용에 해당하는 지지(地支)까지 다음 예제와 같이 갑을병정무기경신임계(甲乙丙丁戊己庚辛壬癸)로 순행(順行)하여 기록한다.

예제1)

 오전 10시 사(巳)시 경에 누군가 매매관계를 문의하러 왔다면, 십이지(十二支) 암시표에 따라 매매관계는 술(戌)이라고 했으니, 문의시간 사(巳) 위에 갑(甲)을 붙여, 상담내용이 되는 술(戌)까지 순행(順行)한다. 다음 표와 같이 상담내용이 되는 술(戌) 위에 기(己)가 붙으니, 상괘(上卦)는 기(己)이고 중괘(中卦)는 술(戌)이 된다.

天　干				**甲** 乙 丙 丁 戊 **己** 庚								上卦
문의시간	子	丑	寅	卯	辰	**巳**	午	未	申	酉	**戌**	亥	中卦

 다음으로 온 시간 사(巳)시나 문의한 시간을 아래 표와 같이 상담목적인 술(戌) 중괘(中卦) 밑에 붙이니, 상괘(上卦)는 기(己)이고 중괘(中卦)는 술(戌)이며 하괘(下卦)는 사(巳)가 된다.

天　干	甲 乙 丙 丁 戊 **己** 庚		上卦
상담내용	**戌**	戌은 매매관계	中卦
문의시간	**巳**		下卦

상중하괘(上中下卦)가 기술사(己戌巳)가 되니 괘상해설 378쪽 기술사괘(己戌巳卦)를 찾아 말해주면 정확하다.

예제2)

만일 어떤 사람이 오전 7시 진(辰)시 경 시험관계를 전화로 문의해 왔다면, 십이지(十二支) 암시표에 따라 시험관계는 미(未)에 있으니, 다음 표와 같이 문의시간 진(辰)시 위에 갑(甲)을 붙여 상담내용에 해당되는 미(未)까지 순행(順行)한다. 미(未) 위에 정(丁)이 붙으니 상괘(上卦)는 정(丁)이고, 중괘(中卦)는 미(未)이다.

天干	甲 乙 丙 丁		上卦
문의시간	辰 巳 午 未	문의시간 辰, 상담내용 未	中卦

다음으로 온 시간이나 문의한 시간을 아래의 표와 같이 상담내용이 되는 미(未) 밑에 붙이니, 상괘(上卦)는 정(丁)이고 중괘(中卦)는 미(未)이며 하괘(下卦)는 진(辰)이 된다.

天干	甲 乙 丙 丁	上卦
상담내용	辰 巳 午 未	中卦
문의시간	辰	下卦

상중하괘(上中下卦)가 정미진(丁未辰)이 되었으니 괘상해설 370쪽 정미진괘(丁未辰卦)를 찾아 말해주면 된다.

예제3)

어떤 사람이 오후 3시 30분 신(申)시 경에 자식의 가출문제를 문의해 왔다면, 신(申)시에 갑(甲)을 붙여 십이지(十二支) 암시표에 따라 가출관계는 오(午)에 해당하니 신(申)에서 오(午)까지 순행(順行)한다. 아래의 표와 같이 오(午) 위에 갑(甲)이 붙으니 상괘(上卦)는 갑(甲)이고, 중괘(中卦)는 오(午)가 된다.

天　干	甲 乙 丙 丁 戊 己 庚 辛 壬 癸 甲	上卦
문의시간	申 酉 戌 亥 子 丑 寅 卯 辰 巳 午	中卦

다음으로 온 시간이나 문의한 시간을 아래 표와 같이 상담내용인 오(午) 밑에 붙인다. 상괘(上卦)는 갑(甲), 중괘(中卦)는 오(午), 하괘(下卦)는 신(申)이 된다.

天　干	甲 乙 丙 丁 戊 己 庚 辛 壬 癸 甲	上卦
상담내용	申 酉 戌 亥 子 丑 寅 卯 辰 巳 午	中卦
문의시간	申	下卦

상중하괘(上中下卦)가 갑오신(甲午申)이 되니 괘상해설 356쪽 갑오신괘(甲午申卦)를 찾아 말해주면 된다.

이 내시법(來時法)은 일본 아베 선생의 저술에서 발췌한 것으로, 신통한 경지를 지니고 있기에 쉽게 풀어 소개하였다. 십간(十干)과 십이지(十二支), 정시법(正時法)만 익힌 초학자라도 어려움이 없으리라고 생각한다.

3. 괘상 색인

4. 괘상 해설

갑자자(甲子子) : 재화괘

■ 이 괘를 얻으면 천시(天時)·진리(地理)·인화(人和)를 얻어 모든 일이 협력과 화합으로 기쁨을 얻는다.

■ 소망이나 계획은 속히 진행시키는 것이 좋을 것이다. 존경을 받고 재화를 얻는 기쁨은 아래에서 위로 올라오는 상으로 많은 기쁨이 있으리라.

■ 경영하는 일은 순조롭고, 목적은 무난히 이룰 것이다.

■ 재화를 순리로 구하는 일은 상당한 이득이 있으리라.

■ 영업상 이익,·대차·희망이나 계획하는 일은 순조로워 일거양득의 기쁨을 얻으리라.

■ 재물은 동쪽과 남쪽이 길하고, 크게 애쓰지 않아도 목적을 이루리라. 특히 갑오(甲午)일에 기쁜 일이 있을 것이다.

■ 자금조달은 가능하고, 임금은 회수될 것이다.

갑축축(甲丑丑) : 소식괘

■ 통신이나 소식은 좀 늦어진다. 그러나 전언은 있을 수 있다. 좀 늦더라도 소식이 있으리라.

■ 문장에 관한 서류, 문화적 상담내용은 좀 늦더라도 반드시 입수된다.

■ 점단일이 진술(辰戌)일이면 많이 지체되고, 경(庚)일이나 신(申)일이면 소식이 빨리 올 것이다.

갑인인(甲寅寅) : 혼인괘

■ 혼담은 순조롭게 이루어질 것이다. 그러나 재물손실이 많을 징조가 보이니 주의해라.

■ 남에게 의뢰하더라도 지체하지 말고 성혼시키는 것이 좋다.

■ 이 혼담이 성립되면 부부화목은 물론 부귀를 얻으리라.

갑묘묘(甲卯卯) : 대인 · 이동괘

■ 형제나 친구 · 동업자 · 동지 모두가 의견일치로 협력하는 상이니 희망이 있다.

■ 순풍행주(順風行舟)와 같이 외출이나 여행 등에 목적을 이루어 만사에 이득이 있을 것이다.

■ 출행에 방해가 없이 목적지에 도착하여 환대를 받으리라.

■ 기다리는 사람의 소식은 서로의 마음이 상통할 때 오리라.

■ 이 괘를 얻으면 방문 · 회담 · 재물재 · 매매 등은 대체로 길하다.

갑진진(甲辰辰) : 방문 · 내객괘

■ 방문해도 심신이 피로하고 바쁘니 우여곡절을 겪으나 결국은 목적을 이루리라. 서로가 은혜의 정을 잃지 않고 있기 때문이다.

■ 인(寅)일이면 쉽게 면담할 수 있고, 서로 만족한 의사교환이 가능하다. 무슨 일이든 지성으로 추진하면 늦더라도 성사된다. 절대로 서두르지 마라.

■ 동쪽이나 인(寅)일에 만족한 목적을 이루리라.

■ 집에서 면담해도 목적을 이루리라.

■ 기다리는 사람은 온다. 그러나 야간이면 도중에서 돌아간다.

갑사사(甲巳巳) : 분실 · 도난괘

- 실물이나 도난은 대개 집안 사람이나 종사원이나 내용을 잘 아는 사람이다. 빨리 손을 쓰면 반 정도는 찾을 수 있으나 지체되면 하나도 찾을 가망이 없다.
- 서북쪽에서 반은 찾는다. 사취를 당한 것도 마찬가지이다.

갑오오(甲午午) : 가출 · 실종괘

- 이 괘를 얻으면 남쪽에서 찾거나 자기 스스로 나타날 조짐이 있다. 그러나 방해자가 따를 수 있다.
- 점단일이 진술(辰戌)일이면 수년이 지나야 나타날 것이다. 본인은 고통스러운 생활을 하고 있을 것이다.
- 오미(午未)일에 가출했을 경우에는 스스로 돌아오거나 연락이라도 받게 되리라.

갑미미(甲未未) : 시험 · 취업괘

- 계획하는 일은 처음에는 방해가 생겨 만사의혹으로 결정이 어려우리라. 망동하면 손해만 따를 뿐 아무 성과도 얻지 못하리라. 서두르지 말고 강한 의지와 정신력, 지성으로 일을 추진한다면 후광을 얻어 길하리라.
- 목적은 이루기 어렵다. 혹 이루어지더라도 작은 것에 불과하며 매사가 지연될 가능성이 많다.

갑신신(甲申申) : 분쟁 · 소송괘

- 소송사건은 재물이나 다른 사람을 놀라게 한 일이 원인이다. 다

른 사람의 농락에 의해 발생한 것이다.

■ 처음에는 다소 차질이 생겨 불리하나, 점점 호전되어 유리한 방향으로 전환되어 결국은 화해나 불기소가 될 것이다.

■ 진(辰)일이나 자(子)일에 자연스럽게 화해가 이루어질 것이다.

■ 원래 어떤 사건이든 지난날은 다정했으나 오늘은 원수가 되고 중상모략이 오고간다. 그러나 결국은 선흉후길로 호전되기 마련이다.

갑유유(甲酉酉) : 질병·우환괘

■ 노인이나 어린아이의 병은 치유하기 어렵다. 그밖의 병은 한때 염려스런 상태라도 곧 회복되리라.

■ 원래 액운으로 인하여 발병한 것으로 좋은 의사를 만나 진료하라. 손재만은 감수하라.

■ 병의 원인은 동토(動土)나 묘당(廟堂)을 침범한 것이다. 집안을 청결하게 하고 신불에게 기도하면 쾌유되고 기쁨이 오리라.

■ 임게(壬癸)일에 평안해시리라.

갑술술(甲戌戌) : 매매괘

■ 매매는 순조롭고 이익도 상당하리라. 한때 중간에서 노인이 방해하는 일이 있겠으나 결국에는 뜻을 이루리라.

■ 축인(丑寅)생은 축인방(丑寅方)에서 재리가 더욱 많으리라. 일반적인 매매관계는 성립되고, 수량도 대체로 많은 편이다.

■ 매매에 따른 이해관계는 상담시의 결정가로 순조롭고 길하리라.

■ 원매자를 찾으면 쉽게 나타나고, 상담은 순조롭게 이루어진다.

갑해해(甲亥亥) : 임신 · 출산괘

■ 임신한 경우에는 점단이 어려우나 의뢰인이 처음 발설한 말이 남자이면 아들, 여자이면 딸로 판단하라.

■ 자묘인(子卯寅)일에 경사가 있고, 난산이나 산액은 없다.

■ 임신 중에는 어려움이 없고 현귀한 아들을 회임하리라.

갑술자(甲戌子) : 매매괘

■ 매매는 어느쪽이든 노력과 비용만 들고 원만하게 성립하기 어렵다. 어렵게나마 최소한의 목적은 얻으나 큰 목적은 가망이 없다. 신중을 기하지 않으면 손재만 있고, 매매의 기회는 빨리 오지 않는다.

■ 신규사업은 때를 기다리는 것이 현명하다.

■ 상담관계는 아직 시기가 빠르니 기회를 보는 것이 중요하다. 행운은 후에 기대가 된다.

갑해축(甲亥丑) : 임신 · 출산괘

■ 임신 중이며 아들을 출산하리라. 그러나 양육이 어렵지 않을까 염려된다.

■ 만일 후처 소생이라면 아무탈없이 잘 자란다. 그렇지 않으면 다른 사람에게 의뢰하여 양육하는 것이 좋으리라. 성장하면 수재로 가문을 빛낼 것이다.

갑자인(甲子寅) : 재화괘

■ 괘상은 길하나 다소 지체된다. 그러나 성의를 갖고 노력하면 결

실을 얻게 되리라. 재리는 임차 어느쪽이든 이익을 얻으리라.

■ 다소의 지장은 있으나 뜻대로 재리를 얻으리라.

■ 자금조달은 처음에는 어려우나 순조롭게 이루어지고, 자금회수
는 일부만 가능하다.

갑축묘(甲丑卯) : 소식괘

■ 먼곳의 소식은 좀 늦어지나 조만간에 받을 것이다. 가까운 곳의
소식은 희소식으로 열흘 안에 올 것이다. 어쩌면 인(寅)일이나
진(辰)일에 좋은 소식이 집으로 오리라.

■ 조만간에 계획한 일이나 희망하는 일에 대한 기쁜 소식이 있을
것이니 조용히 기다리는 것이 좋다.

갑인진(甲寅辰) : 혼인괘

■ 혼담은 빨리 진행시키면 반드시 성립된다. 만일 성사되지 않으
면 속히 다른 곳에서 구하는 것이 좋다. 늦을 때는 반복도 되지
않는다.

■ 결혼이 성사되면 가문이 번창하고 부부도 화합하리라.

■ 중매자가 선량하면 맡겨두어도 좋으나 선량하지 않으면 반복해
도 성사되기 어렵다.

갑묘사(甲卯巳) : 대인 · 이동괘

■ 원근을 가리지 않고 여행이나 외출이 양호하다. 여행 중 다정한
사람을 만나 친하게 되리라.

■ 여행 · 출행 · 기다리는 사람의 소식 등 모두가 순조롭다.

■ 기다리는 사람은 오고, 모든 일이 새롭게 바뀐다. 명암과 선악이 엇갈리던 일이 불원간에 기쁜 일로 변하니 날로 평안해지리라.

갑진오(甲辰午) : 방문 · 내객괘

■ 남녀를 불문하고 윗사람을 방문하면 이득이 있으리라. 방향은 동쪽이 좋고 주객 모두가 협력하며 이익을 얻는다. 무슨 목적이든 후원을 얻을 수 있다. 희망사항은 길하게 작용하고 있으니 윗사람을 방문하면 댁에서 만날 수 있고, 상담은 유리하게 진행될 것이다.

■ 아랫사람이 찾아온다. 계획하는 일을 부탁하면 서서히 응하는 길조가 있다.

갑사미(甲巳未) : 분실 · 도난괘

■ 분실 · 도난 · 절취하고 도망간 것은 모두 오리무중으로 판단이 어렵다. 작은 단서라도 발견하면 찾을 수 있다.

■ 동남쪽을 탐문하면 묘(卯)일이나 진(辰)일에 찾을 수 있으리라.

갑오신(甲午申) : 가출 · 실종괘

■ 집안 사람이 실종된다. 신변은 무사하고 외국으로 간 것이 아니고 친지에게 부탁하여 숨어 있다. 절이나 종교인 집을 찾아보는 것이 좋으리라.

■ 가출한 후 돌아올 마음은 있으나 귀가하기 어려울 것이다.

■ 빨리 찾아보면 무난하게 찾을 수 있다. 가까운 친구나 은인의 집, 연고지 등에 숨어 있을 징조가 있다.

갑미유(甲未酉) : 시험 · 취업괘

■ 계획·시험·취업 등은 방해를 받아 손실이 따르겠으나 결과적
으로는 목적을 달성한다.

■ 모두가 나무에서 물고기를 구하는 격으로 비관적이다. 서둘러
보아도 서투른 결과만 초래할 뿐 만사가 공허하리라.

갑신술(甲申戌) : 분쟁 · 소송괘

■ 소송사건은 처음에는 방해가 있으나 뒤에는 이기고, 결과적으로
는 화해하리라.

■ 소송을 걸면 상대가 참소로 맞설 징조가 있고, 처음에는 형세가
불리하나 결국은 이기게 된다. 중도에 화해협상 제의가 있으면
수락하는 태도로 임하는 것이 현명하다.

■ 승소는 모두가 아방의 책략에 있으니 이 점을 명심해라.

갑유해(甲酉亥) : 질병 · 우환괘

■ 고용인이나 자식의 질병으로 자유롭지 못하고, 가장도 질병이
염려된다. 사악한 병귀가 침범하고 있기 때문이다. 병의약에 의
존해보고 차도가 없으면 집안을 정결하게 하고 신불에 기원하면
병귀는 점점 퇴산할 것이다.

■ 환자의 생년(生年) 지지(地支)의 반대 방향에 있는 사원에서 정
결한 모래를 구하여, 환자가 있는 집 안팎에 뿌리면 영험을 보
리라. 생년(生年) 지지(地支)의 반대 방향이란, 해(亥)년생이면
사방(巳方), 자(子)년생이면 오방(午方), 축(丑)년생이면 미방(未
方)으로 생년지(生年支)를 충(沖)한 방향이다. 다시 말하면 역마

(驛馬)·재살(災殺)·월살(月殺) 방향이다.

을축자(乙丑子) : 소식괘

- 소식은 좀 늦어질 징조가 보인다. 그러나 머지않아 멀든 가깝든 간에 기쁜 소식이 오니 희망이 넘치고, 귀인의 소식으로 좋은 일이 있으리라. 점단일을 기준으로 갑(甲)일이 지난 다음에 소식이 있을 것이다.
- 어떤 일이든 기대할만한 소식이 온다.

을인축(乙寅丑) : 혼인괘

- 기대하지 않았던 혼담이 성립되고, 결혼한 후 부부화합으로 희경사가 끊이지 않으리라.
- 평지를 걷는 것과 같이 안전하고, 평생 호운을 만나 행복하리라.
- 망설이지 말고 약혼만 성립되면 춘풍에 돛단배와 같다.

을묘인(乙卯寅) : 여행·대인괘

- 여행이나 외출은 모두 순탄하여 목적을 달성하리라. 면회를 구해도 이루어지고, 여행이나 외출에서 기쁜 소식을 얻으리라. 매사가 뜻대로 이루어지니 반드시 이득이 있을 것이다.
- 관광이나 여행에 아무 방해가 없으니 도원경을 보게 되리라.
- 가까운 곳에 있는 사람은 오미(午未)시에 오고, 먼 곳에 있는 사람은 오미(午未)일에 오는데, 친지는 이익을 갖고 오고, 육친은 희소식을 갖고 온다.

을진묘(乙辰卯) : 방문 · 내객괘

■ 방문하면 상하 화목의 기쁨이 있다.

■ 운이 좋으니 무슨 일이든 추진하는 것이 좋고, 다소 지연될 수도 있으나 반드시 이익이 있다. 신유(申酉)일이나 유(酉)시에 방문하면 뜻을 이루리라.

■ 방문하면 면회도 가능하고, 대인관계는 오전 중은 좀 늦으리라.

을사진(乙巳辰) : 분실 · 도난괘

■ 도난이든 실물이든 찾는 것은 거의 불가능하다.

■ 도난이나 분실은 남쪽에서 찾을 희망이 있으나, 꼭 찾는다는 보장은 없다.

을오사(乙午巳) : 가출 · 실종괘

■ 실종이나 가출인은 중간 사람의 부추김 때문에 남쪽으로 달아난 것이다. 물품이나 재물을 갖고 나갔을 경우에는 백사장에 묻어 놓은 것처럼 찾기 어려우리라.

■ 오미(午未)일에 찾아보는 것이 좋다. 가출한 이유는 가족과 마음이 맞지 않거나 다른 사람의 꾀임에 의한 것이다.

을미오(乙未午) : 시험 · 취업괘

■ 마음이 해이한 상으로 계획하는 일은 성공하기 어렵다.

■ 본분을 지키면서 실력을 연마하며 때를 기다려야 한다.

■ 노력해도 효과는 얻기 어렵다. 혹 이루더라도 적게 이룬다.

을신미(乙申未) : 분쟁 · 소송괘

- 소송이나 관사는 거의 손재가 많고, 일은 확대될 것이다. 염려는 크게 하나 효과는 적으리라.
- 윗사람의 후원과 지도를 받아 대처하는 것이 상책이다. 그리하면 관송사는 다소 가벼워지리라.
- 무슨 일이든 서둘러 방책을 강구하는 것이 필요하다.

을유신(乙酉申) : 질병 · 우환괘

- 질병은 허리와 위장병으로 점점 악화되는 상태이다. 약간은 호전되나 십중팔구는 완쾌되기 어렵다.
- 생년(生年) 지지(地支)의 앞 다섯 번째 방위에서 의사를 구하라. 그리고 일곱 번째의 신불에 기원하면 병은 호전되리라.
- 예를 들면 자(子)년생의 경우 다섯 번째 방위는 진방(辰方)인 동남간(東南間)이며, 일곱 번째 지지(地支)는 오방(午方)인 남방(南方)이다.
- 명약과 명의를 찾는다면 환자의 희용신(喜用神) 방향이 길하다.

을술유(乙戌酉) : 매매괘

- 매매교역은 클수록 유리하게 회전되고, 물품도 클수록 이익이 많다. 대중소 어느 것이나 상응한 효과를 얻을 기회이니 확장해도 좋다.
- 길상복록의 상이다. 길한 가운데 배신자가 있을 수 있으나 작은 일이니 신경쓰지 않아도 된다.
- 매입하는 일이 더 유리하다. 상담은 순조롭게 이루어지고, 시세

는 보합세로 막상막하이나 앞으로 시세가 오를 것이다.

을해술(乙亥戌) : 임신 · 출산괘

■ 아들을 낳으리라. 모자가 모두 건강하고 양육에 다소 어려움은 있으나, 그동안 적선한 덕으로 남아다운 옥동자를 얻으리라.

■ 기쁨은 인(寅)일이나 신(申)일에 있으리라.

을자해(乙子亥) : 재화괘

■ 목적을 이루어 재리를 구하리라. 어떤 일이든 돌연히 길조가 나타나 성취하게 된다. 임계(壬癸)일이나 자진(子辰)일에 목적을 이루고, 귀인의 후원을 받는다.

■ 때로는 재록(財祿)이 없는 것 같으나 심기일전으로 계획을 세우면 가능하리라.

■ 자금조달은 뜻대로 되리라. 빌려준 돈도 회수가 가능하니 매사가 순조로울 것이다.

을해자(乙亥子) : 임신 · 출산괘

■ 임신했으면 아들을 낳으리라. 난산의 위험은 없고, 출산 후 가정은 날로 융성하리라.

■ 선조의 음덕과 감응이 있으니 신앙이 있다면 태만하지 말라. 임계(壬癸)일에 출산하리라.

을자축(乙子丑) : 재화괘

■ 재물을 구해도 뜻대로 되지 않고, 매사에 의심이 생겨 진퇴를

결정하기 어렵다. 인(寅)일이면 적은 돈은 구하나, 진(辰)일이면 만사 허공으로 끝나리라.

■ 재물복이 없다. 다른 사람을 원망하지 말고 후일을 기약하는 방침을 세우는 것이 현명하다.

■ 자금이나 차입금 조달이 모두 불가능하고, 빌려준 돈도 회수하기 어려우리라.

을축인(乙丑寅) : 소식괘

■ 소식의 유무를 단정하기 어려운 상이다. 만일 소식이 있다면 인(寅)일이나 묘(卯)일에 오리라.

■ 기쁜 소식은 없고 나쁜 소식 뿐이다.

■ 만일 인(寅)일이나 묘(卯)일에 점단한다면 가까운 날에 소식이 있으리라.

을인묘(乙寅卯) : 혼인괘

■ 결혼이나 약혼은 추진하는 것이 좋다. 양가 모두가 의기상통하고 화기애애하리라.

■ 결혼 후 백년해로는 물론이고 양가 모두 대길하니, 매사 안심하고 진행시켜도 좋다.

을묘진(乙卯辰) : 여행 · 대인괘

■ 여행에서 작은 일은 이루어지나 큰 일은 이루기 어렵다. 그 당시의 운명을 따라라.

■ 무슨 일이나 망설임이 따르고, 양자택일의 분기점에 이르게 된

다. 그리고 과거사나 재기재흥의 징조가 보인다.

■ 기다리는 사람이 이득을 갖고 오거나, 물품을 얻는 기쁨이 있다.

■ 면회를 구하면 작은 목적은 이룬다. 방화일지(芳花一枝)를 얻는 상이다.

을진사(乙辰巳) : 방문괘

■ 방문이나 배알 등은 모두 헛수고가 되고, 후회만 더 남는다.

■ 무슨 일이든 용두사미격으로 시작은 있으나 결과가 없다.

■ 남에게 구하는 것보다 자신에게 구하는 것이 현명하다. 결심과 계획을 수정하고 때를 기다리는 것이 최선의 방책이다.

■ 방문해도 부재 중으로 목적을 이루기 어렵다.

■ 찾아오는 사람은 있으나 이득이 없다. 도로한담만 늘어놓으니 헛수고만 따를 뿐이다.

을사오(乙巳午) : 분실 · 도난괘

■ 분실이나 도난은 집안 사람외 소행으로, 욕심때문에 은혜를 배반한 것이다.

■ 물건을 잃어버린 것은 장소를 잊은 것이다. 언젠가는 찾게 될테니 원래의 위치를 찾아보라.

■ 잃어버린 물건이나 도난품은 빨리 찾아보면 유(酉)일에는 발견된다. 그렇지 않으면 단서라도 얻으리라.

을오미(乙午未) : 가출 · 실종괘

■ 은애하는 정은 날로 멀어지고, 발견하거나 만나는 시기는 판단

하기 어렵다. 시간이 흐를수록 소식도 멀어진다.

- 손발이 닳도록 찾아봐도 만나기 어렵다. 서쪽으로 달아난 것이 틀림없으리라.

- 인(寅)일이나 신(申)일에 점단했다면 빨리 발견한다. 혹 인(寅)월이나 인(寅)일에 돌아올 수 있으나 반드시 그렇지는 않다.

을미신(乙未申) : 시험 · 취업괘

- 계획하는 일은 다른 사람의 도움으로 이루어진다.

- 날로 번창하는 상으로 시험이나 취업, 계획하는 일은 반드시 이루어진다.

- 계획하는 일은 늦더라도 이루어지고, 만사가 성사된다.

- 목적은 이루어지나 빠르게 이루어지지는 않으니 차분하게 때를 기다려라.

을신유(乙申酉) : 분쟁 · 소송괘

- 관사나 송사는 흐트러져 사라지는 수이다. 증거와 책임이 애매모호하여 마무리가 되지 않는다.

- 다른 사람의 도움이나 귀인의 힘을 얻는다면 관재구설에서 벗어나 위험한 다리를 무사히 건널 수 있고, 걱정은 기쁨으로 변하리라. 그러니 시급히 방책을 강구하라.

을유술(乙酉戌) : 질병 · 우환괘

- 병환의 앞날이 불안하여 생사를 판단하기 어렵다. 좋은 의사를 만나 간병에 심혈을 다하는 정성이 필요하다.

- 조금 차도가 보이거든 신불에게 천우신조를 기원하면 영험을 얻으리라.

을술해(乙戌亥) : 매매괘

- 매매는 대부분 실리가 적고 손실을 당하기 쉽다.
- 다른 사람 때문에 망설이게 되고, 속임수에 빠질 징조가 보인다. 그러나 본업이 아니라 부업이라면 작은 이익은 얻으리라.
- 매사에 방해가 따를 수 있으니 방침을 바꾸고, 다시 한 번 이익을 점검하는 것이 좋다.
- 풍랑때문에 항해하기 어려운 상이다. 도움이 없으니 매매는 유보하라. 원매자가 붙지 않는다. 상담이 순조롭다고 느끼면 망설이지 말고 매매하라.

병인자(丙寅子) : 혼인괘

- 주위의 도움으로 결혼이 성사되고, 결혼한 후에는 부부간에 화합하리라.
- 양가가 한마음이 되어 약혼이 성립되면 하늘의 도움으로 행복한 가정을 이룬다.
- 경사는 빨리 할수록 길하니 서둘러라.

병묘축(丙卯丑) : 대인 · 이동괘

- 이사 · 여행 · 외출 등은 동쪽이 길하다. 남쪽은 소길하고 서쪽은 흉하며 북쪽은 노력해도 결과가 없다.
- 명리가 모두 어려운 상으로 매사가 지연될 징조가 보인다.

- 기다리는 사람은 오지 않고, 멀리 있는 사람도 올 예정이 없다.
- 동쪽 사람이라면 소식이 올 수도 있고, 여행이나 외출도 동쪽이면 무방하다.

병진인(丙辰寅) : 방문 · 내객괘

- 목적을 세워 방문하면 목적을 이룬다.
- 대부분 지체되지 않고 순조롭게 진행되나, 때로는 아랫사람의 방해가 있다.
- 무슨 일이든 결과만은 좋다. 서로 화목한 가운데 복을 얻으리라.
- 웃어른을 방문하면 면담이 가능하며 유리하나, 아랫사람은 불리하다.
- 내방을 요청하면 약속을 깨고 오지 않고, 손님이 온다고 해도 이익은 기대할 수 없다. 그러나 저녁시간 이후이면 유리하게 바뀔 수도 있다.

병사묘(丙巳卯) : 분실 · 도난괘

- 물건을 잃어버린 것은 자신의 보관 잘못이다. 북쪽이나 서쪽에서 찾아보라.
- 도난을 당한 것이라면 빨리 서쪽을 찾아보며 손을 쓰면 찾을 수도 있다. 그러나 늦어지면 깊이 감추어져 찾기 어렵다.

병오진(丙午辰) : 가출 · 실종괘

- 다른 사람과 같이 도망가 부평초처럼 떠돌아다니고 있다. 북쪽이나 동쪽을 찾아봐라.

- 진술방(辰戌方)을 돌아보면 소식을 알 수 있다. 그렇지 않으면 소식이 오는데 뒤에 오리라.
- 가정불화가 원인이 되어 도망갔다. 그러나 현재로는 몸을 의지할 곳이 없는 상이다.

병미사(丙未巳) : 시험 · 취업괘

- 소망하며 계획하는 일은 크게 형통하고, 아무런 장애없이 순조롭게 진전된다. 때로는 음인(陰人)의 방해가 있을 수 있으나 대단한 일은 아니다.
- 바다에 낚시를 던져 월척을 낚아올리듯 덕을 보게 되리라. 목적은 이루어져 순조롭게 이득을 얻으리라.

병신오(丙申午) : 소송 · 분쟁괘

- 깊이 생각하지 않은 것이 발단이 되어 소송이나 관재가 일어난 것이다. 서로 같은 심정으로 사건이 발생한 것이고, 모두에게 고통이 된다.
- 깊이 생각하고 재력에 의지한다면 만사는 유리하게 전화된다. 상대를 가볍게 여기지 말고 대응하는 것이 중요하다.

병유미(丙酉未) : 질병 · 우환괘

- 발병의 원인은 귀신의 발동이다. 한기와 열이 나면 매독까지 겹치는 수가 있다. 병세는 희열이 엇갈리나 차츰 진퇴하리라.
- 선조에게 지성으로 제사를 드리고, 연고 없는 불(佛)을 유(酉)시에 공양하면 신(申)일이나 유(酉)일에 가서 차도가 있으리라.

병술신(丙戌申) : 매매괘

■ 매매나 계약 등은 대부분 성사되고, 모두 상당한 이익을 얻는다. 만일 동쪽에서 사서 서쪽에서 팔면 이익이 많고, 당시 판단으로 매매하면 이득이 많다. 그러나 너무 망설이거나 이익만을 노리고 맹진하면 큰 배가 전복되는 격으로 손재가 클 것이다. 기회를 보면서 소극적인 자세로 처리하는 것이 현명하다.

■ 가격이 올라갈 전망이니 매입하는 것이 유리하다.

■ 상담은 성립되고, 재고품도 원매자가 나타난다.

■ 매매가 진행되는 도중에 가격이 최고가로 올라갈 것이다.

병해유(丙亥酉) : 임신 · 출산괘

■ 임신 여부가 확실하지 않고, 만일 임신 중이라 해도 아들 딸을 판단하기 어렵다. 임신이라면 천우신조의 도움으로 순산하리라.

■ 아들 딸을 판별하는 방법은 임(壬)일이나 계(癸)일에 처음으로 만나는 사람이 남자이면 아들이고, 여자이면 딸로 보아라.

■ 음덕을 쌓은 가문으로 오래도록 가운이 번창하고, 행복한 생활을 하리라.

병자술(丙子戌) : 재화괘

■ 재물에 대한 목적은 이루기 어렵다. 자금이 조달될 것으로 예상하고 만반의 계획을 세우나 뜻대로 되지 않고, 동분서주해도 자금조달이 어렵다. 설사 조달된다고 해도 결과는 없고 구설과 고통이 따를 뿐이다.

■ 고용인이나 아랫사람의 일 때문에 방해가 되고, 다른 사람의 방

해로 구설이 따른다. 피해가 우려되니 만사에 조심하라.

■ 금융관계나 자금조달은 어렵고, 빌려준 돈도 회수하기 어렵다.

병축해(丙丑亥) : 소식괘

■ 남쪽에서 좋은 소식이 오고, 온가족이 함께 기쁨을 누리리라.

■ 남쪽 이외에서는 소식이 다소 늦어지진다. 역시 기쁜 소식이나 가벼운 것이다.

■ 집안에 경사가 생기는 소식이 오리라.

정묘자(丁卯子) : 대인 · 이동괘

■ 동남풍에 새싹이 나오는 상으로, 옛것은 가고 새로운 일이 시작될 징조이다.

■ 여행이나 외출은 다소 어려운 점이 있으나, 길흉이 반반으로 목적이 반은 이루어진다. 외출이나 여행은 중간에 머무르면 방해가 생기기 쉬우니 곧바로 가는 것이 좋다.

■ 기다리는 사람이나 소식은 오나 좀 늦는다. 오는 것은 적으나 그것이 이익이 되리라. 육친 중에서 온다면 함께 즐거워할 경사가 있다.

정진축(丁辰丑) : 방문 · 내객괘

■ 귀인을 방문하면 정성을 다해 맞이하며 만사 성공한다. 후원을 구하는 일이나 다른 사람이 부탁한 일 등은 모두 이루어진다.

■ 상하를 막론하고 모두 좋다. 면접과 담화를 하는 가운데 좋은 기회를 얻고, 그것이 영리의 기반이 된다.

- 방문하면 면담이 가능하고, 방문한 목적이 유리하게 전개된다.
- 기다리는 손님은 빠른 시간 내에 올 것이다.

정사인(丁巳寅) : 분실·도난괘

- 악인에게 절취를 당한 것이다.
- 운명적인 손재수이다. 다른 사람과의 대화 속에서 단서를 잡을 가능성이 있다.
- 파재·도난·실물 등을 겹쳐서 당할 징조가 있으니 조심해라.

정오묘(丁午卯) : 가출·실종괘

- 집안 사람의 실종은 정신착란이나 오해 때문이다. 마음은 멀리 가려 했으나 가까운 곳에 있을 것이다.
- 사람이 와서 알려줄 것이다. 임(壬)일이나 계(癸)일이 되어야 찾거나 소식이라도 들으리라.
- 가출한 후 시간이 많이 지났으면 질병으로 고생하고 있으리라.

정미진(丁未辰) : 시험·취업괘

- 계획하는 일은 선곤후태(先困後泰)의 상으로, 처음에는 어려우나 나중에는 태평할 것이다.
- 한 사람의 힘으로는 성취하기 어려우나, 협력자나 후원자를 만나면 대길하다.
- 처음에는 망상에 가까운 일이 나중에는 명리를 얻으리라.
- 처음에는 목적을 이루기 어려울 것 같으나, 나중에는 형세가 변하니 끈기 있게 노력하라.

정신사(丁申巳) : 분쟁 · 소송괘

■ 관재와 소송은 대부분 원한 때문에 일어난 것이고, 이 사건은
다른 사람의 고자질이나 모략에 의한 것이다. 근심과 홧병이 점
점 무거워지는 상이니, 재물과 정신적인 손해가 많을 것이다.

■ 주위 사람들과 화합하지 못하여 번민하리라.

■ 술(戌)일이나 유(酉)일에 해결의 서광이 보이리라.

정유오(丁酉午) : 질병 · 우환괘

■ 노인이나 소년의 병이다. 병세는 낙관할 수 없으니 충분한 치료
가 필요하다. 겉으로는 고통이 적은 것 같으나 악화될 징조가
보이니, 명의와 명약으로 치료하며 간병에 전념해야 한다.

■ 유(酉)일이나 술(戌)일에는 차도를 보이나, 만일 이날부터 병세
가 악화되면 구사일생을 기대할 수밖에 없다.

정술미(丁戌未) : 매매괘

■ 상업이니 매매는 모두 순조롭게 이루어지고, 많은 이익을 얻을
것이다. 남쪽의 거래는 더욱더 이익이 많다. 대부분은 여자로 인
하여 동기가 조성된다. 그러나 속히 수송을 준비하는 것이 좋다.

■ 맹진은 삼가하는 것이 좋다. 다소 가격의 경쟁이나 이견이 예상
되나, 결국은 순조롭게 성립되어 이익을 얻으리라.

■ 매매는 천정가를 칠 것이니 파는 쪽이 유리하다. 재고품은 매출
하는 것이 좋고, 원매자도 나타나리라.

정해신(丁亥申) : 임신·출산괘

■ 임신이 어렵고, 임신을 했어도 해(亥)일이나 신(申)일에 크게 놀라는 일이 생겨, 인(寅)일에 난산할 징조이다.

■ 정성으로 기도하면 악기가 물러가 난산을 면할 수 있으리라. 출산한 후에는 먹구름이 걷히고 가정에 화기가 충만하리라. 평생 숭조정신을 잊지 말고 신앙의 힘에 기대라.

정자유(丁子酉) : 재화괘

■ 재화를 구하려 한다면 신속히 활동하라. 노력하면 이루어질 것이다. 만일 늦어지면 재물을 구하기 어려우니 노력해도 결과가 없다.

■ 상대를 먼저 제압해야 성과를 얻을 수 있으니 선수를 쓰는 것이 중요하다.

■ 영업상의 금융문제는 신속히 활동하면 목적을 이룬다. 그러나 이에 따른 시비나 구설이 생겨 매사 불안한 상태이다.

정축술(丁丑戌) : 소식괘

■ 소식이 오지 않는다. 착오가 생겨 늦게 도착할 수도 있다.

■ 소식이 온다 해도 명리에 관해서는 천차만별로 흡족한 것이 한가지도 없으리라.

■ 희소식을 기대하기는 아직 이르다.

정인해(丁寅亥) : 혼인괘

■ 전생의 인연으로 서로 도와 결혼이 성사되는데, 신(申)일이나

유(酉)일에 결정된다. 약혼이란 천정배필로 인연에 따라 맺어지는 것이라고 보는 것이 좋으리라.

- 결혼한 후 금실이 좋으며, 가정이 화목한 가운데 백년해로하니 어찌 천정배필이라고 하지 않겠는가.

무진자(戊辰子) : 방문 · 내객괘

- 면담을 소개해 줄 사람을 만나 뜻밖의 기쁨을 얻는다. 그러나 이기적인 생각과 자세로 임하면 성과를 기대하기 어렵다.
- 공익정신을 갖고 지성으로 임하면 방문한 성과가 크리라. 그러나 서두르지 말라. 상대는 아직도 의혹을 품고 있다.
- 방문하면 면담할 수 있다. 공익에 관한 일이라면 목적을 이룰 수 있으나, 사리사욕에 치우친 문제는 이루어지기 어렵다.
- 내객은 오고 있는 중이니 좀 늦어지리라.

무사축(戊巳丑) : 분실 · 도난괘

- 시간은 오래 걸리나 다른 사람의 도움을 받아 찾으리라.
- 공직자나 인근 불량배의 악의에 의해 물건을 잃을 징조가 있다. 동쪽에서 찾아보는 것이 좋고, 내통이나 구전으로 단서를 얻으리라.
- 토(土)와 목(木) 아래를 찾아보면 대부분은 찾을 수 있다.

무오인(戊午寅) : 가출 · 실종괘

- 숨어 있을 곳이 없어 동분서주하며 심신의 고통이 많을 것이다. 후회하며 돌아오고 싶어 하나 다른 사람에게 저지를 당하고 있

으니 행동이 자유롭지 못할 것이다.

- 극도로 궁색한 나머지 자멸행위를 할 징조가 있으나, 빨리 뉘우치면 스스로 돌아올 수도 있다. 기다리는 것 외에는 방법이 없다.

무미묘(戊未卯) : 시험 · 취업운

- 계획하는 일은 선흉후길의 상이다. 매사가 처음에는 운세가 트이지 않아 불안해도 마음을 굳게 먹고 전진하면 결국을 성취할 수 있다. 진(辰)일이면 중도에 근심할 일은 없으나 목적은 늦게 이루어진다.
- 처음에는 난관에 부딪히나 나중에는 순풍을 만난 것처럼 목적을 이루리라.

무신진(戊申辰) : 분쟁 · 소송괘

- 상대에게 유리하고 나에게는 불리한 상이다. 무슨 사건이든 인내로 오래 끌고간다면 유리한 방향으로 변하리라.
- 매사가 지연되는 것은 피할 수 없다. 힘써 화해하는 방향으로 방침을 세우는 것이 현명하다.

무유사(戊酉巳) : 질병 · 우환괘

- 병세는 더욱 불안해질 것이다. 여자나 고용인의 신변에 질병이 붙어 있는 상이다.
- 자(子)일이나 축(丑)일부터 조금씩 차도가 있을 것이다. 조상신께 기원하며 북쪽의 의약을 쓴다면 점점 호전되리라.

무술오(戊戌午) : 매매괘

■ 매매 · 무역 · 경영 · 사업은 모두 지장이 생겨 순조롭지 못하다.

■ 매매는 이익이 없고 계약은 불이행이 많이 따르나, 그냥 보고 넘기는 것이 현명하다.

■ 달이 지나면 작은 일은 성사되나 큰 일은 성사되기 어렵다.

■ 이익이 큰 것만 쫓으면 손재만 따르리라. 욕심을 버리고 본분을 지키는 것이 중요하다.

■ 매매는 불규칙하고 상담은 순조롭지 못하다. 상품을 살 수는 있으나 원매자는 만나기 어렵다.

무해미(戊亥未) : 임신 · 출산괘

■ 임신이 어려울 징조이다. 설사 임신한다 해도 기쁨과 근심이 공존할 것이다.

■ 산액이 있어 모자가 위험한 상태에 처할 징조이다.

■ 태교와 양생의 뜻을 버리고 일찍 전문의와 상담하거나, 관음을 신앙하여 무사를 기원한다면 기적을 얻을 수 있으리라.

무자신(戊子申) : 재화괘

■ 노력한 공덕으로 성사되나 급히 서두르면 실책하리라. 험한 길을 달리는 자동차와 같아 서서히 노력하면 성공할 수 있다.

■ 상하와 내외가 모두 화합하고 노력하면 여자나 뜻밖의 후원자를 만나리라. 급하게 서두르지 말고 목적을 달성하는데만 전력해라.

■ 자금이나 금융관계는 작은 것은 이루나 큰 것은 이루기 어렵다. 자금회수도 마찬가지이다.

무축유(戊丑酉) : 소식괘

- 신경을 쓰면서 소식을 기다리는 상이다. 마음 속으로 소망하는 것을 기대하고 있다. 기다리는 소식은 지금 오고 있으니 가까운 시일에 도착하리라.
- 꽃향기가 옷소매를 스치는 것처럼 행복한 소식을 맞아 기쁨이 겹치리라. 모두가 이윤에 따른 좋은 소식이 되리라.

무인술(戊寅戌) : 혼인괘

- 마음 속으로는 정해져 있으나 성사되지 않는다. 다시 혼담을 이야기할 징조이고, 노력과 손재만 따른다.
- 서로 이해를 얻으니 꽃가지에 동남풍이 불어오는 상이다. 약혼이 좀 늦어질 징조이나 추진시키면 성사되고, 남녀 모두 긍정적으로 응하리라.

무묘해(戊卯亥) : 여행 · 대인괘

- 갑자기 외출이나 여행할 징조이다. 중도에 다소 어려움이 따르나 큰 일은 아니다. 근신하면서 노력하면 목적을 이루리라.
- 만일 중도에 방해가 생기면 오히려 재물을 얻는 기쁨이 된다.
- 기다리던 사람은 중도에서 뜻을 변경하리라. 그러나 오래되면 재화의 기쁨이 된다.

기사자(己巳子) : 분실 · 도난괘

- 집에 왔던 여자가 훔쳐서 땅 속에 감춘 것이다. 마음에 잡히는 곳을 찾아보아라.

- 비슷한 피해가 계속될 징조이니 집안 단속을 철저히 하라. 방심은 금물이다.

기오축(己午丑) : 가출 · 실종괘

- 마음이 속과 겉이 달라 배은망덕하고 도망간 것이다. 하늘은 돕지 않고, 급히 찾아봐도 헛수고이다. 시간이 지나면 스스로 뉘우치고 돌아올 것이니 기다리는 방법밖에 없다.
- 처음에는 소식을 전하고 나중에 스스로 돌아올 것이다. 찾아다니는 것은 노력만 허비할 뿐이다.

기미인(己未寅) : 시험 · 취업운

- 계획한 일은 이루어지지 않고 정신만 허비한다. 낙화유수와 같이 앞날이 근심스러우나 갑자기 길하게 변하니 심기일전하여 추진하라.
- 끈기와 의지를 갖고 노력한다면 늦더라도 목적을 이루리라.

기신묘(己申卯) : 분쟁 · 소송괘

- 공소 · 관사 · 쟁송 모두 고용인이나 아랫사람, 또는 여자의 도발적인 사건이다. 다소 파란과 기복이 있으나 결국은 확대되지 않고 결론을 보리라.
- 상대를 가볍게 생각하지 않고 인간적으로 해결한다는 방침으로 나간다면 이유여하를 막론하고 반드시 해결하리라.
- 아랫사람이나 고용인, 여자에 의한 사건이 아닌데도 이들이 배후에서 조종하는 것으로 알고 있을 것이다. 무리하게 남의 의사

를 꺾는 마음이 존재하고 있기 때문이다.

기유진(己酉辰) : 질병·우환괘

■ 병상은 가벼우나 근심과 기쁨이 공존한다. 오(午)월이나 오(午)일에 이르러 호전되어 곧 쾌유하리라.

■ 정성으로 간병하며 심신을 쉬도록 해라. 병세가 길어지나 반드시 치료된다.

기술사(己戌巳) : 매매괘

■ 교역이나 상품 매매는 모두 상당한 이익을 얻으리라.

■ 순풍에 돛단배와 같으니 가는 곳마다 이익이 따른다. 교역과 상품 매매는 자(子)일과 축(丑)일에 이익을 더하리라.

■ 보합세로 전망은 상승되니 매입하는 것이 길하다.

■ 상품은 원매자는 있으나 빨리 이루어지지는 않는다.

기해오(己亥午) : 임신·출산괘

■ 덕을 쌓은 집안에서는 어진 자식을 출산하고, 그렇지 않은 집안에서는 악명을 남길 자식을 얻을 것이다. 숭조사상이 투철하며 신앙심이 돈독하고 음덕을 쌓은 집안에서는 옥동자를 출산하여 가운이 번창한다. 잘 키우면 길조가 있으리라.

■ 아직 옥석을 판단할 수 없으니 하늘의 뜻대로 따르는 것이 현명하다. 운명의 성쇠에 따라 해결되리라.

기자미(己子未) : 재화괘

■ 재화나 이익은 불안할 것이다. 다른 사람이나 아랫사람으로 인하여 방해가 따르는 것이다. 그러나 만사에 성의와 인내를 갖고 임한다면 운명은 개척되고 목적은 이루어지리라.

■ 축(丑)일은 길일이니 용기와 끈기로 추진하면 재물을 얻을 수 있다.

■ 재화괘에서 고용인이나 부하에게 괴로움이 있을 것이다.

■ 작은 액수는 조달되나 큰 액수는 어렵다. 대금회수도 마찬가지이다.

기축신(己丑申) : 소식괘

■ 높은 곳에서 밖을 내다보며 소식을 기다리는 상으로, 소식은 오지 않는다.

■ 소식이 오지 않아 체념했을 때 홀연히 좋은 소식이 올 것이다. 내용은 복록과 희경사로 희망과 소망이 성취되는 문서가 올 것이니 집안에 기쁨이 넘치리라.

■ 처음에는 멋진 산수화와 같이 아름다운 것이고, 나중에는 홀연히 문서가 도달하여 그림을 비추어주는 기쁨이 있으리라.

기인유(己寅酉) : 혼인괘

■ 약혼은 빨리 이루어지나 늦어지면 성사되지 않는다. 만일 늦어지면 다른 사람으로 인하여 방해가 생기기 쉽다.

■ 약혼을 한다고 해도 다른 사람의 모략으로 파경이 우려되니 각별히 주의하라.

- 결혼한 후 처음에는 불화하나 시간이 지남에 따라 화합할 것이다. 중도의 난관을 극복하면 백년해로의 기쁨이 있으리라.

기묘술(己卯戌) : 대인 · 이동괘

- 아무런 방해없이 목적지에 도착하고, 이익을 얻는다.
- 명리를 모두 얻을 수 있는 대길조이다.
- 멀리서 기다리는 사람이 와서 재복을 가져갈 것이다.

기진해(己辰亥) : 방문 · 내객괘

- 안면이 있는 사람과는 더욱 친해진다.
- 방문의 목적이 양다리를 걸치는 것이라면 성사되지 않는다.
- 방문하기 전에 약속을 하고 가는 것이 좋다. 그렇지 않으면 다시 방문해야 한다.
- 갑자(甲子)일이나 갑신(甲申)일에는 만사가 형통한다.
- 갑자기 방문하면 부재중이거나 있다고 해도 만나기 어렵다.
- 찾아오는 사람은 없으나 멀리서 약속이 되어 있는 사람은 온다.

경오자(庚午子) : 가출 · 실종괘

- 실종된 사람은 서쪽에 있으나 쉽게 찾지 못하고, 돌아올 의사도 없다. 오랜 시간 행방을 알 수 없고 찾지 못할 징조이다.
- 시간이 지나도 생사를 알길이 없으니 체념 외에는 방법이 없다.

경미축(庚未丑) : 시험 · 취업운

- 성공하기 어려울 징조이다. 그러나 성의와 인내로 도모한다면

늦더라도 목적을 이루리라.

■ 한 번 순조롭게 풀리기 시작하면 기쁜 일이 거듭된다. 만사가 천우신조의 도움으로 귀인의 원조를 얻을 길조로, 반드시 후원자를 얻어 힘을 얻으리라.

■ 목적은 늦게 이루어지나 한 번 궤도에 오르면 만사가 순조롭다.

경신인(庚申寅) : 분쟁 · 소송괘

■ 관사나 쟁송은 작은 일이니 정력을 소모하는 다툼으로까지는 가지 않는다.

■ 조정이나 화해 의사가 있을 때는 나가서 응하는 것이 좋다.

■ 파재 · 손재 · 능욕 등을 당할 흉조가 있으나 크게 근심할 일은 아니다.

경유묘(庚酉卯) : 질병 · 우환괘

■ 동방(東方)의 사귀가 침범하여 병이 악화되고 있으니 즉시 가호신에게 기원히고 전문의를 찾아라.

■ 병은 인(寅)일이나 신(申)일에 물러갈 것이다. 침구로 치료하는 것이 좋다.

경술진(庚戌辰) : 매매괘

■ 매매나 교역은 빨리 시작하면 성과를 올릴 수 있으나 늦어지면 이익이 반감된다. 무슨 일이든 빠를수록 좋고, 동쪽의 거래인은 점점 양호하게 되리라.

■ 아랫사람이나 고용인의 실패가 있으나 작은 일이다.

- 상거래는 양호하나 방심하면 안 된다. 만사에 신중을 기하라.
- 가격은 올라갈 전망이나 지속되지는 않는다. 기회를 기다리는 것이 좋고, 재고품은 원매인이 있으니 빨리 결정하지 않으면 위약을 초래하게 될 것이다.

경해사(庚亥巳) : 임신 · 출산괘

- 귀한 아들을 얻으리라. 분만에 어려움이 예상되니 태교를 신중하게 하고 순산을 기원하라. 임신 중에 이동이나 경거망동은 자제하고 안정하도록 해라.

경자오(庚子午) : 재화괘

- 재화를 구하는 일은 다른 사람의 힘에 의존하는 것이 좋고, 계획보다 적게 성취하더라도 감수하는 것이 좋다.
- 모든 일에 사기수가 예상되니 조심해라. 무슨 일이든 처음에는 고생되나 성의를 갖고 임하면 목적을 이루리라.
- 자금과 금융문제는 모두 순조롭지 못하고, 대금회수도 어렵다.

경축미(庚丑未) : 소식괘

- 소식은 없다. 그러나 신(申) · 유(酉) · 자(子) · 진(辰)일에는 좋은 소식이 있을 수도 있다.
- 점단일이 신(申)일이나 유(酉)일이 아니라면 소식이 올 희망은 거의 없다.

경인신(庚寅申) : 혼인괘

■ 혼인이 성사되기는 매우 어렵다. 매사가 허사나 허언이 많고 진실성이 없다. 설사 결혼을 한다고 해도 화합이 되지 않으니 서로 원수대하듯 하리라.

■ 부부가 반목하지 않더라도 생리사별의 우려가 있다.

■ 이번 혼담은 없었던 것으로 하고 새로운 인연을 찾아보는 것이 현명하다.

경묘유(庚卯酉) : 대인 · 여행괘

■ 무슨 일이든 결과는 허망하리라. 여기다 경거망동까지 한다면 재해가 발생해 심신이 괴로워지리라.

■ 조용히 있어도 재난이 생기기 쉬운 운세이다. 움직일수록 손해만 보고 만사는 뜻대로 되지 않는다. 만사에 본분을 지키는 것이 가장 좋다.

■ 출행이나 여행할 마음은 있으나 움직일 수 없으리라.

■ 기다리는 사람은 출발노 하지 않은 상이니 오기 어려우리라.

경진술(庚辰戌) : 방문괘

■ 처음부터 자신을 의심하며 마음의 불안정이나 여러 가지 망설임으로 방문한다고 해도 이익이 없다. 오히려 오해만 받게 될 징조가 보인다. 흉한 상이다.

■ 진퇴를 결정하기 어렵고, 오해만 사게 될 흉조가 보인다. 다행히 상대방과 제휴하면 뜻밖의 행운을 잡으리라. 그러나 옹졸한 꾀를 쓰면 목적을 이루기 어렵다.

- 방문해도 부재중이라 목적을 이루기 어렵고, 후일을 약속하고 돌아오리라. 찾아오는 사람은 이른 시간이면 올 것이나, 늦어지면 도중에서 변경해 오지 않으리라.

경사해(庚巳亥) : 분실 · 도난괘

- 잃어버린 물건은 다른 사람이 훔쳐간 것이다. 물가나 하수구, 다리 밑, 물 속 등을 찾아봐라. 여자의 도움으로 찾을 수도 있다.
- 절도는 한 사람의 소행이 아니라 사정을 잘 아는 사람의 소행일 것이다.
- 물 속에 있는 경우에는 깊은 곳이라 어려운 감이 없지 않으나 심혈을 기울여 탐색하면 반드시 찾을 수 있다.

신미자(辛未子) : 시험 · 취업운

- 계획하는 일이 없더라도 불리하고, 목적을 이루기 어려운 상이다. 본분을 지키며 때를 기다리는 것이 현명하다.
- 풍파가 험악하여 강을 건너는 일이 어려운 상으로 목적을 이루기 어렵다. 그러나 강한 의지로 끈기 있게 노력하면 나중에는 성취할 수 있으리라.

신신축(辛申丑) : 분쟁 · 소송괘

- 쟁송은 오래 걸리고, 사건은 여러 갈래로 번져 확대될 징조이다. 무슨 일이든 사전에 제압하면서 질서정연하게 추진하면 유리할 것이다.
- 제3자의 조정이나 중재가 있으면 응하여 해결하는 것이 좋다.

물심양면의 피해와 점점 확대될 우려가 있으니 화해하는 것이 이기는 것이다.

신유인(辛酉寅) : 질병·우환괘

■ 여자의 질환을 암시한다. 동쪽의 동토(動土)인 토신(土神)을 범했으니 합병증이 염려되고, 병세가 일시적으로 악화되어 가족들을 놀라게 하리라. 그러나 크게 걱정할 필요는 없다. 동방(東方)의 토신(土神)에게 제를 올리고, 북두칠성에게 기원하면 평정되고, 가정은 예전처럼 안정을 찾으리라.

■ 대소를 불문하고 손비는 적지 않으리라.

신술묘(辛戌卯) : 매매괘

■ 물가의 사람이나 심씨나 지씨 성을 가진 사람과 매매나 무역 등의 거래를 개시하여 이익을 얻으리라. 작은 일이라도 방심하지 말고 임해야 한다.

■ 신규사업을 시작할 때는 천시와 지리를 살펴 세획해야 한다. 만일 경솔하게 시작하면 오랜 시간 비용만 들이게 된다.

■ 매매와 거래는 때가 아니다. 머지않아 보합시세가 될 것이다.

■ 상담은 성립되나 많은 거래는 불가능하다.

■ 매입은 가까운 시간에 기회를 얻게 되리라.

신해진(辛亥辰) : 임신·출산괘

■ 가지는 무성하나 출수되지 않은 형상으로 근심 걱정이 사라지지 않는다. 천지신명께 기원하고 전문의를 찾으면 현자를 얻으리라.

신자사(辛子巳) : 재화괘

- 재리를 얻기 위해 노심초사하나 결과는 없다. 천리에 순응하면 작은 재물은 들어오나 재물 때문에 해롭게 하는 사람이 있을 수 있는 운세로, 잘못하면 다른 사람의 질시를 받는다.
- 무슨 일이든 재리를 추구하면 갑자기 근심이 생긴다. 이럴 때는 조용히 있는 것이 좋다.
- 자금과 차입금은 작은 액수는 가능하나 큰 성취는 어렵고, 임금 회수도 뜻대로 되지 않는다.

신축오(辛丑午) : 소식괘

- 소식은 오지 않을 징조이고, 앞으로 올 가능성도 없다.
- 상대방에게서 차질이 생긴 것이니 번민하지 말라. 만사를 인내하면서 때를 기다려라.
- 일락서산격(日落西山格)이니 소식은 기다리지 않는 것이 좋다.

신인미(辛寅未) : 혼인괘

- 다른 사람으로 인한 방해가 생겨 결혼은 성사되지 않으리라. 그러나 점단일이 신(申)일이나 유(酉)일이면 성사될 수도 있다.
- 결혼 초에는 화합하기 어려우나 차차 좋아져 이해로 화합할 것이다.
- 다른 사람으로 인하여 부부의 결합이 파괴될 염려가 있다. 혼담은 길흉이 상반되는 상이니 조심해라.

신묘신(辛卯申) : 대인 · 이동괘

■ 출행·여행·기다리는 사람 모두 망설임이 있어 진전이 없다. 소망이나 계획하는 일은 추진하려 해도 지지부진할 것이다.

■ 동쪽과 북쪽 사람은 약속을 어기고 오지 않으리라.

■ 만사에 정신을 가다듬고 신중을 기하지 않으면 재물만 날리게 된다. 무슨 일이든 반응이 늦을 것이라고 생각하라.

신진유(辛辰酉) : 방문 · 내객괘

■ 상하 모두 만나 회견하면 순리를 얻으리라.

■ 멀리 헤어졌던 사람을 만나는 즐거움과 같이, 재리를 구하는 일이나 계획에 대한 상담은 대부분 순조롭게 마무리되고 서로 협조할 것이다.

■ 면담은 옛정을 상기하며 화기 있게 따르리라.

■ 방문 면담은 목적을 이루고, 손님도 약속이 되어 있으면 늦더라도 반드시 올 것이다.

신사술(辛巳戌) : 분실 · 도난괘

■ 물건이 없어진 것은 집안 사람의 소행이다. 외부인에게 의심을 갖고 찾아봐도 소용이 없다.

■ 집안의 동북간 구석을 찾아봐라. 그러나 헛수고가 될 수도 있다.

신오해(辛午亥) : 가출 · 실종괘

■ 실종이나 가출한 사람은 물건이나 재물을 갖고 서쪽으로 갔을 것이다. 경신(庚辛) 방향인 서쪽을 찾아봐라. 빠르면 잡을 수 있

으나 늦어지면 다른 사람의 손으로 넘어갈 것이다.

■ 음인(陰人)이나 여자와 다툼이나 구설이 생길 염려가 있다.

임신자(壬申子) : 분쟁 · 소송괘

■ 소송이나 관사는 유리하니 급하게 서두지 않아도 되고, 해결의 실마리가 보인다. 하천에 맑은 물이 흐르는 형상이다.

■ 모든 상황이 유리하나 뜻밖의 일이 있는 법이다. 인정을 유념하는 것이 좋다. 쟁송은 앞으로 유리하게 전개될 것이다.

임유축(壬酉丑) : 질병 · 우환괘

■ 어린아이나 노인에게 질병이 따를 징조이다. 어린아이는 쉽게 회복되나 노인은 십중팔구 사별할 염려가 있다. 명의를 찾아 찾아 치료에 전념하라.

■ 우려가 가시지 않았다. 조상께 제사드리고 신덕에게 지성으로 기원하며 적선을 행하면 평안을 찾으리라.

임술인(壬戌寅) : 매매괘

■ 상업으로 재물을 얻을 가장 좋은 운세이다. 모든 일에는 순리가 있는 법. 협동하면 재물에 대한 소망을 이루리라.

■ 매매는 호전되니 상담할 때 마음 내키는 대로 해도 좋다. 재고 품도 원매자가 있고, 물품구매도 뜻대로 되리라.

임해묘(壬亥卯) : 임신 · 출산괘

■ 무슨 일이든 대길할 상이다. 귀자를 얻고, 모자 모두 평안하리라.

빈부를 막론하고 앞으로 운이 열리고, 출세는 물론 가운도 번창하고, 효심이 돈독한 현자를 얻으리라.

- 천우신조를 얻었으니 가족이 모두 돈독한 신앙심을 갖는 것이 좋다.

임자진(壬子辰) : 재화괘

- 다른 사람의 도움을 받아 재물을 구하는 것이 좋다. 사오미(巳午未) 여름철에는 지우지기(知友知己)에 의하여 재원이 발복할 것이다. 지우지기(知友知己)의 도움이 없으면 재물을 얻기 어렵고 손비만 따른다.
- 아직은 때가 아니라 모든 일이 침체될 것이다.
- 아무리 노력해도 이루기 어려울 것이다. 심사숙고하여 물러설 방침을 세우는 것이 좋다.
- 남쪽에서 희소식이나 기이한 소식이 와 재원이 조성될 수 있다.
- 임금은 남쪽이나 동쪽이면 회수할 수 있다.

임축사(壬丑巳) : 소식괘

- 소식이 오지 않을 징조이다. 소식이 온다 해도 늦어지니 무슨 일이든 의심이 생긴다. 그러나 늦어지면 먼저 소식이 온 다음에 찾아오리라.
- 십중팔구는 소식이 오지 않으니 기다리지 말라.

임인오(壬寅午) : 혼인괘

- 혼담이 좋을 징조이나 다른 사람의 중상이나 방해가 따르기 쉽

다. 모처럼 만난 좋은 인연을 놓칠 염려가 있다.

■ 서로 마음을 가다듬고 다른 사람의 중상모략에 마음쓰지 않고
결혼하면 백년해로할 것이다. 중요한 것은 굳은 마음이다.

■ 다른 사람의 방해가 따를 징조이니 잘 해결하도록 하라.

임묘미(壬卯未) : 대인 · 이동괘

■ 여행이나 외출은 편안할 징조이다.

■ 기다리는 사람은 오나 지연된다.

■ 만사를 서두르면 목적을 이루기 어렵다. 그러나 시기를 보면서
행동한다면 성공하리라. 기다리는 사람은 오지 않고, 온다고 해
도 늦어지리라. 무슨 일이든 때를 기다리는 것이 중요하다.

임진신(壬辰申) : 방문 · 내객괘

■ 방문해도 면담은 불가능할 징조이다. 설사 면담을 하더라도 목
적을 이루기는 어렵고, 시간만 허비할 것이다. 냉정하게 용기를
가다듬고 때를 기다려 방문하는 것이 좋다.

■ 찾아오는 사람은 있으나 안정되지 않아 변경되리라.

임사유(壬巳酉) : 분실 · 도난괘

■ 잃어버린 물건은 집안에 있으니 의기소침하지 말라.

■ 인(寅)일에는 찾을 수 있으나, 지체되면 쉽게 찾기 어려우리라.

임오술(壬午戌) : 가출 · 실종괘

■ 고민이 많아 가출한 것이고, 멀리 갔을 것이다. 다른 사람에게

감금되거나 심신이 피로할 징조가 보인다.

■ 시간이 지나면 평정을 찾고, 임(壬)일이나 유(酉)일에 소식이 오거나 돌아올 것이다.

임미해(壬未亥) : 시험·취업운

■ 계획하는 일이나 재물을 구하는 일은 처음에는 고생스러우나 점점 성과가 있을 것이고, 때가 오면 뜻대로 될 것이다.

■ 귀인의 보살핌으로 성공할 징조이다. 점단일이 자(子)일이나 축(丑)일이면 적은 노력과 비용으로 목적을 이루리라.

■ 목적은 이루어지며 모든 일이 순조롭게 풀릴 것이다.

계유자(癸酉子) : 질병·우환괘

■ 병세는 점점 악화될 조짐이니 근심과 걱정이 떠나지 않는다. 혈농증상으로 두복경목에 종기가 생기고 있으나 임(壬)일이나 진(辰)일부터 차차 약화되리라.

■ 좋은 약을 복용하여 고비를 넘기면 점점 기뻐워지리라.

■ 북쪽이나 동남쪽에 명의가 있다. 북쪽의 신불께 기원하라.

계술축(癸戌丑) : 매매괘

■ 매매와 재물운 모두 좋다. 경영이 순조로우며 만사가 뜻대로 이루어지리라. 모든 일을 신속하게 처리하는 것이 좋다. 지체되면 효과가 반감하리라.

■ 많은 사람의 협조와 자신의 노력으로 이익이 날로 증가하리라.

■ 가격이 상승일로일 때는 매매원결로 전매이익을 보는 것이 좋

고, 상담은 성사되니 조속히 진행시키는 것이 상책이다. 좋은 가격은 계속될 것이다.

계해인(癸亥寅) : 임신 · 출산괘

- 남아를 임신하고, 수재로 큰 인물이 되리라.
- 신(申) · 자(子) · 진(辰)일에 출산의 기쁨이 있을 것이다.

계자묘(癸子卯) : 재화괘

- 귀인의 후원이나 형제나 친구, 동지의 도움으로 재리를 얻는다.
- 업무상의 금전대차나 출자 등은 깊이 고려하지 않고 추진해도 길할 것이다.
- 자금이나 금융은 중개자를 통하여 성사되고, 대금회수도 고용인에게 대행시키면 회수할 수 있다.

계축진(癸丑辰) : 소식괘

- 소식은 상대방이 미루고 있으니 기다려도 희망이 없다.
- 태양은 서산으로 기울고 심사는 처량하니 만사 체념하는 것이 상책이다.

계인사(癸寅巳) : 혼인괘

- 혼담은 방해로 인하여 성사되기 어려우나 귀인이 중매하면 성사될 수 있다. 그러나 결혼한 후 정이 융화되지 않을 징조이다.
- 하늘을 보고 탄식하는 상이다. 그러나 귀인의 도움과 교훈을 얻어 부부가 성심성의를 다하면 춘풍해동격으로 화합하리라.

계묘오(癸卯午) : 대인 · 이동괘

■ 여행과 출입은 멀든 가깝든 어려움만을 가중시킬 것이다.

■ 기다리는 사람은 십중팔구 오지 않는다. 설사 온다고 해도 이익은 없고 정신적인 허비만 따르리라.

계진미(癸辰未) : 방문 · 내객괘

■ 누구를 방문하든 면담이 어려울 징조이다. 설사 면접이 되더라도 목적을 이루기는 어렵다. 마음의 고통과 손재만 따를 운이니 다른 방법을 찾거나 독서삼매를 즐기는 것이 나으리라.

■ 찾아오는 사람은 있으나 이익이 적을 징조이다. 그러나 덕으로 맞이하면 작은 재물은 얻으리라.

계사신(癸巳申) : 분실 · 도난괘

■ 분실과 도난은 친척이나 친구의 고의에 의한 것이다. 재물손실은 거듭되기 쉽고, 가장의 마음이 상할 우려가 있다.

■ 따뜻한 정으로 선처하는 것 외에는 방법이 없다.

계오유(癸午酉) : 가출 · 실종괘

■ 의리를 잊고 다른 사람의 꼬임에 빠져 가출한 것이다. 결국은 소식이 있으나 이미 배은망덕한 소행을 저지른 사람이니 포기하는 것이 나으리라.

■ 짐승도 주인에 대한 의리를 지키거늘 가정이 암담함을 한탄할 것이다.

■ 실종된 집안 사람은 찾을 길이 없고, 생사도 판단하기 어려울

징조이다.

계미술(癸未戌) : 시험 · 취업운

- 소망하는 일이나 계획하는 일은 아직 때가 아니다. 만일 다른 사람에게 부탁하면 비용만 들어갈 뿐이다.
- 좋은 운이 올 때까지 기다리는 것이 현명하다. 행운이 오면 순풍에 돛단격이 되니 조급하게 서두르지 말고 때를 기다려라.

계신해(癸申亥) : 분쟁 · 소송괘

- 관사나 송사는 비용이 많이 들어갈 것이고, 고통이 중첩되니 한을 품게 되리라. 친구의 도움을 기다려 선처하면 길하게 되리라.
- 스스로 수양하며 자중자애하고, 번뇌를 가볍게 하며 경비를 줄이는 방법을 찾는 것이 현명하다.

2장. 서양의 카바라

 현대사회는 물질적인 풍요만을 지향하는 경향이 매우 짙다. 그래서 지각있는 사람들은 '이대로 좋은가?'라고 자문자답하며 새로운 종교에 관심을 갖거나 점(占)에 흥미를 갖기도 한다. 옛날부터 점(占)은 여러 형태로 이루어졌고, 세계에는 292종류에 달하는 점(占)이 있다고 한다. 그러나 이것을 크게 나누면 다음과 같이 세 가지로 분류할 수 있다.

1. 우연을 바탕으로 한 직감적인 점(占)
2. 생년월일(生年月日)을 바탕으로 한 명리점(命理占)
3. 관상과 수상을 바탕으로 한 상점(相占)

 이 세 가지 중에서 두 번째에 해당하는 생년월일(生年月日)을 이용한 점(占)에는 점성술과 사주추명학(四住推命學)이 가장 발달한 점(占)이다. 서양에서는 이미 2000년 전에 일반화된 수리를 바탕으로 한 점(占)인 카바라가 있다. 이 세상 모든 것은 수(數)가 지배한다는 사상에서 온 것이다.
 이 서양의 카바라는 1999년 제2기 상담역리사 자격증 및 국제공인증서 수여식장에서 일본점술학회 아사노 하찌로 회장이 역리사 소양교육 교재로 강의한 내용 중에서 일부를 쉽게 만들어 실은 것이니 많이 연구하기 바란다.

■ 년운수(年運數)를 아는 방법

예를 들어 1999년이 어떤 해인지를 알고 싶으면 1999년의 수를 아래와 같이 모두 더한다.

1999=1+9+9+9=28

위의 28, 두 자리 수를 다시 더하여 한 자리 수로 만들면 2+8=10---1+0=1이 되니, 마지막 한 자리 수 1이 1999년의 운세를 말하는 사회년운수라고 말한다.

■ 개인의 운세나 성격을 아는 방법

나폴레옹을 예로 들어보자. 나폴레옹의 생년월일(生年月日)은 1769년 8월 15일생이니, 먼저 생년인 1769만을 한 자리 수가 되게 더하니 1+7+6+9=23 --- 2+3=5로 생년의 한 자리 수는 5가 된다.

다음은 생월과 생일의 수를 한 자리 수가 되도록 더한다. 8+1+5=14 — 1+4=5로 생월일의 한 자리 수도 5가 된다.

다음은 생년의 한 자리 수 5와 생월일의 한 자리 수 5를 한 자리 수가 되게 더하면 5+5=10 — 1+0=1이 된다.

위의 계산법에서 마지막 수인 1이 나폴레옹의 기본운명수로 일생을 좌우하게 된다. 운명수 해설의 기본운명수 1은 왕관성(王冠星)

으로 행동력이 대담한 지도력의 소유자라고 되어 있다. 그리고 나폴레옹이 활약한 해의 운세를 알고 싶으면 다음과 같이 계산한다.

■ 그해의 운세를 아는 방법

나폴레옹이 패배한 1812년을 더한 한 자리 수는 1+8+1+2=12 --- 1+2=3이다. 여기에 나폴레옹의 기본운명수 1과 패배한 해의 운명수 3을 더하면 4가 된다. 이 4는 곧 점을 치고자 하는 해의 개인의 운명수로 개인의 년운수가 된다. 운명수 해설을 보면 순조롭지 못하니 자제하라고 되어 있다.

■ 기본운명수 산출하는 방법

① 생년의 수를 더해 한 자리수로 만든다.
② 생월일 수를 더하여 한 자리로 만든다.
③ 생년을 더한 한 자리 수와 생월일을 더한 한 사리 수를 더해, 다시 한 자리 수로 만들어 더한 수가 기본운명수이다.

예를 들어 1935년 5월 3일생의 기본운명수는 8이 되는데, 계산법은 다음과 같다.

① 생년의 수를 더한 한 자리 수는 9
    1935년생 ─ 1+9+3+5=18 ─ 1+8=9
② 생월일의 수를 더한 한 자리 수는 8

5월 3일생 ― 5+3=8

③ 생년 수를 더한 한 자리수 9+생월일 수를 더한 한 자리 수 8=17

1+7=8

위와 같이 1935년 5월 3일에 출생한 사람의 기본운명수는 8이다. 운명수 해설을 보면 지배성이다. 개성이 강하고 전투적이며 매사에 정열적이라고 한다.

■ 개인의 년운수 산출하는 방법

개인년운수＝기본운명수+년운수

예를 들어 1935년 5월 3일에 출생한 사람의 기본운명수는 8이 된다. 2001년의 년운수를 알아보자.

① 2001년의 년운수는 2+0+0+1=3
② 기본운명수는 8
③ 1935년 5월 3일생이 2001년 년운수는 11

년운수11＝기본운명수8+2001년운수3

이 사람의 년운수는 11이다. 년운수 해설 11을 보면 정신지년(精神之年)으로, 봉사활동에 주력하라고 되어 있다. 합산 11과 22는 한 자리 수로 더하지 않고 그대로 판단한다는 것을 잊지 않도록 한다.

■ 개인의 월운수 산출하는 방법

① 2001년 8월 운수 11

　2+0+0+1+8＝11(년월 운수)

② 이 사람의 2001년 8월 운수는 1

　년월운수는 11

　이 사람의 기본운명수 8(1935년 5월 3일생)

　1+1+8 ― 10 ― 1+0＝1

　이 사람의 8월 운수는 1이다. 해설편을 보면 활기충천의 달로 발전 독립하는 운이다.

■ 개인의 일운 산출하는 방법

① 2001년 8월 6일의 운수는 8

　2+0+0+1+8ㅣ6＝17

　1+7＝8

② 본명의 2001년 8월 6일의 운수는 7

　8월 6일의 운수8+본명의 기본운명수 8

　8+8＝16---1+6＝7

　본명의 2001년 8월 6일의 운수는 7이다. 해설편을 보면 휴식지운으로 오로지 기회를 기다리는 운이다.

기본운명수

1	왕관성	대담한 행동력과 지도력의 소유자이다.
2	지성성	조화성과 독창성이 강하다.
3	발전성	사교적이며 성공지향적이다.
4	안전성	근면하며 성실하고 인내로 노력한다.
5	행동성	행동적이며 과시욕이 강하다.
6	조화성	온순하며 친절하고 봉사정신이 있다.
7	완전성	고독하며 자존심이 강하고 안전주의자이다.
8	지배성	개성이 강하며 정열적이고 전투적이다.
9	신비성	건강하나 신경이 예민하며 비밀주의자이다.
11	혁신성	평범한 것을 싫어하며 호기심이 강하다.
22	행운성	지배력과 지도력이 있고 안전주의자이다.

■ 기본운명수=생년 한 자리 수+생월일 한 자리 수

개인 년운수

1	활기충천의 운으로 발전 독립한다.
2	인내와 협력의 운으로 재력도 상승한다.
3	정체의 운으로 쉬면서 다음을 준비하도록.
4	순조롭지 못한 운으로 자제력을 기르도록.
5	동요되는 운으로 여행이나 외출운이 강하다.
6	협력의 운으로 이성운이 좋다.
7	휴식의 운으로 기회를 기다리도록.
8	꿈이 현실화 되는 운으로 좋은 해이다.
9	기초를 다져야 하는 운으로 낭비와 게으름에 빠지지 않도록.
11	정신의 운으로 봉사활동에 주력하도록.
22	행운의 운으로 활동적으로 발전한다.

■ 개인년운수＝기본운명수+당년운수

사회 년운수

1	큰 변화가 따를 운으로 재능과 행운을 발휘한다.
2	평화공존의 운으로 협력자가 나타난다.
3	이상을 추구할 운으로 경제적인 자극이 많다.
4	불안정한 운으로 고생과 혼란 속에 사고가 많다.
5	사회적인 교류가 활발한 운으로 새로운 조직을 만든다.
6	재해나 전쟁 등 변동이 많은 운이다.
7	완성이나 성취하는 운으로 발전하나 자살이 따르기도 한다.
8	번영의 운으로 경제적·정신적으로 기쁨이 많다.
9	위기의 운으로 문제와 개인적인 투쟁이 많다.
11	종교적인 운으로 물질적에서 정신적으로 바뀐다.
22	순리의 운으로 크게 발전한다.

3장. 역학 용어 익히기

- 건명(乾命) : 남자의 사주.
- 곤명(坤命) : 여자의 사주.
- 용신(用神) : 일간(日干)을 이롭게 하는 신
- 희신(喜神) : 용신(用神)을 돕는 신으로 약신(藥神)이라고도 함.
- 기신(忌神) : 일간(日干)을 해롭게 하는 신.
- 구신(仇神) : 희신(喜神)을 극파(剋破)하는 신.
- 한신(閑神) : 용신(用神)이나 희신(喜神), 일주(日柱)에 대해 무해무덕한 신.
- 종왕격(從旺格) : 사주가 매우 왕성할 때 왕성한 것을 따라 용신(用神)을 정하는 것.
- 군비쟁재(群比爭財) : 많은 비견(比肩)과 겁재(劫財)가 재(財)를 놓고 다투는 것. 군겁쟁재(君劫爭財)라고도 함.
- 강자의억법(强者宜抑法) : 강한 것을 억제하는 법.
- 합관유살(合官留殺) : 정관(正官)은 합(合)이 되어 다른 오행(五行)으로 변하고 편관(偏官)만 남아 정관(正官)의 역할을 하는 것.
- 합살유관(合殺留官) : 편관(偏官)은 합(合)이 되어 다른 오행(五行)으로 변하고 정관(正官)만 남은 것.
- 재다신약(財多身弱) : 재(財)가 많아 신약(身弱)사주가 된 경우.
- 설기(泄氣) : 기운을 빼는 것.
- 종격(從格) : 강한 육친을 따라 격을 이루는 것.

- 태쇠의상 (太衰宜傷) : 매우 쇠약한 사주는 관(官)으로 상한다.
- 부목지상(浮木之象) : 갑을목(甲乙木) 일간(日干)이 무근(無根)인데 지지(地支)에 수국(水局)을 이루어 목(木)이 물에 뜬 형상.
- 신왕관쇠(身旺官衰) : 신강(身强)사주가 관(官)이 쇠한 경우.
- 명암부집(明暗夫集) : 명관암관(明官暗官)으로 관살(官殺)이 혼잡된 경우.
- 상관지살(傷官之殺) : 상관(傷官)이 강하거나 시상(時上)에 상관(傷官)이 있는 경우.
- 자매강강(姉妹强强) : 여명(女命)에 비겁(比劫)이 많은 것.
- 괴강지살 : 임진(壬辰)·임술(壬戌)·경진(庚辰)·경술(庚戌)·무술(戊戌)일생.
- 상형살(相刑殺) : 인사신(寅巳申)·축술미(丑戌未)·자묘형(子卯刑)이 있는 경우.
- 합다합정(合多合情) : 합(合)이 많으면 정도 많다는 뜻.
- 전록(專祿) : 일지(日支)에 건록(建祿)이 있는 것을 말하고, 전록격(專祿格)이라 한다.
- 건록(建祿) : 월지(月支)에 건록(建祿)이 있는 것을 말하고, 건록(建祿)격이라 한다.
- 귀록(歸祿) : 시지(時支)에 건록(建祿)이 있는 것을 말하고, 귀록격(歸祿格)이라 한다.
- 통근(通根) : 뿌리가 있는 것.
- 녹왕(祿旺) : 건록(建祿)을 얻어 왕성한 것.
- 합거살(合去殺) : 편관(偏官)이 합(合)이 되어 다른 오행(五行)

으로 변하여, 편관(偏官) 역할을 하지 못하는 것.

- 합거관(合去官) : 정관(正官)이 합(合)이 되어 다른 오행(五行)으로 변하여 정관(正官) 역할을 하지 못하는 것.

- 삼반물(三般物) : 재성(財星)·관성(官星)·인성(印星)

- 이덕(二德) : 재성(財星)·관성(官星).

- 괴병(魁病) : 여러 가지 살(殺)과 형충파해(刑沖破害).

- 부성(夫星) : 정관(正官), 정부(正夫), 관성(官星).

- 편부(偏夫) : 혼외 남편.

- 충출(沖出) : 충(沖)하면 암중에 육친이 나오는 것.

- 유년(流年) : 년의 흐름이나 돌아오는 해.

- 암부중첩(暗夫重疊) : 지장간(支藏干)에 관살(官殺)이 많은 것.

- 암중투부(暗中套夫) : 남의 남자를 몰래 빼앗는 것.

- 명암부집(明暗夫集) : 천간(天干)에도 관살(官殺)이 있고 지지(地支)에도 관살(官殺)이 암장(暗藏)되어 있는 것.

- 곤랑도화(滾浪桃花) : 일천간(天干)이 근합(近合)하고 일지(日支)가 형(刑)된 것. 사주에 이 살이 있으면 주색과 성병으로 고생한다고 한다.

- 간합지형(干合支刑) : 천간(天干)은 합(合)되고 지지(地支)는 형(刑)되는 것. 화목할 듯 하면 풍파가 닥치니 근심 걱정이 태산이고, 부부가 해로하기 어렵고, 술사나 승려가 된다.

- 명(明) : 천간(天干)에 나타난 육친을 말하며 투간(透干) 또는 투출(透出)이라고 한다.

- 암(暗) : 지지(地支)에 있는 암장신(暗藏神)을 말하며 지장간(支藏干)이라고 한다.

- 투출(透出)·투간(透干) : 천간(天干)에 나타나는 것.

- 암장(暗藏) : 지지(地支)에 감추어져 있는 것, 지장간(支藏干).

- 가상관격(假傷官格) : 월령(月令)에 인수(印綬)나 비겁(比劫)을 놓고, 사주에 있는 상관(傷官)으로 용신(用神)을 삼는 것.

- 진상관격(眞傷官格) : 월령(月令)에 상관(傷官)이 있는 것.

- 파료상관(破了傷官) : 상관성(傷官星)이 손상된 것.

- 손수원(損壽元) : 수명에 손상이 간 것.

- 상관상진(傷官傷盡) : 상관성(傷官星)을 극(剋)하여 상관성(傷官星)이 힘이 없는 것.

- 투간(透干) : 천간(天干)에 나타나는 것.

- 불투(不透) : 천간(天干)에 투간(透干)하지 않은 것.

- 불장(不藏) : 지지(地支)에 암장(暗藏)된 것이 없는 것.

- 관살(官殺) 혼잡 : 정관(正官)과 편관(偏官)이 혼잡된 사주.

- 조토(燥土) : 마른 흙.

- 관인상생(官印相生) : 관(官)이 인수(印綬)를 생(生)하고, 인수(印綬)가 일간(日干)을 생(生)하는 것.

- 신합(身合) : 일주(日柱)와 합(合)되는 것. 비겁(比劫)이 신합(身合)하면 이복형제가 있고, 재관(財官)이 신합(身合)하면 총각이 아들을 낳고, 관식(官食)이 신합(身合)하면 처녀가 임신한다고 한다.

삼한출판사의
신비한 동양철학 시리즈

적천수 정설
유백온 선생의 적천수 원본을 정석으로 해설
원래 유백온 선생이 저술한 적천수의 원문은 그렇게 많지가 않으나 후학들이 각각 자신의 주장으로 해설하여 많아졌다. 이 책은 적천수 원문을 보고 30년 역학의 경험을 총동원하여 해설했다. 물론 백퍼센트 정확하다고 주장할 수는 없다. 다만 한국과 일본을 오가면서 실제의 경험담을 함께 실었다. 공부하는 사람들에게는 많은 도움이 될 것이라 믿는다.
신비한 동양철학 82 │ 역산 김찬동 편역 │ 692면 │ 34,000원 │ 신국판

궁통보감 정설
궁통보감 원문을 쉽고 자세하게 해설
『궁통보감(窮通寶鑑)』은 5대원서 중에서 가장 이론적이며 사리에 맞는 책이며, 조후(調候)를 중심으로 설명하며 간명한 것이 특징이다. 역학을 공부하는 학도들에게 도움을 주려고 먼저 원문에 음독을 단 다음 해설하였다. 그리고 예문은 서낙오(徐樂吾) 선생이 해설한 것을 그대로 번역하였고, 저자가 상담한 사람들의 사주와 점서에 있는 사주들을 실었다.
신비한 동양철학 83 │ 역산 김찬동 편역 │ 768면 │ 39,000원 │ 신국판

연해자평 정설(1·2권)
연해자평의 완결판
연해자평의 저자 서자평은 중국 송대의 대음양 학자로 명리학의 비조일 뿐만 아니라 천문점성에도 밝았다. 이전에는 년(年)을 기준으로 추명했는데 적중률이 낮아 서자평이 일간(日干)을 기준으로 하고, 일지(日支)를 배우자로 보는 이론을 발표하면서 명리학은 크게 발전해 오늘에 이르렀다. 때문에 연해자평은 5대 원서 중에서도 필독하지 않으면 안 되는 책이다.
신비한 동양철학 101 │ 김찬동 편역 │ 1권 559면, 2권 309면 │ 1권 33,000원, 2권 20,000원 │ 신국판

명리입문
명리학의 정통교본
이 책은 옛부터 있었던 글들이나 너무 여기 지기 신민하게 흩어져 있어 공부하는 사람들에게는 많은 시간과 인내를 필요로 하였다. 그래서 한 군데 묶어 좀더 보기 쉽고 알기 쉽도록 엮은 것이다.
신비한 동양철학 41 │ 동하 정지호 저 │ 678면 │ 29,000원 │ 신국판 양장

조화원약 평주
명리학의 정통교본
자평진전, 난강망, 명리정종, 적천수 등과 함께 명리학의 교본에 해당하는 것으로 중국 청나라 때 나온 난강망이라는 책을 서낙오 선생께서 자세하게 설명을 붙인 것이다. 기존의 많은 책들이 오직 격국과 용신을 중심으로 감정하는 것과는 달리 십간 십이지와 음양오행을 각각 자연의 이치와 춘하추동의 사계절의 흐름에 대입하여 인간의 길흉화복을 알 수 있게 했다.
신비한 동양철학 35 │ 동하 정지호 편역 │ 888면 │ 46,000원 │ 신국판

사주대성
초보에서 완성까지
이 책은 과거 현재 미래를 모두 알 수 있는 비결을 실었다. 그러나 모두 터득한다는 것은 어려울 것이다.역학은 수천 년간 동방의 석학들에 의해 갈고 닦은 철학이요 학문이며, 정신문화로서 영과학적인 상수문화로서 자랑할만한 위대한 학문이다.
신비한 동양철학 33 │ 노산 박흥식 저 │ 986면 │ 49,000원 │ 신국판 양장

쉽게 푼 역학(개정판)
쉽게 배워 적용할 수 있는 생활역학서!
이 책에서는 좀더 많은 사람들이 역학의 근본인 우주의 오묘한 진리와 법칙을 깨달아 보다 나은 삶을 영위하는데 도움이 될 수 있도록 가장 쉬운 언어와 가장 쉬운 방법으로 풀이했다. 역학계의 대가 김봉준 선생의 역작이다.
신비한 동양철학 71 │ 백우 김봉준 저 │ 568면 │ 30,000원 │ 신국판

사주명리학 핵심
맥을 잡아야 모든 것이 보인다
이 책은 잡다한 설명을 배제하고 명리학자에게 도움이 될 비법들만을 모아 엮었기 때문에 초심자가 이해하기에는 다소 어려운 부분도 있겠지만 기초를 튼튼히 한 다음 정독한다면 충분히 이해할 것이다. 신살만 늘어놓으며 감정하는 사이비가 되지말기를 바란다.
신비한 동양철학 19 │ 도관 박흥식 저 │ 502면 │ 20,000원 │ 신국판

물상활용비법
물상을 활용하여 오행의 흐름을 파악한다
이 책은 물상을 통하여 오행의 흐름을 파악하고 운명을 감정하는 방법을 연구한 책이다. 추명학의 해법을 연구하고 운명을 추리하여 오행에서 분류되는 물질의 운명 줄거리를 물상의 기물로 나들이 하는 활용법을 주제로 했다. 팔자풀이 및 운명해설에 관한 명리감정법의 체계를 세우는데 목적을 두고 초점을 맞추었다.
신비한 동양철학 31 │ 해주 이학성 저 │ 446면 │ 34,000원 │ 신국판

신수대전
흉함을 피하고 길함을 부르는 방법
신수는 대부분 주역과 사주추명학에 근거한다. 수많은 학설 중 몇 가지를 보면 사주명리, 자미두수, 관상, 점성학, 구성학, 육효, 토정비결, 매화역수, 대정수, 초씨역림, 황극책수, 하락리수, 범위수, 월영도, 현무발서, 철판신수, 육임신과, 기문둔갑, 태을신수 등이다. 역학에 정통한 고사가 아니면 추단하기 어려우므로 누구나 신수를 볼 수 있도록 몇 가지를 정리했다.
신비한 동양철학 62 │ 도관 박흥식 편저 │ 528면 │ 36,000원 │ 신국판 양장

정법사주
운명판단의 첩경을 이루는 책
이 책은 사주추명학을 연구하고자 하는 분들에게 심오한 주역의 이해를 돕고자 하는 의도에서 시작되었다. 음양오행의 상생상극에서부터 육친법과 신살법을 기초로 하여 격국과 용신 그리고 유년판단법을 활용하여 운명판단에 첩경이 될 수 있도록 했고 추리응용과 운명감정의 실례를 하나하나 들어가면서 독학과 강의용 겸용으로 엮었다.
신비한 동양철학 49 │ 원각 김구현 저 │ 424면 │ 26,000원 │ 신국판 양장

내가 보고 내가 바꾸는 DIY사주
내가 보고 내가 바꾸는 사주비결
기존의 책들과는 달리 한 사람의 사주를 체계적으로 도표화시켜 한 눈에 파악할 수 있고, DIY라는 책 제목에서 말하듯이 개운하는 방법을 제시한다. 초심자는 물론 전문가도 자신의 이론을 새롭게 재조명해 볼 수 있는 케이스 스터디 북이다.
신비한 동양철학 39 │ 석오 전광 저 │ 338면 │ 16,000원 │ 신국판

인터뷰 사주학
쉽고 재미있는 인터뷰 사주학
얼마전만 해도 사주학을 취급하면 미신을 다루는 부류로 취급되었다. 그러나 지금은 하루가 다르게 이 학문을 공부하는 사람들이 폭증하고 있는 것으로 보인다. 젊은 층에서 사주카페니 사주방이니 사주동아리니 하는 것들이 만들어지고 그 모임이 활발하게 움직이고 있다는 점이 그것을 증명해준다. 그뿐 아니라 대학원에는 역학교수들이 점차로 증가하고 있다.
신비한 동양철학 70 │ 글갈 정대엽 편저 │ 426면 │ 16,000원 │ 신국판

사주특강
자평진전과 적천수의 재해석
이 책은 『자평진전』과 『적천수』를 근간으로 명리학의 폭넓은 가치를 인식하고, 실전에서 유용한 기반을 다지는데 중점을 두고 썼다. 일찍이 『자평진전』을 교과서로 삼고, 『적천수』로 보완하라는 서낙오의 말에 깊이 공감한다.
신비한 동양철학 68 │ 청월 박상의 편저 │ 440면 │ 25,000원 │ 신국판

참역학은 이렇게 쉬운 것이다
음양오행의 이론으로 이루어진 참역학서
수학공식이 아무리 어렵다고 해도 1, 2, 3, 4, 5, 6, 7, 8, 9, 0의 10개의 숫자로 이루어졌듯이 사주도 음양과 오행으로 이루어졌을 뿐이다. 그러니 용신과 격국이라는 무거운 짐을 벗어버리고, 음양오행의 법칙과 진리만 정확하게 파악하면 된다. 사주는 음양오행의 변화일 뿐이고 용신과 격국은 사주를 감정하는 한 가지 방법에 지나지 않는다.
신비한 동양철학 24 │ 청암 박재현 저 │ 328면 │ 16,000원 │ 신국판

사주에 모든 길이 있다
사주를 알면 운명이 보인다!
사주를 간명하는데 조금이라도 도움이 됐으면 하는 바람에서 이 책을 썼다. 간명의 근간인 오행의 왕쇠강약을 세분하고, 대운과 세운, 세운과 월운의 연관성과, 십신과 여러 살이 미치는 암시와, 십이운성으로 세운을 판단하는 법을 설명했다.
신비한 동양철학 65 │ 정담 선사 편저 │ 294면 │ 26,000원 │ 신국판 양장

왕초보 내 사주
초보 입문용 역학서
이 책은 역학을 너무 어렵게 생각하는 초보자들에게 조금이나마 도움을 주고자 쉽게 엮으려고 노력했다. 이 책을 숙지한 후 역학(易學)의 5대 원서인 『적천수(滴天髓)』, 『궁통보감(窮通寶鑑)』, 『명리정종(命理正宗)』, 『연해자평(淵海子平)』, 『삼명통회(三命通會)』에 접근한다면 훨씬 쉽게 터득할 수 있을 것이다. 이 책들은 저자가 이미 편역하여 삼한출판사에서 출간한 것도 있고, 앞으로 모두 갖출 것이니 많이 활용하기 바란다.
신비한 동양철학 84 │ 역산 김찬동 편저 │ 278면 │ 19,000원 │ 신국판

명리학연구
체계적인 명확한 이론
이 책은 명리학 연구에 핵심적인 내용만을 모아 하나의 독립된 장을 만들었다. 명리학은 분야가 넓어 공부를 하나보면 주변에 머무르는 경우가 많아, 주요 내용을 잃고 헤매는 경우가 많다. 그러므로 뼈대를 잡는 것이 중요한데, 여기서는 「17장. 명리대요」에 핵심 내용만을 모아 학문의 체계를 잡는데 용이하게 하였다.
신비한 동양철학 59 │ 권중주 저 │ 562면 │ 29,000원 │ 신국판 양장

말하는 역학
신수를 묻는 사람 앞에서 술술 말문이 열린다
그토록 어렵다는 사주통변술을 쉽고 흥미롭게 고담과 덕담을 곁들여 사실적으로 생동감 있게 통변했다. 길흉을 어떻게 표현하느냐에 따라 상담자의 정곡을 찔러 핵심을 끌어내 정답을 내리는 것이 통변술이다. 역학계의 대가 김봉준 선생의 역작.
신비한 동양철학 11 │ 백우 김봉준 저 │ 576면 │ 26,000원 │ 신국판 양장

통변술해법
가닥가닥 풀어내는 역학의 비법
이 책은 역학과 상대에 대해 머리로는 다 알면서도 밖으로 표출되지 않아 어려움을 겪는 사람들을 위한 실습서다. 특히 실명감정과 이론강의로 나누어 역학의 진리를 설명하여 초보자도 쉽게 이해할 수 있다. 역학계의 대가 김봉준 선생의 역서인 『알기쉬운 해설·말하는 역학』이 나온 후 후편을 써달라는 열화같은 요구에 못이겨 내놓은 바로 그 책이다.
신비한 동양철학 21 │ 백우 김봉준 저 │ 392면 │ 36,000원 │ 신국판

술술 읽다보면 통달하는 사주학
술술 읽다보면 나도 어느새 도사
당신은 당신 마음대로 모든 일이 이루어지던가. 지금까지 누구의 명령을 받지 않고 내 맘대로 살아왔다고, 운명 따위는 믿지 않는다고, 운명에 매달리지 않는다고 말하는 사람들이 많다. 그러나 우주법칙을 모르기 때문에 하는 소리다.
신비한 동양철학 28 | 조철현 저 | 368면 | 16,000원 | 신국판

사주학
5대 원서의 핵심과 실용
이 책은 사주학을 체계적으로 공부하려는 학도들을 위해서 꼭 알아두어야 할 내용들과 용어들을 수록하는데 중점을 두었다. 이 학문을 공부하려고 많은 사람들이 필자를 찾아왔을 깨 여러 가지 질문을 던져보면 거의 기초지식이 시원치 않음을 보았다. 따라서 용어를 포함한 제반지식을 골고루 습득해야 빠른 시일 내에 소기의 목적을 달성할 수 있을 것이다.
신비한 동양철학 66 | 글갈 정대엽 저 | 778면 | 46,000원 | 신국판 양장

명인재
신기한 사주판단 비법
이 책은 오행보다는 주로 살을 이용하는 비법을 담았다. 시중에 나온 책들을 보면 살에 대해 설명은 많이 하면서도 실제 응용에서는 무시하고 있다. 이것은 살을 알면서도 응용할 줄 모르기 때문이다. 그러나 이 책에서는 살의 활용방법을 완전히 터득해. 어떤 살과 어떤 살이 합하면 어떻게 작용하는지를 자세하게 설명하였다.
신비한 동양철학 43 | 원공선사 저 | 332면 | 19,000원 | 신국판 양장

명리학 | 재미있는 우리사주
사주 세우는 방법부터 용어해설 까지!!
몇 년 전 「사주에 모든 길이 있다」가 나온 후 선배 제현들께서 알찬 내용의 책다운 책을 접했다는 찬사를 받았다. 그러나 사주의 작성법을 설명하지 않아 독자들에게 많은 질타를 받고 뒤늦게 이 책을 출판하기로 결심했다. 이 책은 한글만 알면 누구나 역학과 가까워질 수 있도록 사주 세우는 방법부터 실제간명. 용어해설에 이르기까지 분야별로 엮었다.
신비한 동양철학 74 | 정담 선사 편저 | 368면 | 19,000원 | 신국판

사주비기
역학으로 보는 역대 대통령들이 나오는 이치!!
이 책에서는 고서의 이론을 근간으로 하여 근대의 사주들을 임상하여, 적중도에 의구심이 가는 이론들은 과감하게 탈피하고 통용될 수 있는 이론만을 수용했다. 따라서 기존 역학서의 아쉬운 부분들을 충족시키며 일반인도 열정만 있으면 누구나 자신의 운명을 감정하고 피흉취길할 수 있는 생활지침서로 활용할 수 있을 것이다.
신비한 동양철학 79 | 청월 박상의 편저 | 456면 | 19,000원 | 신국판

사주학의 활용법
가장 실질적인 역학서
우리가 생소한 지방을 여행할 때 제대로 된 지도가 있다면 편리하고 큰 도움이 되듯이 역학이란 이와같은 인생의 길잡이다. 예측불허의 인생을 살아가는데 올바른 안내자나 그 무엇이 있다면 그 이상 마음 든든하고 큰 재산은 없을 것이다.
신비한 동양철학 17 | 학선 류래웅 저 | 358면 | 15,000원 | 신국판

명리실무
명리학의 총 정리서
명리학(命理學)은 오랜 세월 많은 철인(哲人)들에 의하여 전승 발전되어 왔고, 지금도 수많은 사람이 임상과 연구에 임하고 있으며, 몇몇 대학에 학과도 개설되어 체계적인 교육을 하고 있다. 그러나 아직도 실무에서 활용할 수 있는 책이 부족한 상황이기 때문에 나름대로 현장에서 필요한 이론들을 정리해 보았다. 초학자는 물론 역학계에 종사하는 사람들에게 큰 도움이 될 것이라고 믿는다.
신비한 동양철학 94 | 박흥식 편저 | 920면 | 39,000원 | 신국판

사주 속으로
역학서의 고전들로 입증하며 쉽고 자세하게 푼 책

십 년 동안 역학계에 종사하면서 나름대로는 실전과 이론에서 최선을 다했다고 자부한다. 역학원의 비좁은 공간에서도 항상 후학을 생각하는 마음으로 역학에 대한 배움의 장을 마련하고자 노력한 것도 사실이다. 이 책을 역학으로 이름을 알리고 역학 으로 생활하면서 조금이나마 역학계에 이바지할 것이 없을까라는 고민의 산물이라 생각해주기 바란다.

신비한 동양철학 95 │ 김상회 편저 │ 429면 │ 15,000원 │ 신국판

사주학의 방정식
알기 쉽게 풀어놓은 가장 실질적인 역서

이 책은 종전의 어려웠던 사주풀이의 응용과 한문을 쉬운 방법으로 터득하는데 목적을 두었고, 역학이 무엇인가를 알리고자 하는데 있다. 세인들은 역학자를 남의 운명이나 풀이하는 점쟁이로 알지만 잘못된 생각이다. 역학은 우주의 근본이며 기의 학 문이기 때문에 역학을 이해하지 못하고서는 우리 인생살이 또한 정확하게 해석할 수 없는 고차원의 학문이다.

신비한 동양철학 18 │ 김용오 저 │ 192면 │ 16,000원 │ 신국판

오행상극설과 진화론
인간과 인생을 떠난 천리란 있을 수 없다

과학이 현대를 설정하여 설명하고 있으나 원리는 동양철학에도 있기에 그 양면을 밝히고자 노력했다. 우주에서 일어나는 모든 일을 과학으로 설명될 수는 없다. 비과학적이라고 하기보다는 과학이 따라오지 못한다고 설명하는 것이 더 솔직하고 옳은 표 현일 것이다. 특히 과학분야에 종사하는 신의사가 저술했는데더 더 큰 화제가 되고 있다.

신비한 동양철학 5 │ 김태진 저 │ 222면 │ 15,000원 │ 신국판

스스로 공부하게 하는 방법과 천부적 적성
내 아이를 성공시키고 싶은 부모에게

자녀를 성공시키고 싶은 마음은 누구나 같겠지만 가난한 집 아이가 좋은 성적을 내기는 매우 어렵고, 원하는 학교에 들어가기 도 어렵다. 그러나 실망하기에는 아직 이르다. 내 아이가 훌륭하게 성장해 아름답고 멋진 삶을 살아가는 방법을 소개한다.

신비한 동양철학 85 │ 청암 박재현 지음 │ 176면 │ 14,000원 │ 신국판

진짜부적 가짜부적
부적의 실체와 정확한 제작방법

인쇄부적에서 가짜부적에 이르기까지 많게는 몇백만원에 팔리고 있다는 보도를 종종 듣는다. 그러나 부적은 정확한 제작방법 에 따라 자신의 용도에 맞게 스스로 만들어 사용하면 훨씬 더 좋은 효과를 얻을 수 있다. 이 책은 중국에서 정통부적을 연구 한 국내유일의 동양오술학자가 밝힌 부적의 실체와 정확한 제작방법을 소개하고 있다.

신비한 동양철학 7 │ 오상익 저 │ 322면 │ 20,000원 │ 신국판

수명비결
주민등록번호 13자로 숙명의 정체를 밝힌다

우리는 지금 무수히 많은 숫자의 거미줄에 매달려 허우적거리며 살아가고 있다. 1분 ·1초가 생사를 가름하고, 1등·2등이 인 생을 좌우하며, 1급·2급이 신분을 구분하는 세상이다. 이 책은 수명리학으로 13자의 주민등록번호로 명예, 재산, 건강, 수명, 애정, 자녀 등을 미리 읽어본다.

신비한 동양철학 14 │ 장충한 저 │ 308면 │ 15,000원 │ 신국판

진짜궁합 가짜궁합
남녀궁합의 새로운 충격

중국에서 연구한 국내유일의 동양오술학자가 우리나라 역술가들의 궁합법이 잘못되었다는 것을 학술적으로 분석·비평하고, 전적과 사례연구를 통하여 궁합의 실체와 타당성을 분석했다. 합리적인 「자미두수궁합법」과 「남녀궁합」 및 출생시간을 몰라 궁합을 못보는 사람들을 위하여 「지문으로 보는 궁합법」 등을 공개하고 있다.

신비한 동양철학 8 │ 오상익 저 │ 414면 │ 15,000원 │ 신국판

주역육효 해설방법(상·하)
한 번만 읽으면 주역을 활용할 수 있는 책
이 책은 주역을 해설한 것으로, 될 수 있는 한 여러 가지 사설을 덧붙이지 않고, 주역을 공부하고 활용하는데 필요한 요건만을 기록했다. 따라서 주역의 근원이나 하도낙서, 음양오행에 대해서도 많은 설명을 자제했다. 다만 누구나 이 책을 한 번 읽어서 주역을 이해하고 활용할 수 있도록 하는데 중점을 두었다.
신비한 동양철학 38 │ 원공선사 저 │ 상 810면·하 798면 │ 각 29,000원 │ 신국판

쉽게 푼 주역
귀신도 탄복한다는 주역을 쉽고 재미있게 풀어놓은 책
주역이라는 말 한마디면 귀신도 기겁을 하고 놀라 자빠진다는데, 운수와 일진이 문제가 될까. 8×8=64괘라는 주역을 한 괘에 23개씩의 회답으로 해설하여 1472괘의 신비한 해답을 수록했다. 당신이 당면한 문제라면 무엇이든 해결할 수 있는 열쇠가 이 한 권의 책 속에 있다.
신비한 동양철학 10 │ 정도명 저 │ 284면 │ 16,000원 │ 신국판

나침반 │ 어디로 갈까요
주역의 기본원리를 통달할 수 있는 책
이 책에서는 기본괘와 변화와 기본괘가 어떤 괘로 변했을 경우 일어날 수 있는 내용들을 설명하여 주역의 변화에 대한 이해를 돕는데 주력하였다. 그러나 그런 내용을 구분할 수 있는 방법을 전부 다 설명할 수는 없기에 뒷장에 간단하게설명하였고, 다른 책들과 설명의 차이점도 기록하였으니 참작하여 본다면 조금이나마 도움이 될 것이다.
신비한 동양철학 67 │ 원공선사 편저 │ 800면 │ 39,000원 │ 신국판

완성 주역비결 │ 주역 토정비결
반쪽으로 전해오는 토정비결을 완전하게 해설
지금 시중에 나와 있는 토정비결에 대한 책들은 옛날부터 내려오는 완전한 비결이 아니라 반쪽의 책이다. 그러나 반쪽이라고 말하는 사람은 없다. 그것은 주역의 원리를 모르기 때문이다. 그래서 늦은 감이 없지 않으나 앞으로 수많은 세월을 생각해서 완전한 해설판을 내놓기로 했다.
신비한 동양철학 92 │ 원공선사 편저 │ 396면 │ 16,000원 │ 신국판

육효대전
정확한 해설과 다양한 활용법
동양고전 중에서도 가장 대표적인 것이 주역이다. 주역은 옛사람들이 자연을 거울삼아 생활을 영위해 나가는 처세에 관한 지혜를 무한히 내포하고, 피흉추길하는 얼과 슬기가 함축된 점서인 동시에 수양·과학서요 철학·종교서라고 할 수 있다.
신비한 동양철학 37 │ 도관 박흥식 편저 │ 608면 │ 26,000원 │ 신국판

육효점 정론
육효학의 정수
이 책은 주역의 원전소개와 상수역법의 꽃으로 발전한 경방학을 같이 실어 독자들의 호기심을 충족시키는데 중점을 두었습니다. 주역의 원전으로 인화의 처세술을 터득하고, 어떤 사안의 답은 육효법을 탐독하여 찾으시기 바랍니다.
신비한 동양철학 80 │ 효명 최인영 편역 │ 396면 │ 29,000원 │ 신국판

육효학 총론
육효학의 핵심만을 정확하고 알기 쉽게 정리
육효는 갑자기 문제가 생겨 난감한 경우에 명쾌한 답을 찾을 수 있는 학문이다. 그러나 시중에 나와 있는 책들이 대부분 원서를 그대로 번역해 놓은 것이라 전문가인 필자가 보기에도 지루하며 어렵다는 느낌이 들었다. 그래서 보다 쉽게 공부할 수 있도록 이 책을 출간하게 되었다.
신비한 동양철학 89 │ 김도희 편저 │ 174쪽 │ 26,000원 │ 신국판

기문둔갑 비급대성
기문의 정수
기문둔갑은 천문지리·인사명리·법술병법 등에 영험한 술수로 예로부터 은밀하게 특권층에만 전승되었다. 그러나 아쉽게도 기문을 공부하려는 이들에게 도움이 될만한 책이 거의 없다. 필자는 이 점이 안타까워 천견박식함을 돌아보지 않고 감히 책을 내게 되었다. 한 권에 기문학을 다 표현할 수는 없지만 이 책을 사다리 삼아 저 높은 경지로 올라간다면 제갈공명과 같은 지혜를 발휘할 수 있을 것이다.
신비한 동양철학 86 ㅣ 도관 박흥식 편저 ㅣ 725면 ㅣ 39,000원 ㅣ 신국판

기문둔갑옥경
가장 권위있고 우수한 학문
우리나라의 기문역사는 장구하나 상세한 문헌은 전무한 상태라 이 책을 발간하였다. 기문둔갑은 천문지리는 물론 인사명리 등 제반사에 관한 길흉을 판단함에 있어서 가장 우수한 학문이며 병법과 법술방면으로도 특징과 장점이 있다. 초학자는 포국편을 열심히 익혀 설국을 자유자재로 할 수 있도록 하고, 개인의 이익보다는 보국안민에 일조하기 바란다.
신비한 동양철학 32 ㅣ 도관 박흥식 저 ㅣ 674면 ㅣ 46,000원 ㅣ 사륙배판

오늘의 토정비결
일년 신수와 죽느냐 사느냐를 알려주는 예언서
역산비결은 일년신수를 보는 역학서이다. 당년의 신수만 본다는 것은 토정비결과 비슷하나 토정비결은 토정 선생께서 사람들에게 용기와 희망을 주기 위함이 목적이어서 다소 허황되고 과장된 부분이 많다. 그러나 역산비결은 재미로 보는 신수가 아니라, 죽느냐 사느냐를 알려주는 예언서이이니 재미로 보는 토정비결과는 차원이 다르다.
신비한 동양철학 72 ㅣ 역산 김찬동 편저 ㅣ 304면 ㅣ 16,000원 ㅣ 신국판

國運 ㅣ 나라의 운세
역으로 풀어본 우리나라의 운명과 방향
아무리 서구사상의 파고가 높다하기로 오천 년을 한결같이 가꾸며 살아온 백두의 혼이 와르르 무너지는 지경에 왔어도 누구 하나 입을 열어 말하는 사람이 없으니 답답하다. 불확실한 내일에 대한 해답을 이 책은 명쾌하게 제시하고 있다.
신비한 동양철학 22 ㅣ 백우 김봉준 저 ㅣ 290면 ㅣ 16,000원 ㅣ 신국판

남사고의 마지막 예언
이 책으로 격암유록에 대한 논란이 끝나기 바란다
감히 이 책을 21세기의 성경이라고 말한다. 〈격암유록〉은 섭리가 우리민족에게 준 위대한 복음서이며, 선물이며, 꿈이며, 인류의 희망이다. 이 책에서는 〈격암유록〉이 전하고자 하는 바를 주제별로 정리하여 문답식으로 풀어갔다. 이 책으로 〈격암유록〉에 대한 논란은 끝나기 바란다.
신비한 동양철학 29 ㅣ 석정 박순용 저 ㅣ 276면 ㅣ 19,000원 ㅣ 신국판

원토정비결
반쪽으로만 전해오는 토정비결의 완전한 해설판
지금 시중에 나와 있는 토정비결에 대한 책들을 보면 옛날부터 내려오는 완전한 비결이 아니라 반면의 책이다. 그러나 반면이라고 말하는 사람이 없다. 그것은 주역의 원리를 모르기 때문이다. 따라서 늦은 감이 없지 않으나 앞으로의 수많은 세월을 생각하면서 완전한 해설본을 내놓았다.
신비한 동양철학 53 ㅣ 원공선사 저 ㅣ 396면 ㅣ 24,000원 ㅣ 신국판 양장

나의 천운 ㅣ 운세찾기
몽골정통 토정비결
이 책은 역학계의 대가 김봉준 선생이 몽골토정비결을 우리의 인습과 체질에 맞게 엮은 것이다. 운의 흐름을 알리고자 호운과 쇠운을 강조하고, 현재의 나를 조명하고 판단할 수 있도록 했다. 모쪼록 생활서나 안내서로 활용하기 바란다.
신비한 동양철학 12 ㅣ 백우 김봉준 저 ㅣ 308면 ㅣ 11,000원 ㅣ 신국판

역점 | 우리나라 전통 행운찾기
쉽게 쓴 64괘 역점 보는 법

주역이 점치는 책에만 불과했다면 벌써 그 존재가 없어졌을 것이다. 그러나 오랫동안 많은 학자가 연구를 계속해왔고, 그 속에서 자연과학과 형이상학적인 우주론과 인생론을 밝혀, 정치·경제·사회 등 여러 방면에서 인간의 생활에 응용해왔고, 삶의 지침서로써 그 역할을 했다. 이 책은 한 번만 읽으면 누구나 역점가가 될 수 있으니 생활에 도움이 될 바란다.

신비한 동양철학 57 | 문명상 편저 | 382면 | 26,000원 | 신국판 양장

이렇게 하면 좋은 운이 온다
한 가정에 한 권씩 놓아두고 볼만한 책

좋은 운을 부르는 방법은 방위·색상·수리·년운·월운·날짜·시간·궁합·이름·직업·물건·보석·맛·과일·기운·마을·가축·성격 등을 정확하게 파악하여 자신에게 길한 것은 취하고 흉한 것은 피하면 된다. 이 책의 저자는 신학대학을 졸업하고 역학계에 입문했다는 특별한 이력을 갖고 있기 때문에 더 많은 화제가 되고 있다.

신비한 동양철학 27 | 역산 김찬동 저 | 434면 | 16,000원 | 신국판

운을 잡으세요 | 改運秘法
염력강화로 삶의 문제를 해결한다!

행복과 불행은 누가 주는 것이 아니라 자기 자신이 만든다고 할 수 있다. 한 마디로 말해 의지의 힘, 즉 염력이 운명을 바꾸는 것이다. 이 책에서는 이러한 염력을 강화시켜 삶에서 일어나는 문제를 해결하는 방법을 알려준다. 누구나 가벼운 마음으로 읽고 실천한다면 반드시 목적을 이룰 수 있을 것이다.

신비한 동양철학 76 | 역산 김찬동 편저 | 272면 | 10,000원 | 신국판

복을 부르는방법
나쁜 운을 좋은 운으로 바꾸는 비결

개운하는 방법은 여러 가지가 있으나, 이 책의 비법은 축원문을 독송하는 것이다. 독송이란 소리내 읽는다는 뜻이다. 사람의 말에는 기운이 있는데, 이 기운은 자신에게 돌아온다. 좋은 말을 하면 좋은 기운이 돌아오고, 나쁜 말을 하면 나쁜 기운이 돌아온다. 이 책은 누구나 어디서나 쉽게 비용을 들이지 않고 좋은 운을 부를 수 있는 방법을 실었다.

신비한 동양철학 69 | 역산 김찬동 편저 | 194면 | 11,000원 | 신국판

천직 | 사주팔자로 찾은 나의 직업
천직을 찾으면 역경없이 탄탄하게 성공할 수 있다

잘 되겠지 하는 막연한 생각으로 의욕만 갖고 도전하는 것과 나에게 맞는 직종은 무엇이고 때는 언제인가를 알고 도전하는 것은 근본적으로 다르고, 결과도 다르다. 만일 의욕만으로 팔자에도 없는 사업을 시작했다고 하자, 결과는 불을 보듯 뻔하다. 그러므로 이런 때일수록 침착과 냉정을 찾아 내 그릇부터 알고, 생활에 대처하는 지혜로움을 발휘해야 한다.

신비한 동양철학 34 | 백우 김봉준 저 | 376면 | 19,000원 | 신국판

운세십진법 | 本大路
운명을 알고 대처하는 것은 현대인의 지혜다

타고난 운명은 분명히 있다. 그러니 자신의 운명을 알고 대처한다면 비록 운명을 바꿀 수는 없지만 향상시킬 수 있다. 이것이 사주학을 알아야 하는 이유다. 이 책에서는 자신이 타고난 숙명과 앞으로 펼쳐질 운명행로를 찾을 수 있도록 운명의 기초를 초연하게 설명하고 있다.

신비한 동양철학 1 | 백우 김봉준 저 | 364면 | 16,000원 | 신국판

성명학 | 바로 이 이름
사주의 운기와 조화를 고려한 이름짓기

사람은 누구나 타고난 운명이 있다. 숙명인 사주팔자는 선천운이고, 성명은 후천운이 되는 것으로 이름을 지을 때는 타고난 운기와의 조화를 고려해야 한다. 따라서 역학에 대한 깊은 이해가 선행함은 지극히 당연하다. 부연하면 작명의 근본은 타고난 사주에 운기를 종합적으로 분석하여 부족한 점을 보강하고 결점을 개선한다는 큰 뜻이 있다고 할 수 있다.

신비한 동양철학 75 | 정담 선사 편저 | 488면 | 24,000원 | 신국판

작명 백과사전
36가지 이름짓는 방법과 선후천 역상법 수록
이름은 나를 대표하는 생명체이므로 몸은 세상을 떠날지라도 영원히 남는다. 성명운의 유도력은 후천적으로 가공 인수되는 후존적 수기로써 조성 운화되는 작용력이 있다. 선천수기의 운기력이 50%이면 후천수기도의 운기력도 50%이다. 이와 같이 성명운의 작용은 운로에 불가결한조건일 뿐 아니라, 선천명운의 범위에서 기능을 충분히 할 수 있다.
신비한 동양철학 81 ┃ 임삼업 편저 ┃ 송충석 감수 ┃ 730면 ┃ 36,000원 ┃ 사륙배판

작명해명
누구나 쉽게 활용할 수 있는 체계적인 작명법
일반적인 성명학으로는 알 수 없는 한자이름, 한글이름, 영문이름, 예명, 회사명, 상호, 상품명 등의 작명방법을 여러 사례를 들어 체계적으로 분석하여 누구나 쉽게 배워서 활용할 수 있도록 서술했다.
신비한 동양철학 26 ┃ 도관 박홍식 저 ┃ 518면 ┃ 19,000원 ┃ 신국판

역산성명학
이름은 제2의 자신이다
이름에는 각각 고유의 뜻과 기운이 있어 그 기운이 성격을 만들고 그 성격이 운명을 만든다. 나쁜 이름은 부르면 부를수록 불행을 부르고 좋은 이름은 부르면 부를수록 행복을 부른다. 만일 이름이 거지같다면 아무리 운세를 잘 만나도 밥을 좀더 많이 얻어 먹을 수 있을 뿐이다. 저자는 신학대학을 졸업하고 역학계에 입문한 특별한 이력으로 많은 화제가 된다.
신비한 동양철학 25 ┃ 역산 김찬동 저 ┃ 456면 ┃ 26,000원 ┃ 신국판

작명정론
이름으로 보는 역대 대통령이 나오는 이치
사주팔자가 네 기둥으로 세워진 집이라면 이름은 그 집을 대표하는 문패라고 할 수 있다. 따라서 이름을 지을 때는 사주의 격에 맞추어야 한다. 사주 그릇이 작은 사람이 원대한 뜻의 이름을 쓰면 감당하지 못할 시련을 자초하게 되고 오히려 이름값을 못할 수 있다. 즉 분수에 맞는 이름으로 작명해야 하기 때문에 사주의 올바른 분석이 필요하다.
신비한 동양철학 77 ┃ 청월 박상의 편저 ┃ 430면 ┃ 19,000원 ┃ 신국판

음파메세지 (氣)성명학
새로운 시대에 맞는 새로운 성명학
시금까시의 모는 성명학은 모순의 극치를 이룬다. 그러나 이제 새 시대에 맞는 음파메세지(氣) 성명학이 나왔으니 복을 계속 부르는 이름을 지어 사랑하는 자녀가 행복하고 아름다운 삶을 살아갈 수 있도록 하는데 도움이 되었으면 한다.
신비한 동양철학 51 ┃ 청암 박재현 저 ┃ 626면 ┃ 39,000원 ┃ 신국판 양장

아호연구
여러 가지 작호법과 실제 예 모음
필자는 오래 전부터 작명을 연구했다. 그러나 시중에 나와 있는 책에는 대부분 아호에 관해서는 전혀 언급하지 않았다. 그래서 아호에 관심이 있어도 자료를 구하지 못하는 분들을 위해 이 책을 내게 되었다. 아호를 짓는 것은 그리 대단하거나 복잡하지 않으니 이 책을 처음부터 끝까지 착실히 공부한다면 누구나 좋은 아호를 지어 쓸 수 있을 것이라고 생각한다.
신비한 동양철학 87 ┃ 임삼업 편저 ┃ 308면 ┃ 26,000원 ┃ 신국판

한글이미지 성명학
이름감정서
이 책은 본인의 이름은 물론 사랑하는 가족 그리고 가까운 친척이나 친구들의 이름까지도 좋은지 나쁜지 알아볼 수 있도록 지금까지 나와 있는 모든 성명학을 토대로 하여 썼다. 감언이설이나 협박성 감명에 흔들리지 않고 확실한 이름풀이를 볼 수 있을 것이다. 그리고 이름답고 멋진 삶을 실아킬 수 있는 비튼을 짓는 방법도 상세하게 제시히였다.
신비한 동양철학 93 ┃ 청암 박재현 지음 ┃ 287면 ┃ 10,000원 ┃ 신국판

비법 작명기술
복과 성공을 함께 하려면
이 책은 성명의 발음오행이나 이름의 획수를 근간으로 하는 실제 이용이 가장 많은 기본 작명법을 서술하고, 주역의 괘상으로 풀어 길흉을 판단하는 역상법 5가지와 그외 중요한 작명법 5가지를 합하여 「보배로운 10가지 이름 짓는 방법」을 실었다. 특히 작명비법인 선후천역상법은 성명의 원획에 의존하는 작명법과 달리 정획과 곡획을 사용해 주역 상수학을 대표하는 하락이수를 쓰고, 육효가 들어가 응험률을 높였다.
신비한 동양철학 96 │ 임삼업 편저 │ 370면 │ 30,000원 │ 사륙배판

올바른 작명법
소중한 이름, 알고 짓자!
세상 부모들에게 가장 소중한 것이 뭐냐고 물으면 자녀라고 할 것이다. 그런데 왜 평생을 좌우할 이름을 함부로 짓는가. 이름이 얼마나 소중한지, 이름의 오행작용이 일생을 어떻게 좌우하는지 모르기 때문이다.
신비한 동양철학 61 │ 이정재 저 │ 352면 │ 19,000원 │ 신국판

호(雅號)책
아호 짓는 방법과 역대 유명인사의 아호, 인명용 한자 수록
필자는 오래 전부터 작명연구에 열중했으나 대부분의 작명책에는 아호에 관해서는 전혀 언급하지 않고, 간혹 거론했어도 몇줄 정도의 뜻풀이에 불과하거나 일반작명법에 준한다는 암시만 풍기며 끝을 맺었다. 따라서 필자가 참고한 문헌도 적었음을 인정한다. 아호에 관심이 있어도 자료를 구하지 못하는 현실에 착안하여 필자 나름대로 각고 끝에 본서를 펴냈다.
신비한 동양철학 97 │ 임삼업 편저 │ 390면 │ 20,000원 │ 신국판

관상오행
한국인의 특성에 맞는 관상법
좋은 관상인 것 같으나 실제로는 나쁘거나 좋은 관상이 아닌데도 잘 사는 사람이 왕왕있어 관상법 연구에 흥미를 잃는 경우가 있다. 이것은 중국의 관상법만을 익히고 우리의 독특한 환경적인 특징을 소홀히 다루었기 때문이다. 이에 우리 한국인에게 알맞는 관상법을 연구하여 누구나 관상을 쉽게 알아보고 해석할 수 있도록 자세하게 풀어놓았다.
신비한 동양철학 20 │ 송파 정상기 저 │ 284면 │ 12,000원 │ 신국판

정본 관상과 손금
바로 알고 사람을 사귑시다
이 책은 관상과 손금은 인생을 행복하게 만든다는 관점에서 다루었다. 그야말로 관상과 손금의 혁명이라고 할 수 있다. 여러분도 관상과 손금을 통한 예지력으로 인생의 참주인이 되기 바란다. 용기를 불어넣어 주고 행복을 찾게 하는 것이 참다운 관상과 손금술이다. 이 책이 일상사에 고민하는 분들에게 해결방법을 제시해 줄 것이다.
신비한 동양철학 42 │ 지창룡 감수 │ 332면 │ 16,000원 │ 신국판

이런 사원이 좋습니다
사원선발 면접지침
사회가 다양해지면서 인력관리의 전문화와 인력수급이 기업주의 애로사항이 되었다. 필자는 그동안 많은 기업의 사원선발 면접시험에 참여했는데 기업주들이 모두 면접지침에 관한 책이 있으면 좋겠다는 것이다. 그래서 경험한 사례를 참작해 이 책을 내니 좋은 사원을 선발하는데 많은 도움이 될 것이라고 믿는다.
신비한 동양철학 90 │ 정도명 지음 │ 274면 │ 19,000원 │ 신국판

핵심 관상과 손금
사람을 볼 줄 아는 안목과 지혜를 알려주는 책
오늘과 내일을 예측할 수 없을만큼 복잡하게 펼쳐지는 현실에서 살아남기 위해서는 사람을 볼줄 아는 안목과 지혜가 필요하다. 시중에 관상학에 대한 책들이 많이 나와있지만 너무 형이상학적이라 전문가도 이해하기 어렵다. 이 책에서는 누구라도 쉽게 보고 이해할 수 있도록 핵심만을 파악해서 설명했다.
신비한 동양철학 54 │ 백우 김봉준 저 │ 188면 │ 14,000원 │ 사륙판 양장

완벽 사주와 관상
우리의 삶과 관계 있는 사실적 관계로만 설명한 책
이 책은 우리의 삶과 관계 있는 사실적 관계로만 역을 설명하고, 역에 대한 관심과 흥미를 갖게 하고자 관상학을 추록했다. 여기에 추록된 관상학은 시중에서 흔하게 볼 수 있는 상법이 아니라 생활상법, 즉 삶의 지식과 상식을 드리고자 했다.
신비한 동양철학 55 | 김봉준·유오준 공저 | 530면 | 36,000원 | 신국판 양장

사람을 보는 지혜
관상학의 초보에서 실용까지
현자는 하늘이 준 명을 알고 있기에 부귀에 연연하지 않는다. 사람은 마음을 다스리는 심명이 있다. 마음의 명은 자신만이 소통하는 유일한 우주의 무형의 에너지이기 때문에 잠시도 잊으면 안된다. 관상학은 사람의 상으로 이런 마음을 살피는 학문이니 잘 이해하여 보다 나은 삶을 삶을 영위할 수 있도록 노력해야 한다.
신비한 동양철학 73 | 이부길 편저 | 510면 | 20,000원 | 신국판

한눈에 보는 손금
논리정연하며 바로미터적인 지침서
이 책은 수상학의 연원을 초월해서 동서합일의 이론으로 집필했다. 그야말로 논리정연한 수상학을 정리하였다. 그래서 운명적, 철학적, 동양적, 심리학적인 면을 예증과 방면에 이르기까지 상세하게 기술했다. 이 책은 수상학이라 보다 바로미터적인 지침서 역할을 해줄 것이다. 독자 여러분의 꾸준한 연구와 더불어 인생성공의 지침서가 될 수 있을 것이다.
신비한 동양철학 52 | 정도명 저 | 432면 | 24,000원 | 신국판 양장

이런 집에 살아야 잘 풀린다
운이 트이는 좋은 집 알아보는 비결
한마디로 운이 트이는 집을 갖고 싶은 것은 모두의 꿈일 것이다. 50평이니 60평이니 하며 평수에 구애받지 않고 가족이 평온하게 생활할 수 있고 나날이 발전할 수 있는 그런 집이 있다면 얼마나 좋을까? 그런 소망에 한 걸음이라도 가까워지려면 막연하게 운만 기대하고 있어서는 안 된다. 좋은 집을 가지려면 그만한 노력이 있어야 한다.
신비한 동양철학 64 | 강현술·박흥식 감수 | 270면 | 16,000원 | 신국판

점포, 이렇게 하면 부자됩니다
부자되는 점포, 보는 방법과 만드는 방법
사업의 성승과 실패는 어떤 사업장에서 어떤 품목으로 어떤 사람들과 거래하느냐에 따라 판가름난다. 그리고 사업을 성공시키려면 반드시 몇 가지 문제를 살펴야 하는데 무작정 사업을 시작하여 실패하는 사람들이 많다. 그래서 이 책에서는 이러한 문제와 방법들을 조목조목 기술하여 누구나 성공하도록 도움을 주는데 주력하였다.
신비한 동양철학 88 | 김도희 편저 | 177면 | 26,000원 | 신국판

쉽게 푼 풍수
현장에서 활용하는 풍수지리법
산도는 매우 광범위하고, 현장에서 알아보기 힘들다. 더구나 지금은 수목이 울창해 소조산 정상에 올라가도 나무에 가려 국세를 파악하는데 애를 먹는다. 따라서 사진을 첨부하니 많은 활용하기 바란다. 물론 결록에 있고 산도가 눈에 익은 것은 혈 사진과 함께 소개하였다. 이 책을 열심히 정독하면서 답산하면 혈을 알아보고 용산도 할 수 있을 것이다.
신비한 동양철학 60 | 전항수·주장관 편저 | 378면 | 26,000원 | 신국판

음택양택
현세의 운·내세의 운
이 책에서는 음양택명당의 조건이나 기타 여러 가지를 설명하여 산 자와 죽은 자의 행복한 집을 만들 수 있도록 했다. 특히 죽은 자의 집인 음택명당은 자리를 옳게 잡으면 꾸준히 생기를 발하여 흥하나, 그렇지 않으면 큰 피해를 낳으니 논모나노 행·불행의 근원인 음양택명당에 관심을 기울여야 한다.
신비한 동양철학 63 | 전항수·주장관 지음 | 392면 | 29,000원 | 신국판

용의 혈 ┃ 풍수지리 실기 100선
실전에서 실감나게 적용하는 풍수의 길잡이
이 책은 풍수지리 문헌인 만두산법서, 명산론, 금랑경 등을 이해하기 쉽도록 주제별로 간추려 설명했으며, 풍수지리학을 쉽게
접근하여 공부하고, 실전에 활용하여 실감나게 적용할 수 있도록 하는데 역점을 두었다.
신비한 동양철학 30 ┃ 호산 윤재우 저 ┃ 534면 ┃ 29,000원 ┃ 신국판

현장 지리풍수
현장감을 살린 지리풍수법
풍수를 업으로 삼는 사람들이 진가를 분별할 줄 모르면서 많은 법을 알았다고 자부하며 뽐낸다. 그리고는 재물에 눈이 어두워
불길한 산을 길하다 하고, 선하지 못한 물을 선하다 한다. 이는 분수 밖의 것을 바라기 때문이다. 마음가짐을 바로 하고 고대
원전에 공력을 바치면서 산간을 실사하며 적공을 쏟으면 정교롭고 세밀한 경지를 얻을 수 있을 것이다.
신비한 동양철학 48 ┃ 전항수·주관장 편저 ┃ 434면 ┃ 36,000원 ┃ 신국판 양장

찾기 쉬운 명당
실전에서 활용할 수 있는 책
가능하면 쉽게 풀어 실전에 도움이 되도록 했다. 특히 풍수지리에서 방향측정에 필수인 패철 사용과 나경 9층을 각 층별로 설
명했다. 그리고 이 책에 수록된 도설, 즉 오성도, 명산도, 명당 형세도 내거수 명당도, 지각형세도, 용의 과협출맥도, 사대혈형
와겸유돌 형세도 등은 국립중앙도서관에 소장된 문헌자료인 만산도단, 만산영도, 이석당 은민산도의 원본을 참조했다.
신비한 동양철학 44 ┃ 호산 윤재우 저 ┃ 386면 ┃ 19,000원 ┃ 신국판 양장

해몽정본
꿈의 모든 것
시중에 꿈해몽에 관한 책은 많지만 막상 내가 꾼 꿈을 해몽을 하려고 하면 어디다 대입시켜야 할지 모르는 경우가 많았을 것
이다. 그러나 최대한으로 많은 예를 들었고, 찾기 쉽고 명료하게 만들었기 때문에 해몽을 하는데 어려움이 없을 것이다. 한집
에 한권씩 두고 보면서 나쁜 꿈은 예방하고 좋은 꿈을 좋은 일로 연결시킨다면 생활에 많은 도움이 될 것이다.
신비한 동양철학 36 ┃ 청암 박재현 저 ┃ 766면 ┃ 19,000원 ┃ 신국판

해몽 ┃ 해몽법
해몽법을 알기 쉽게 설명한 책
인생은 꿈이 예지한 시간적 한계에서 점점 소멸되어 가는 현존물이기 때문에 반드시 꿈의 뜻을 따라야 한다. 이것은 꿈을 먹
고 살아가는 인간 즉 태몽의 끝장면인 죽음을 향해 달려가고 있는 인간이기 때문이다. 꿈은 우리의 삶을 이끌어가는 이정표와
도 같기에 똑바로 가도록 노력해야 한다.
신비한 동양철학 50 ┃ 김종일 저 ┃ 552면 ┃ 26,000원 ┃ 신국판 양장

명리용어와 시결음미
명리학의 어려운 용어와 숙어를 쉽게 풀이한 책
명리학을 연구하는 이들은 기초공부가 끝나면 자연스럽게 훌륭하다고 평가하는 고전의 이론을 접하게 된다. 그러나 시결과
용어와 숙어는 어려운 한자로만 되어 있어 대다수가 선뜻 탐독과 음미에 취미를 잃는다. 그래서 누구나 어려움 없이 쉽게 읽고
깊이 있게 음미할 수 있도록 원문에 한글로 발음을 달고 어려운 용어와 숙어에 해석을 달아 이 책을 내게 되었다.
신비한 동양철학 103 ┃ 원각 김구현 편저 ┃ 300면 ┃ 25,000원 ┃ 신국판

완벽 만세력
착각하기 쉬운 서머타임 2도 인쇄
시중에 많은 종류의 만세력이 나와있지만 이 책은 단순한 만세력이 아니라 완벽한 만세경전으로 만세력 보는 법 등을 실었기
때문에 처음 대하는 사람이라도 쉽게 볼 수 있도록 편집되었다. 또한 부록편에는 사주명리학, 신살종합해설, 결혼과 이사택일
및 이사방향, 길흉보는 법, 우주천기와 한국의 역사 등을 수록했다.
신비한 동양철학 99 ┃ 백우 김봉준 저 ┃ 316면 ┃ 24,000원 ┃ 사륙배판

정본 | 완벽 만세력
착각하기 쉬운 서머타임 2도인쇄
시중에 많은 종류의 만세력이 있지만 이 책은 단순한 만세력이 아니라 완벽한 만세경전이다. 그리고 만세력 보는 법 등을 실었기 때문에 처음 대하는 사람이라도 쉽게 볼 수 있다. 또 부록편에는 사주명리학, 신살 종합해설, 결혼과 이사 택일, 이사 방향, 길흉보는 법, 우주의 천기와 우리나라 역사 등을 수록하였다.
신비한 동양철학 99 | 김봉준 편저 | 316면 | 20,000원 | 사륙배판

원심수기 통증예방 관리비법
쉽게 배워 적용할 수 있는 통증관리법
『원심수기 통증예방 관리비법』은 4차원의 건강관리법으로 질병이 악화되는 것을 예방하여 건강한 몸을 유지하는데 그 목적이 있다. 시중의 수기요법과 비슷하나 특장점은 힘이 들지 않아 어린아이부터 노인까지 누구나 시술할 수 있고, 배우고 적용하는 과정이 쉽고 간단하며, 시술 장소나 도구가 필요 없으니 언제 어디서나 시술할 수 있다.
신비한 동양철학 78 | 원공 선사 저 | 288면 | 16,000원 | 신국판

운명으로 본 나의 질병과 건강
타고난 건강상태와 질병에 대한 대비책
이 책은 국내 유일의 동양오술학자가 사주학과 정통명리학의 양대산맥을 이루는 자미두수 이론으로 임상실험을 거쳐 작성한 자료다. 따라서 명리학을 응용한 최초의 완벽한 의학서로 질병을 예방하고 치료하는데 활용하면 최고의 의사가 될 것이다. 또한 예방의학적인 차원에서 건강을 유지하는데 훌륭한 지침서로 현대의학의 새로운 장을 여는 계기가 될 것이다.
신비한 동양철학 9 | 오상익 저 | 474면 | 26,000원 | 신국판

서체자전
해서를 기본으로 전서, 예서, 행서, 초서를 연습할 수 있는 책
한자는 오랜 옛날부터 우리 생활과 뗄 수 없음에도 잘 몰라 불편을 겪는 사람들이 많아 이 책을 내게 되었다. 이 책에서는 해서를 기본으로 각 글자마다 전서, 예서, 행서, 초서 순으로 배열하여 독자가 필요한 것을 찾아 연습하기 쉽도록 하였다.
신비한 동양철학 98 | 편집부 편 | 273면 | 16,000원 | 사륙배판

모든 질병에서 해방을 1·2
건강실용서
우리나라는 아주 오랜 옛날부터 건강과 관련한 약재들이 산천에 널려 있었고, 우리 민족은 그 약재들을 슬기롭게 이용하며 나름대로 건강하게 살아왔다. 그러나 오늘날 현대의학에 밀려 외면당하며 사라지게 되었다. 이에 옛날부터 내려오는 의학서적인 『기사회생』과 『단방심편』을 바탕으로 민가에서 활용했던 민간요법들을 정리하고, 현대에 개발된 약재들이나 시술방법들을 정리했다.
신비한 동양철학 102 | 원공 선사 편저 | 1권 448면·2권 416면 | 각 29,000원 | 신국판

참역학은 이렇게 쉬운 것이다② — 완결편
역학을 활용하는 방법을 정리한 책
『참역학은 이렇게 쉬운 것이다』에서 미처 쓰지 못한 사주를 활용하는 방법을 정리한다는 의미에서 다시 이 책을 내게 되었다. 전문가든 비전문가든 이 책이 사주라는 학문을 이해하는 데 도움이 되고, 사주에 있는 가장 좋은 길을 찾아 행복하게 살았으면 합니다. 특히 사주상담을 업으로 하는 분들도 참고해서 상담자들이 행복하게 살도록 도와주었으면 한다.
신비한 동양철학 104 | 청암 박재현 편저 | 330면 | 23,000원 | 신국판

인명용 한자사전
한권으로 작명까지 OK
이 책은 인명용 한자의 사전적 쓰임이 본분이지만 일반적으로 통용되는 기본적인 것 외에 7가지를 간추려 여러 권의 작명책을 대신하기에 이 한 권만으로 작명에 관한 모든 것을 충족하고도 남을 것이다. 그리고 작명하는데 한자에 관해서는 다방하게 활용할 수 있도록 하였고, 일반적인 한자자전의 용도까지 충분히 겸비하도록 하였다.
신비한 동양철학 105 | 임삼업 편저 | 336면 | 24,000원 | 신국판

바로 내 사주
행복한 인생을 만들어 갈 수 있는 방법을 소개하는 책

역학이란 본래 어려운 학문이다. 수십 년을 공부해도 터득하기 어려운 학문이라 많은 사람이 중간에 포기하는 일이 많다. 기존의 당사주 책도 수백 년 동안 그 명맥을 유지해왔으나 적중률이 매우 낮아 일반인들에게 신뢰를 많이 받지 못했다. 그래서 지금까지 30여 년 동안 공부하며 터득한 비법을 토대로 이 책을 내게 되었다. 물론 어느 역학책도 백 퍼센트 정확하다고 장담할 수는 없다. 이 책도 백 퍼센트 적중률을 목표로 했으나 적어도 80% 이상은 적중할 것이라고 자부한다.

신비한 동양철학 106 | 김찬동 편저 | 242면 | 20,000원 | 신국판

주역타로64
인간사 주역괘 풀이

타로카드는 서양 상류사회의 생활상을 담은 그림으로 되어 있다. 그 속에는 자연과 인간이 겪을 수 있는 경험과 역사가 압축되어 있다. 이러한 타로카드를 점(占) 목적으로 사용하는 것인데, 주역타로64점은 주역의 64괘를 64매의 타로카드에 담아 점 도구로 사용한다. 64괘는 우주의 모든 형상과 형태의 끊임없는 변화의 원리로 나타난 것이다. 그리고 주역타로는 일반 타로의 공통적인 스토리와는 다른 점이 많으나 그 기본 이론은 같다. 주역타로의 추상적이며 미진한 정보에 더해 인간사에 대한 주역 괘풀이를 보탰으니 주역타로64를 점 도구로 활용하는 데 도움이 되었으면 한다.

신비한 동양철학 107 | 임삼업 편저 | 387면 | 39,000원 | 사륙배판

주역 평생운 비록
상수역의 하락이수를 활용한 비결

하락이수의 평생운, 대상운, 유년운, 월운은 주역의 표상인 괘효의 숫자로 기록했고, 그 해석 설명은 원문에 50,000여 한자 사언시구로 구성되어 간혹 어려운 글자, 흔히 쓰지 않는 낯선 글자, 주역의 괘효사를 인용한 것도 있어 한문 문장의 해석은 녹녹치 않은 것이어서 원문 한자 부분은 제외시키고 한글 해석만을 수록했다.

신비한 동양철학 109 | 경의제 임삼업 편저 | 872면 | 49,000원 | 사륙배판

사주 감정요결
세운을 판단하는 방법

사주를 간명하는 데 조금이라도 도움이 되었으면 하는 마음에서 『정법사주』에 이어 이 책을 내게 되었다. 여기서는 사주를 간명하는 데 근간이 되는 오행의 왕쇠강약을 세분해서 설명하고, 대운과 세운, 세운과 월운의 연관성과 십신과 여러 살이 운명에 미치는 암시와 십이운성으로 세운을 판단하는 방법을 설명했다.

신비한 동양철학 110 | 원각 김구현 편저 | 338면 | 36,000원 | 신국판

명리정종 정설(1·2)
명리정종의 완결판

이 책의 원서인 명리정종(命理正宗)은 중국 명대의 신봉(神峰) 장남(張楠) 선생이 저술한 명리서(命理書)다. 명리학(命理學)의 5대 원서는 어느 것 하나 귀하지 않은 것이 없지만 명리정종(命理正宗)은 연해자평(淵海子平)을 깊이 분석하며 비판한 것이 특징이다. 따라서 초학자는 연해자평(淵海子平)을 공부한 후 이 책을 공부하는 것이 좋다.

신비한 동양철학 108 | 역산 김찬동 편역 | 648/400면 | 49,000/39,000원 | 신국판

팔자소관
역학의 대조인 하락(河洛)에서 우주와 사람의 운명이 변하는 원리를 정리한 책

이 책은 역학의 대조인 하락(河洛)에서 우주가 변화는 원리를 정리한 것으로, 이는 만물의 근본과 인간의 운명은 한 치의 오차도 없이 맞물려 돌아간다는 내용을 담았다. 이는 즉 우리가 생활 속에서 흔하게 쓰는 "팔자 못 고친다", "팔자소관이다", "팔자 탓이다" 등등 많은 말로 팔자를 뛰어넘을 수 없다고 하는데, 이는 마지막 체념의 말인가 하여 이 책의 제목도 『팔자소관』으로 했으며, 이를 증명하는 데 주력했다. 운(運)은 시간이요 명(命)은 공간이다. 이를 주제로 누구나 알기 쉽고 이해하기 쉽도록 쓴 글이니 필독을 권하는 바다.

신비한 동양철학 111 | 김봉준·안남걸 공저 | 292면 | 30,000원 | 신국판

실용 인명한자 작명
수준높은 작명과 감명에 손색이 없는 국내 유일의 실용 인명한자 작명

이 책은 이름에 부적당(不適當) 부적정(不適正) 부적절(不適切) 불부합(不符合) 부적격(不適格)한 한자는 한곁에 두고, 작명상 실용적인 한자 4,250자를 인명 한자로 삼았다. 인명 한자마다 구체적인 명세[明細, 음령·천간오행·동속자·한자 부수·세 종류(원획·실획·곡획)의 획수 자원오행]를 붙였다. 인명 한자 외의 한자를 포함한 8,142자는 음별로 작성한 인명용 한자표에 한 자마다 원획(原劃)을 넣어 음가(音價)와 성명에 사용하는 원획을 한눈에 볼 수 있게 하여 성명 한자의 길수리를 구성하는 데 편리하게 하였다.

신비한 동양철학 112 │ 임삼업 편저 │ 448면 │ 49,000원 │ 사륙배판